Frank-M. Staemmler & Rolf Merten (Hrsg.)

Angst als Ressource und Störung

Interdisziplinäre Aspekte

Frank-M. Staemmler &
Rolf Merten (Hrsg.)

Angst als Ressource und Störung

Interdisziplinäre Aspekte

Junfermann Verlag • Paderborn
2003

Covergestaltung: Heike Carstensen
nach einer Idee von Hugo Waschkowski

Satz: La Corde Noire – Peter Marwitz, Kiel

Bibliographische Information der Deutschen Bibliothek
Die Deutsche Bibliothek verzeichnet diese Publikation in der Deutschen Nationalbibliografie; detaillierte bibliografische Daten sind im Internet über http://dnb.ddb.de abrufbar.

ISBN 3-87387-526-8

Inhalt

I. Einführung 9
Angst als Ressource und Störung –
Interdisziplinäre Aspekte *(Frank-M. Staemmler, Rolf Merten)* 9

II. Sozialwissenschaftliche Aspekte 15
1. Aktuelle Überlegungen zur Soziologie der Angst *(Hans Peter Dreitzel)* 17
1.1 Nach dem 11. September 17
1.2 Angst und Desorientierung 18
1.3 Krieg, Gewalt und Moderne 19
1.4 Todesangst, Suizid und Jenseitsvorstellungen 21
1.5 Angst, Zivilisation und Sozialisation 24
1.6 Terrorismus, Katastrophen und Massenselbstmord 27
1.7 Angstabwehr und masochistische Angstbewältigung 31
1.8 Aufgeklärte Angst 34

2. Kalkuliertes Risiko oder pure Lust an der Angst? – Erfahrungen aus dem Bereich des Militärs und der Betreuung von Soldaten im Krisengebiet Kosovo *(Ulrike Beckmann)* 37
2.1 Vorbemerkungen 37
2.2 Angst als Resultante der Dauer, Intensität und Anzahl von Belastungsfaktoren 38
2.3 Das Vorfeld: Angst aufgrund der Antizipation zukünftiger Anforderungen 40
2.4 Der Beginn des Einsatzes: Vier Beispiele 42
2.5 Wenn der Einsatz zum Alltag wird 45
2.6 Die Angst und die Angstbewältigung danach 48

3. Die Angst vor den Fremden und die Angst der Fremden *(Ingrid Ingeborg Koop)* 52
3.1 Fremdheit und Vertrautheit als Prozess 52
3.2 Fremdes als Herausforderung an die eigene Identität 55

3.3 Reaktionen auf (das) Fremde ... 55
3.4 Die Angst der Fremden: Identitätskrisen von Flüchtlingen ... 57
3.5 Angst und Fremdheit aus Sicht von Flüchtlingen ... 58

III. Psychologische und psychotherapeutische Aspekte ... 61

4. Angst aus kognitiver Sicht: Kognitive Verzerrungen bei Angstpatienten
(Eni S. Becker, Thomas Ellwart, Mike Rinck) ... 63
4.1 Einleitung ... 63
4.2 Kognitive Prozesse am Beispiel von Angstanfällen ... 64
4.3 Kognitive Modelle und Theorien ... 66
4.4 Aufmerksamkeitsprozesse bei Angstpatienten ... 70
4.5 Gedächtnisprozesse bei Angstpatienten ... 73
4.6 Zusammenfassung und Ausblick ... 75

5. Integrative Therapie der Angst *(Willi Butollo)* ... 80
5.1 Einführung ... 80
5.2 Einige Beispiele für ätiologische Faktoren in der Angstentwicklung ... 81
5.2.1 Bindungsforschung und Angststörungen ... 81
5.2.2 Entwicklungsstudien ... 83
5.3 Zusammenfassung des aktuellen Forschungsstandes zur Entwicklungspsychopathologie der Angststörungen ... 84
5.4 Aspekte der Beziehungsgestaltung bei Angststörungen – Empirische Befunde ... 85
5.5 Modell ... 86
5.6 Mehrdimensionales Störungsmodell und mehrphasiger Therapieverlauf ... 87
5.7 Das integrative mehrphasige Therapiekonzept mit gestalttherapeutischem Hintergrund ... 90
5.7.1 Kontakt ... 90
5.7.2 Selbstprozesse ... 92
5.7.3 Beziehungssignale ... 93
5.7.4 Gefühlsdifferenzierung ... 93
5.7.5 Therapeutische Implikationen ... 94
5.7.6 Vertrauen in gestaltbare Gegenwart und Zukunft ... 95
5.8 Münchner Integrative Mehrphasige Behandlung von Angststörungen (MIMBA) ... 97
5.8.1 Verhandlung über Therapieschritte ... 98
5.8.2 Beziehungsarbeit und Symptomdruck ... 98
5.8.3 Sukzessiver Übergang von hoch strukturierter zu niedrig strukturierter Therapie ... 98
5.8.4 Gefühle ... 99
5.8.5 Erfahrensorientierte Arbeit ... 99

5.9 Die Ziele der mehrphasigen integrativen Therapie im Überblick 99
5.10 Einige Thesen zur integrativen Angsttherapie 102
5.11 Dialogische Exposition in sukzessiven Annäherungen 103
5.12 Die Therapiestudie im Überblick 103

6. Diagnose und differenzielle Therapie der Angststörungen in einem multimodalen, stationären Ansatz *(Jürgen Klingelhöfer, Robert Mestel)* 110
6.1 Das multimodale stationäre Setting 110
6.2 Fallbeispiel 113
6.3 Erfolgskontrolle 114
6.3.1 Methoden 114
6.3.2 Ergebnisse 116
6.3.3 Diskussion der Ergebnisse 120

7. Selbsthilfegruppen bei Angststörungen – Das Konzept der Münchner AngstHilfe und -Selbsthilfe MASH *(Margit Waterloo-Köhler)* ... 123
7.1 Selbsthilfe als Teil des Gesundheitswesens 123
7.2 Was ist Selbsthilfe? 124
7.3 Verschiedene Arten von Selbsthilfe 124
7.4 Geschichte der Selbsthilfe in Deutschland 125
7.5 Wirkungsweise von Selbsthilfe-Gesprächsgruppen 126
7.6 Angst-Selbsthilfe in Deutschland 127
7.6.1 Münchner AngstHilfe und -Selbsthilfe MASH 127

IV. Philosophische, religionswissenschaftliche und kulturkritische Aspekte 137
8. Angst zwischen Leib und Ichangst *(Hermann Schmitz)* 139
8.1 Einführung 139
8.2 Vorüberlegungen: Skizze einschlägiger Ergebnisse 140
8.3 Angst als leibliche Regung 144
8.4 Ichangst 148
8.5 Angst und Personsein 150

9. „In der Welt habt ihr Angst, aber ...“ *(Gerhard Marcel Martin)* 152
9.1 Ist Religionsgeschichte Angstgeschichte? 152
9.2 Zur näheren Bestimmung der Größen „Angst“ und „Religion“ 154
9.3 Leitsätze mit Erläuterungen und Materialien 157
9.3.1 Religion affirmiert Ängste 157
9.3.2 Religion artikuliert und bearbeitet weltliche Ängste 157
9.3.3 Religion „trainiert“ den Umgang mit Angst, sie erweitert die Toleranzgrenzen von Angst. Damit relativiert sie alltägliche weltliche Angst 158

9.3.4 Religion macht zusätzliche Angst („schafft" Angst) ... 159
9.3.5 Religion überwindet Angst ... 161

10. Die Angst vor der Zukunft und die Zukunft der Angst *(Jürgen Kriz)* ... 166
10.1 Einleitung ... 166
10.2 Die Aktualität der Zukunftsangst ... 167
10.3 Angstbewältigung als Chaos-Vermeidung ... 168
10.4 Die gesellschaftliche Komponente des Angstbewältigungsprogramms ... 173
10.5 Zur Zukunft der Angst ... 176

Autoren- und Herausgeberverzeichnis ... 178
Personenregister ... 180
Sachwortregister ... 188

Einführung
Angst als Ressource und Störung – Interdisziplinäre Aspekte

Frank-M. Staemmler, Rolf Merten

1. Die zwei Seiten der Angst

Es ist fast eine Binsenweisheit, dass das Erleben von Angst nicht nur zum Problem werden kann, sondern auch eine wichtige menschliche Kompetenz und Fähigkeit darstellt: eine „Ressource", wie man psychologisch sagt. Für die Begründer der von uns favorisierten therapeutischen Orientierung, der Gestalttherapie, war Angst einerseits „das neurotische Symptom par excellence" (Perls et al. 1979, 133). Andererseits war Perls überzeugt: „Ängstlich zu sein, ist die Voraussetzung dafür, weiter zu gehen, sich zu entfalten, etwas zu tun (...) (Es handelt sich um einen Zustand,) in dem die Möglichkeit der Kreativität liegt" (1980, 134). Im gleichen Sinn singt André Heller in einem seiner Lieder:

> Es gibt eine Angst, die macht klein,
> die macht einen krank und allein.
> Und es gibt eine Angst, die macht klug,
> mutiger, freier von Selbstbetrug.

Beide Seiten der Angst sollen in diesem Buch beleuchtet werden. Dazu im Folgenden ein paar stichwortartige Gedanken:

2. Angst als Ressource

Biologisch gesehen lässt sich Angst, die in diesem Zusammenhang oft auch als „Furcht" bezeichnet wird, als eine evolutionäre Anpassungsleistung verstehen, die zur Sicherung des Überlebens beiträgt (Jacobi & Margraf 1999, 6). Sie dient dem Organismus als

Alarmsignal und mobilisiert die für *,fight or flight'* erforderlichen Energien. Aus der Perspektive der modernen Philosophie ist Angst aber noch wesentlich mehr als das: Sie stellt eine „Grundbefindlichkeit" (Heidegger) des menschlichen Lebens dar, der nach Sartre eine wesentliche anthropologische Bedeutung zukommt. Damit erhält sie den Stellenwert eines Fensters, durch das die Welt für den Menschen erfahrbar wird. Angst, so sagt es Horst-Eberhard Richter, „(...) ist da – als eine Farbe unseres Lebens und als Wegweiser für verantwortliches Handeln" (2000, 75).

Im psychologisch-psychotherapeutischen Kontext kann Angst darum auch als eine Art Signal gesehen werden, das die Richtung möglicher persönlicher Veränderungen anzeigt: „Wo die Angst ist, geht's lang", ist ein in der Psychoszene häufig zu hörender Spruch. In diesem Zusammenhang wie auch im Alltag hat sie eine wichtige Orientierungs- und Aktivierungsfunktion. Umgekehrt kann Angstverleugnung – ob sie im Individuum oder in ganzen Gesellschaften stattfindet – zu äußerst riskantem Verhalten oder einem potenziell destruktiven Ignorieren von Bedrohungen führen. So gesehen „(...) ist es möglich, daß jemand, der im existentiellen Sinne gesund ist, mit beträchtlich mehr bewußter Angst (...) lebt, als jemand, der angepaßt ist" (Denis-Radomisli 1980, 25).

In vielen Lebens- und Beziehungssituationen, z.B. auch und gerade in der Arbeitssituation von PsychotherapeutInnen, ist eine subtile Form der Angst, die „kultivierte Unsicherheit" (Staemmler 1994; 1998), ein weiser Ratgeber. Darüber hinaus kann Angst bei schwacher oder mittlerer Intensität als lustvoller *,kick'* erlebt werden, der die Erfahrung von Lebendigkeit und – bei Bewältigung der Herausforderung – von Selbstwirksamkeit und Kompetenz ermöglicht. Bei starker Intensität ist Angst die Voraussetzung und Kehrseite von Mut. Ganze Industrien bedienen sich der Angstlust als menschlicher Motivation und verdienen daran gut, z.B. die boomenden Freizeitparks mit ihren immer extremer konstruierten Achterbahnen, die Filmindustrie mit ihren ,Thrillern' oder Presse und Fernsehen mit ihren reißerisch aufgemachten Schlagzeilen und Titeln. Das positive Erleben von Angst bekommt damit gerade in unserer „Erlebnis-Gesellschaft" (Schulze 1992) mit ihren vielfältigen realen und virtuellen Freizeitangeboten eine zunehmende Bedeutung.

3. Angst als Störung

Die andere, dunkle Seite der Angst ist in allen Kulturen zu beobachten, scheint in modernen Industriegesellschaften jedoch häufiger aufzutreten. Der Schweizer Psychoanalytiker Hicklin vermutet: „Angsterkrankungen kommen verstärkt in Zeiten vor, in denen Ruhe und Freiheit herrschen, denn dann sind eigene Entscheidungen und Lebensentwürfe gefragt, denen sich mancher einfach nicht gewachsen fühlt" (2000, 105). Neueren Studien zufolge nimmt die Zahl der unter Angst- und Paniksymptomen leidenden Menschen in unserer Gesellschaft stetig zu; nach manchen Zählungen leiden 10% der Gesamtbevölkerung und sogar 20% der Jugendlichen unter Angststörungen.

Damit ist die Dimension individuellen Leidens längst überschritten; Angst ist zum gesellschaftlichen und volkswirtschaftlichen Problem geworden. Schlagzeilen wie die folgende sind beinahe täglich zu lesen: „Fast jeder hat Angst am Arbeitsplatz – Psychologen schätzen Schaden auf 100 Milliarden" (DPA, 5.7.2000). Nach der Schätzung von Fachleuten der Weltgesundheitsorganisation (WHO) werden im Jahr 2020 Angststörungen und Depressionen die zweithäufigsten Ursachen (nach Herz-Kreislauf-Erkrankungen) für Arbeitsunfähigkeit sein. Frauen sind ungefähr doppelt so häufig betroffen wie Männer – man kann vermuten, dass die zuletzt genannten ihre Ängste nicht so gerne wahr haben wollen und lieber Herz-Kreislauf-Erkrankungen bekommen. Leiden sie aber einmal unter einer Angststörung, hat das oft schwer wiegende soziale und ökonomische Folgen, denn dann werden sie viermal so häufig arbeitslos wie ihre 'angstfreien' Geschlechtsgenossen (Leon et al. 1995).

Und: Eine Angststörung kommt selten allein; die Komorbidität, d.h. das gleichzeitige Auftreten mit anderen Störungen, ist sehr hoch (Wittchen et al. 1989; Schneider & Margraf 1998). Depressionen, somatoforme Störungen, Persönlichkeitsstörungen und auch Suchterkrankungen sind hier zu nennen, wobei die letzten nicht selten die Folge misslungener Eigentherapieversuche mit Hilfe von Medikamenten oder Alkohol sind. Die Angst vor der Angst veranlasst die meisten Betroffenen überdies zur Entwicklung umfangreicher Vermeidungsstrategien, deren kurzfristige Entlastungsfunktion langfristig zur Aufrechterhaltung der Störung beiträgt; wenige schaffen den Ausbruch aus dem Teufelskreis aus eigener Kraft wie Goethe, der, „(...) weil ich keine Zeit verlieren wollte, auf eine etwas heftige Weise" seine Höhenangst durch eine Art selbst verordneter Konfrontationstherapie überwand; er bestieg den Turm des Straßburger Münsters und blieb so lange dort, bis er keine Angst mehr empfand (Wilkes 1999).

4. Interdisziplinäre Aspekte

Mit dem oben Gesagten ist schon angedeutet, dass man sich einem gründlichen Verständnis des Phänomens Angst nicht allein aus der Sicht einer Forschungsrichtung annähern kann – vielleicht in heutiger Zeit noch weniger als früher. Nur ein interdisziplinärer Zugang, der sich dem Phänomen aus der Perspektive so verschiedener Disziplinen wie der Soziologie, der Philosophie, der Religionswissenschaften, der Psychologie, der Psychotherapie und anderer Forschungszweige zuwendet, wird ein einigermaßen vollständiges Bild hervorbringen können. Dieses Buch soll – ohne jeden Anspruch auf Vollständigkeit – einen Beitrag dazu leisten.

Die hier zusammengestellten Texte sind aus den Vorträgen und Seminaren eines Kongresses hervorgegangen, den die Herausgeber aus Anlass des 50. ‚Geburtstages' der Gestalttherapie Anfang Oktober 2001 zum gleichen Thema veranstaltet haben. Die AutorInnen, die zu diesem Buch beigetragen haben, waren – neben vielen anderen – auf jenem Kongress als

VortragsrednerInnen bzw. Workshop-LeiterInnen vertreten und bereit, ihr zum Kongress vorbereitetes Material aufzuarbeiten und in eine schriftliche Form zu bringen, die auch jenen LeserInnen, die nicht an der Tagung teilgenommen haben, ein lückenloses Verständnis erlaubt. Für TeilnehmerInnen des Kongresses mag der vorliegende Band eine willkommene Möglichkeit bieten, das dort Gehörte und Erlebte in Ruhe nachzuvollziehen und zu vertiefen.

Das Kongressthema „Angst", das natürlich schon ca. zwei Jahre zuvor gewählt worden war, erhielt durch die damals erst wenige Wochen zurückliegenden Ereignisse vom 11. September 2001 in den USA und deren (mögliche) Folgen eine ebenso unerwartete wie schreckliche Aktualität. Neben dem immer noch spürbaren Schock war besonders die Angst vor den zu erwartenden militärischen Reaktionen der USA und dem, was diese wiederum an Reaktionen auslösen könnten, virulent und wurde von ReferentInnen wie TeilnehmerInnen häufig thematisiert. Naturgemäß haben solche Gefühle in den folgenden Monaten etwas an Intensität verloren, spielen für viele Menschen aber nach wie vor eine wichtige Rolle, zumal eine der unmittelbaren Folgen, der Krieg in Afghanistan, während wir dieses Vorwort schreiben, eine aktuelle Realität ist. So ist es auch nicht verwunderlich, dass der 11. September und seine Nachwirkungen auch in manchen der folgenden Beiträge unmittelbar oder – in den meisten Fällen – eher hintergründig eine Rolle spielen.

Wir hoffen, dass dieses Buch durch seinen aktuellen Bezug – auch wenn wir ihn mangels seherischer Gaben nicht vorhergesehen haben – dem einen oder der anderen LeserIn dabei behilflich sein wird, die eigenen Ängste und die der anderen nicht nur in ihrer allgemeinen Bedeutung für das eigene Leben, sondern vielleicht auch in ihrer Bedeutung für die aktuelle Lebenssituation unter den derzeit wirksamen politischen Bedingungen zu reflektieren. Wir sind sicher, dass es dabei nützlich sein wird, menschliche Ängste nicht nur als etwas Unangenehmes, Bedrohliches und möglichst zu Beseitigendes zu sehen, sondern auch als eine Ressource, die die eigene Lebendigkeit und das Leben allgemein erhalten und fördern helfen kann.

Literatur

Denis-Radomisli, M. (1980). Existentielle Gestalttherapie. In P. Olsen (Hg.), *Emotionale Stimulation und Überfluten der Gefühle in der Psychotherapie* (S. 20–32). München: Reinhardt.

DPA Deutsche Presse Agentur, Meldung vom 5.7.2000.

Hicklin, A. (2000). Man darf der Angst nicht immer nachgeben; in: *Brigitte 13*, 105.

Jacobi, F. & Margraf, J. (1999). Angststörungen. *PsychotherapeutenFORUM 6*, 4–6

Leon, A.C., Marzuk, P.M. & Portera, L. (1995): More reliable outcome measures can reduce sample size requirements. *Archives of General Psychiatry 52*, 867–871.

Perls, F.S., Hefferline, R., & Goodman, P. (1979). *Gestalt-Therapie – Wiederbelebung des Selbst*; Stuttgart: Klett-Cotta.

Perls, F.S. (1980). *Gestalt, Wachstum, Integration – Aufsätze, Vorträge, Therapiesitzungen* . H.G. Petzold (Hg.). Paderborn: Junfermann.

Richter, H.-E. (2000). Angst ist eine Farbe unseres Lebens. *Capital 15*, 74–75.

Schneider, S. & Margraf, J. (1998): *Agoraphobie und Panikstörung.* Göttingen: Hogrefe.

Schulze, G. (1992). *Die Erlebnis-Gesellschaft – Kultursoziologie der Gegenwart.* Frankfurt/M. & New York: Campus.

Staemmler, F.-M. (1994). Kultivierte Unsicherheit – Gedanken zu einer gestalttherapeutischen Haltung. In E. Doubrawa & F.-M. Staemmler (Hg.), *Heilende Beziehung – Dialogische Gestalttherapie.* Wuppertal: Hammer

Staemmler, F.-M. (1998). Wie ein Fisch im Wasser – Gestalttherapie in den Zeiten der Unsicherheit. *Gestalttherapie 12/2*, 35–49.

Wilkes, J. (1999). Goethe, der Verhaltenstherapeut. *Psychologie heute 7*, 48–51.

Wittchen, H.U., Hand, I. & Hecht, H. (1989). Prävalenz, Komorbidität und Schweregrad von Angststörungen – Ergebnisse der Münchner Follow-up-Studie (FMS). *Zeitschrift für Klinische Psychologie 18/2*, 117–133.

II

Sozialwissenschaftliche Aspekte

1. Aktuelle Überlegungen zur Soziologie der Angst
Hans-Peter Dreitzel

1.1 Nach dem 11. September

Als ich die Aufgabe übernahm, auf der Tagung „Angst als Ressource und Störung" am 4.10.2001 die gesellschaftliche Dimension der Angst zu erläutern, konnte ich nicht ahnen, welche Aktualität dieses Thema inzwischen bekommen und wie sehr es mich am eigenen Leibe packen würde. Damals schien es mir notwendig, ausführlicher zu begründen, wieso Angst nicht nur ein individuelles, sondern auch ein gesellschaftliches Phänomen sei. Heute ist das wohl kaum noch notwendig: Wir sind gerade wieder massiv daran erinnert worden, dass die Ursachen einiger unserer größten Ängste außerhalb unseres individuellen Lebenshorizontes liegen und dass die Verdrängungsmechanismen und die Bewältigungsstrategien, mit denen wir ihnen begegnen, eine kollektive Dimension haben. Dabei ist die Einsicht in die sozialen Bedingtheiten unserer individuellen Existenz ja selbst so beängstigend, dass sie immer wieder verdrängt wird. Sie ist eine Kränkung unserer narzisstischen Autonomie-Phantasien und sie füttert leicht depressive Resignationstendenzen. Zudem kann sie alte Traumata neu beleben und damit die Angst noch steigern. Kein Wunder also, dass wir diese Einsicht zumeist vermeiden und uns ihr nur öffnen, wenn uns krisenhafte Umstände dazu zwingen.

Am 11. September wurde ich durch den Anruf einer Nachrichtenredaktion aus dem Mittagsschlaf gerissen: Ich solle ohne Verzug den Fernseher anstellen. Gerade erst war der erste Turm getroffen worden. Ich sah dann das ganze Desaster wie in einem Film, und doch gleichzeitig mit dem Geschehen vor mir am Bildschirm abrollen. Ich war die nächsten Stunden und Tage merkwürdig benommen, und mir fiel nur auf, dass mir immer wieder die Tränen kamen. Mir schien diese Reaktion – bei allem Horror der immer wieder gesendeten Bilder – irgendwie befremdlich und übertrieben. Schließlich gibt es im Fernsehen reichlich Unfallbilder, und die großen Erdbeben nur dieses Jahres haben mehr Opfer gekostet. Es dauerte zwei Tage, bis mir klar wurde, was mit mir los war: Mein altes Trauma, der Bombenkrieg, den ich als Kind vier Jahre lang in Berlin erlebt habe, war wieder berührt worden und hatte mich sogleich mit betäubender Angst und unbestimmter Trauer überflutet. Eine Projektion also, genauer eine Übertragung, in der mehr Affekt als sonst stimmig gewesen wäre, war in das gegenwärtige Erleben eingeflossen. In meinem Fall war der Übertragung noch förderlich gewesen, dass ich zwei Jahre im Schatten dieser Türme des World Trade Centers gelebt habe und New York überhaupt die einzige Stadt ist, zu der ich nach der Zerstörung meiner Geburtsstadt Berlin noch einmal ein emotionales, ja heimatliches Verhältnis entwickelt habe.

Ich habe inzwischen Berichte anderer gelesen, denen es ähnlich ergangen ist, nur dass sie sich, weil sie älter sind und den Krieg nicht als Kind, sondern als junge Erwachsene erlebt haben, sofort dieses Zusammenhangs bewusst waren. Vielleicht gibt es aber viele Kriegskinder in Europa, die nun eine starke, aber zugleich vage und unklare Angst empfinden, zumal die Erfahrungen der Kriegskinder im öffentlichen Diskurs so gut wie gar nicht und in privaten, therapeutischen Zusammenhängen nach meiner Erfahrung nur sehr selten aufgearbeitet worden sind.

1.2 Angst und Desorientierung

Konstitutiv für das Gefühl der Angst ist ihre *Unbestimmtheit:* Wer Angst hat, weiß nichts oder wenig über deren Anlass und Ursache, ist also desorientiert. Daher die Nähe der Angst zur Verwirrung, zur Konfusion. Wer z.B. einmal an einer gestalttherapeutischen Gruppe teilgenommen hat, kennt das: Wenn man sich zu einer 'Arbeit' meldet, ist man natürlich aufgeregt. Aber man weiß nicht, warum man so aufgeregt ist. Und man weiß nicht, wohin die Arbeit führen wird. So wird dann oft die Aufregung zurückgedrängt, man macht sich eng im Brustraum und atmet nur noch flach. Und nun entsteht ein äußerst unangenehmes Gefühl. Dies ist das Gefühl, das wir Gestalttherapeuten Angst nennen. Perls hat die Formel geprägt: „*Angst ist gleich Erregung plus unzureichende Sauerstoffzufuhr*" (1978, 93 – Hervorhebung im Original). Damit ist exakt beschrieben, wie es zu der für Angstzustände charakteristischen Betäubung und Lähmung der Vitalität kommt – auch wenn diese Formel dem existenziellen Status, den die Angst im menschlichen Leben einnimmt, noch nicht gerecht wird. Angst orientiert nicht und – anders als bei Kontaktgefühlen – entsteht aus ihr keine Handlungsmotivation. Bei Furcht vor konkreter Bedrohung – die ich hier der von Kierkegaard begründeten und auch von Perls aufgenommenen Tradition folgend von Angst unterscheiden möchte, auch wenn dies nicht ohne Weiteres dem Sprachgebrauch im Alltag entspricht – bei Furcht weiß der Organismus, dass es um Fliehen und Deckung suchen geht und wird dazu motiviert. Bei Angst aber ist der Organismus stattdessen verwirrt und gelähmt.

Angstzustände können ganz plötzlich wie bei diesem Terroranschlag oder auch allmählich, ja schleichend langsam wie bei der Atomangst, entstehen. Im ersten Fall handelt es sich um ein Erschrecken: Der Körper zuckt zurück und erstarrt, die Luft wird heftig eingezogen und dann angehalten. Überdeutlich wird beim Schreck, dass die für alle Angstzustände charakteristische Veränderung im Atemrhythmus eine Störung des *Ausatmens* ist. Diese Schreckstarre hat wahrscheinlich evolutionäre Wurzeln, sie mag einen Überlebensvorteil geboten haben, z.B. wenn man von Tieren angegriffen wird, deren Augen nur Objekte in Bewegung wahrnehmen können. Nun aber müssen wir uns aus der Starre lösen, um uns zu orientieren, ob der Schreck unbegründet war – oder was die konkrete Bedrohung ist. Damit legt sich der Schreck und mit ihm die Erregung – oder die Erregung fließt in ein Kontaktgefühl ein, meist Furcht oder Wut.

Aber es gibt noch eine dritte Möglichkeit, nämlich, dass unsere individuellen und kollektiven Orientierungsmöglichkeiten versagen, dass wir also nicht wissen, woher das erschreckende Phänomen kommt und welche Art von Bedrohung es für uns darstellt. Dann wird aus dem plötzlichen Erschrecken der Zustand der Angst. Und genau das ist am 11. September vor Ort in den USA und in milderem Maß durch die Vermittlung der Medien weltweit passiert. Man wusste nicht, wer die Täter waren, niemand hatte sich zu den Anschlägen bekannt. Zugleich waren und sind die offensichtlichen Ziele der Terror-Aktionen von so allgemeiner Art wie „die westliche Welt", „der Kapitalismus", „die USA" oder „alle Amerikaner". Eine verwirrende Situation: Die Bedrohung ist eindeutig tödlich, aber es ist unklar, woher sie kommt und welches Ziel sie verfolgt – die klassische Situation der Angst. Später zeigte sich das gleiche Muster noch deutlicher bei den wirklichen und vorgetäuschten Anthrax-Anschlägen. Das Gespenst, das nun wieder in der Welt, vor allem aber in Europa umgeht, ist die Kriegsangst.

1.3 Krieg, Gewalt und Moderne

Denn auch weit über fünfzig Jahre nach dem Ende des Zweiten Weltkriegs sind wir in Europa noch immer von dieser Katastrophe traumatisiert. Obwohl für mich und andere meines Alters das Glück kaum zu fassen ist, diese lange Zeit ohne Krieg erlebt haben zu dürfen, und obwohl dieser Zustand für die Jüngeren hierzulande zur Selbstverständlichkeit geworden ist, wirkt das Trauma dennoch ständig weiter, nicht zuletzt, weil es durch unablässige kulturelle Bearbeitungen und politische Diskurse im kollektiven Gedächtnis gehalten wird. Was bei den Älteren an bewussten Erinnerungen und unbewussten Übertragungen in das Erleben jeder aktuellen Krisensituation einfließen mag, wird bei den Jüngeren ausgeglichen durch die desorientierende Wirkung gerade ihres Mangels an eigenem Erleben der Wirklichkeit des Krieges.

Diese Wirkung wird gesteigert durch die ständige Präsenz der Bilder, die uns in einem Zustand permanenter latenter Erregung halten, die psychologisch keine Basis in real erfahrenen Kontaktprozessen hat. Die Zerstörung der Zwillingstürme des World Trade Centers ist in verschiedenen Versionen in Hollywood-Filmen bereits durchgespielt worden. Die Wirklichkeit selbst erschien dann wie eine weitere Version des Fiktiven und daher so unglaublich. Es ist eben diese Verbindung eines Mangels an realer Gewalterfahrung in einer Zivilisation, die das Siechtum und das Sterben unter Quarantäne gestellt hat, mit der Allgegenwärtigkeit der entkörperlichten Bilder, die uns die Erinnerung an die Vergangenheit, die Erfahrungen unserer Gegenwart und nun auch die Träume und die Ängste unserer Zukunft enteignet.

Man kann die latent beängstigende und permanent desorientierende Wirkung dieses widersprüchlichen Zusammenhangs nicht überschätzen. Ich bin z.B. überzeugt, dass jede Antwort auf die Frage nach den Ursachen der zunehmenden Gewalt unter Jugendlichen diesen Zusammenhang berücksichtigen muss: Nirgends lässt sich die Wirklichkeit der Wirklichkeit unmittelbarer und unmissverständlicher erfahren als in der Gewalt. Und das gilt eben nicht nur für die Opfer, sondern auch für die Täter. Die Gewalt ist selbst das Ende aller Erregungsangst, nun herrscht die Klarheit von Sieg oder Niederlage, von Verwundung oder Davongekommensein, von Tod oder Leben. Die Terroristen der Anschläge in den USA haben in der Wirklichkeit neu inszeniert, was es als Filmszenarium schon lange gab. Zugleich haben sie mit ihrem Selbstmord die äußerste Wirklichkeit des Lebens, das Sterben, gleich mit einbezogen. Und dies waren offenbar eben gerade nicht Leute aus den unterprivilegierten Milieus jener nun als „unzivilisiert" gescholtenen Elendsgesellschaften, sondern sie waren wohlhabende junge Männer, die mit den Technologien und Organisationsstrategien der Industriegesellschaften ebenso gut vertraut waren wie mit deren Sinnvakuum. Kein Wunder, dass sie sofort Bewunderer bei den deutschen Neonazis fanden.

Es ist die Verbindung der in der Folge der Aufklärung sich ausbreitenden *Kontingenzerfahrung der Moderne*, der Erfahrung der Beliebigkeit, der historischen, sozialen, kulturellen und psychischen Relativität jeder Weltsicht, mit der gesteigerten Rationalität der technischen, ökonomischen und organisatorischen Wirkungszusammenhänge, die von jeher und immer wieder neu den Nährboden für den Faschismus bildet. Die faschistische Begeisterung für die „action directe" ist stets eine Verführung für all diejenigen, die diese Kontingenzerfahrung nicht aushalten oder nicht kompensieren können. Wie sehr dann ein radikaler Faschismus zum Glaubensfundamentalismus neigt, haben die nationalsozialistischen Rassenfanatiker vorgeführt. Man darf sich nicht vom islamistischen Gesicht des Fundamentalismus der USA-Terroristen täuschen lassen – die europäische Moderne ist längst überall, eben globalisiert, und der faschistisch-fundamentalistische Terror ist ihr eigener Schatten, wo immer sie Wurzeln schlägt.

Natürlich sind diejenigen für den ideologischen Fundamentalismus besonders anfällig, denen die kapitalistische Entwicklung der Produktions- und Konsumsysteme eine ökonomische Kompensation für den mit ihr verbundenen Verlust tradierter sozialer Bindungen wie eine Fata Morgana ständig vorspiegelt, in der Realität aber vorenthält. Nicht ohne

Grund ist überall in den Industriegesellschaften die Angst vor dem Verlust des Arbeitsplatzes eine politische Konstante. Hier kreisen die großen kollektiven Ängste alle um die Fragilität des Lebens und des Lebensstandards: Angst vor Krieg, Terror, Überfall und Vergewaltigung, Krankheit und Siechtum einerseits und Angst vor Wirtschaftskrisen andererseits. Eine tiefenpsychologische Studie vom Juni letzten Jahres (APA/AFP – 10.6.2001) deckte auf, dass der damals bevorstehende Wechsel der Währung bei den meisten Deutschen tief sitzende Ängste ausgelöst hat. „Konkrete Probleme wie versteckte Preiserhöhungen, Gewöhnungsschwierigkeiten oder die Frage der Stabilität waren in zehn Minuten abgehandelt“, berichtet einer der Leiter der Studie und fährt fort: „Was danach hoch kam, war oft erschreckend: Angst vor Identitätsverlust, vor Ent- und leider auch vor Überfremdung“.

1.4 Todesangst, Suizid und Jenseitsvorstellungen

Je besser es einer Gesellschaft geht, desto eher treten natürlich die Ängste vor einem Verlust des Lebensstandards in den Hintergrund und werden durch Ängste vor einer Verletzung der leiblichen Unversehrtheit überlagert. Eine Untersuchung vom August letzten Jahres in Österreich, dem nach Luxemburg und Schweden drittreichsten Land der EU, zeigt, dass die Angst vor einem Verkehrsunfall bereits genauso oft genannt wird wie die Angst vor Arbeitslosigkeit und die Angst vor einer gefährlichen, womöglich unheilbaren Krankheit den Spitzenwert von 90 Prozent erreicht. Und auch, dass Kinder zwischen fünf und vierzehn Jahren in Deutschland im letzten Sommer am meisten Angst vor einem Sittlichkeitsverbrechen hatten, zeigt diese Sorge um die körperliche Unversehrtheit, auch wenn hier wieder die Berichterstattung der Medien über mehrere Kindermorde in diesem Jahr den Ausschlag gegeben haben dürfte. Was jeweils an spezifischen Ängsten dieser Art im Vordergrund steht, ist natürlich sehr abhängig von aktuellen Ereignissen und ihrer medialen Verarbeitung. So sind die erwähnten Untersuchungen durch die Terroranschläge vom September inzwischen überholt. Nun, nachdem der CNN – symptomatisch für alle Sender – seit Wochen fast alle seine Bilder unter der Überschrift WAR ON TERRORISM bringt, überwiegen wieder die Ängste vor Krieg, Terror und Flugzeugentführungen.

Andererseits gilt aber auch: Wer Angst um seinen Lebensstandard hat, muss erst einmal einen nennenswerten haben. Die verelendeten Massen in der Dritten Welt haben wenig zu verlieren und gehen deshalb, wenn sie dazu motiviert werden, größere Risiken ein. Die Angst um Leib und Leben dagegen gehört zu den existenziellen Gegebenheiten menschlichen Lebens, einfach weil wir körperliche Wesen sind und der Körper bis fast zuletzt immer einen unbändigen Überlebenswillen hat. Es steigert ja eben die Angst in bestimmten Extremsituationen so ins Unerträgliche, dass hier aufs äußerste gesteigerte vitale Erregung und absolute Ohnmacht und Handlungsunfähigkeit zusammen fallen – so etwa, wenn bei der Folter schon das Zeigen der Instrumente einen Menschen zerstören kann. Aber obwohl die Sinngebung des Schmerzes unvergleichlich viel schwerer ist als die des Todes, hat es immer auch Märtyrer gegeben. Erst recht – und das ist unserer säkularisierten Gesellschaft fremd geworden – kann der Tod im *Opfer* einen Sinn erhalten, der noch die Todesangst, diese allgemeinste menschliche Angst, überlagert und in den Hintergrund schiebt.

Was den Menschen auszeichnet, ist eben nicht zuletzt seine Fähigkeit, NEIN zu sagen. So kann er sogar seine individuelle körperliche Existenz noch negieren. Allerdings muss der Selbstmord einen Sinn erhalten, der nicht im und durch das Leben selbst schon einlösbar ist. Unsere – in dieser Gesellschaft berechtigte – therapeutische Hypothese im Umgang mit Suizidalen besagt, dass dies typischerweise nicht der Fall ist: Der Suizid enthält eine Mitteilung, die auch anders als durch den Tod einigermaßen erfolgreich zu Gehör gebracht werden könnte. Ein Selbstmord aus Gründen der Ehre, erst recht ein religiös motivierter Selbstmord – beides Formen, für die der große Soziologe des Suizids, Emil Durkheim, den Begriff des altruistischen Selbstmords in die Soziologie eingeführt hat – ist uns fremd geworden. Wir können den Glauben an die Paradiesversprechungen, die den islamistischen Selbstmordattentätern eingetrichtert werden, nicht nachvollziehen; er ist in unserer kulturellen und historischen Perspektive „mittelalterlich“. Er hat mit der sehr sinnlichen Vorstellung einer Auferstehung des Fleisches zu tun, die unserer Spiritualität nun kindlich erscheint, obwohl sie Bestandteil auch des christlichen Glaubenskanons ist.

Die Jenseits-Vorstellungen des christlichen Mittelalters allerdings waren weniger von konkreten Paradiesvorstellungen als von konkreten Höllenvorstellungen geprägt. Neben der Todesangst – und oft noch stärker als sie – gab es die Höllenangst, ein Wort, das noch heute in unserer Alltagssprache als Steigerungsform benutzt wird. Man muss sich die Jenseits-Bilder der christlichen Kunst anschauen, von den frühmittelalterlichen Fresken oberitalienischer Kirchen bis zu den großen Tableaus des Hieronimus Bosch, um zu sehen, von welch detailfreudiger Grausamkeit die Höllenvorstellungen im Gegensatz zu den steifen und langweiligen Paradiesdarstellungen waren. Und dies waren für die große analphabetische Masse der Gläubigen die einzigen Bilder, denen sie ausgesetzt waren, die einzigen 'Informationen', die sie bekamen.

So wird verständlich, dass das europäische Mittelalter immer wieder von Epidemien der Angst vor einer Apokalypse heimgesucht wurde: Das nahende Weltende, das unmittelbar bevorstehende Jüngste Gericht war vor allem die Drohung, endgültig und ohne weitere Chance der Verdammnis anheim zu fallen. Die Anlässe für diese Epidemien waren vergleichsweise beliebig: Der erste Jahrtausendwechsel der christlichen Zeitrechnung konnte dazu ebenso dienen wie das Erscheinen eines Kometen am Himmel. Jeder dieser Anlässe konnte die latente Höllenangst mobilisieren.

Die Todesangst – so erscheint es uns heute jedenfalls – mag durch die allgemeine Glaubensgewissheit gemildert worden sein. Aber es gab doch immer die Ungewissheit, ob man tief genug im Glauben verankert und vor allem, ob man auch im rechten Glauben war – ein Zweifel, der durch die Verstrickung der Kirche in ihre nicht enden wollenden und überaus grausamen Feldzüge gegen abweichende Glaubensüberzeugungen, gegen jede Art des

Ketzertums genährt wurde. Wo es der Kirche nicht gelang, radikale Reformbewegungen zu zügeln und zu integrieren, wie bei den Zisterziensern und den Franziskanern, da wurde ihnen unbarmherzig der Krieg angesagt, der wie bei den Albigensern fast bis zur Ausrottung führen konnte. Später hat dann Jahrhunderte lang die Inquisition eine Angst verbreitet, die sich lähmend über alles theologische und weltliche Denken legte.

Wiederum war es vor allem das Unbestimmte und damit Ungewisse der Bedrohung, das die für die Angst charakteristische Handlungslähmung verursachte. Denn wer als Ketzer verbrannt wurde, war oft eine Frage der Mehrheitsbildung im Konzil. Zur Zeit der Religionskriege nach der Reformation wurden religiöse Begründungen dann zunehmend zu Rationalisierungen für territoriale Auseinandersetzungen.

In den Hexenverfolgungen des ausgehenden Mittelalters und der frühen Neuzeit wurde dann der Inquisitionsterror, der ursprünglich allein der Sicherung des Herrschaftsanspruches der Kirche diente, demokratisiert: Nun konnte jedermann zu jeder Zeit gegen missliebige oder beängstigende Nachbarn den Hexenverdacht äußern. Meistens reichte das schon zur Eliminierung der Angeschuldigten. Der Hexenwahn, dem mindestens 800.000 Menschen, vorwiegend Frauen, zum Opfer gefallen sind, war eine Angstepidemie, in der die Angst verhext zu werden so groß war wie die Angst der Hexerei beschuldigt zu werden: Täter und Opfer waren austauschbar.

Es gab aber noch zwei andere Ängste im Mittelalter, die schlicht das *körperliche* Leben betrafen: den Hunger und die Pest. Hunger war für den größten Teil der Bevölkerung bis ins 19. Jahrhundert hinein eine immer wiederkehrende Bedrohung. Die Lebensmittelversorgung war von den jährlichen Ernten und diese wiederum von wechselndem Wetter abhängig, also unregelmäßig. Ebenso unvorhersehbar waren die zahllosen Kriege und Fehden, denen immer wieder die Ernte durch Raub der Vorräte und Verwüstung der Felder zum Opfer fielen. Unterernährung war in vielen Gegenden der Normalzustand und Hungerepidemien nicht selten. Nur der Adel, der sich die Jagdrechte in den Wäldern angeeignet hatte – die Wilderei der Hungernden wurde brutal bestraft –, blieb davon weitgehend verschont.

Schlimmer noch wütete die Pest, die mehr als 300 Jahre lang in Wellen über Europa kam und der oft binnen weniger Wochen zwei Drittel der Bevölkerung einer Stadt zum Opfer fielen. Ihre Ursachen waren unbekannt. Angst bereitete hier natürlich der Tod, aber auch das Chaos, der völlige Zusammenbruch jeder sozialen Ordnung, das die Pest durch den plötzlichen Tod so vieler Menschen regelmäßig hinterließ.

Und es gab andere Ängste, an die wir heute nicht mehr denken: Gut belegt ist die Angst vor dem Meer in einem Kontinent, der wahrhaft vom Meer umschlungen ist. Niemand wäre etwa auf die Idee gekommen, zum Vergnügen in diesem unheimlichen Nass zu baden. Oder die Angst vor der Dunkelheit, die noch nicht als kindlich galt in einer Welt, die weder Gas noch Elektrizität als Lichtquellen kannte und in der Öllämpchen und erst recht Kerzen Luxusartikel waren.

Gemessen an all dem nehmen sich unsere Ängste heute eher harmlos aus, obwohl Angst natürlich ein subjektiver Zustand ist, der sich seinen objektiven Ursachen gegenüber irrational verhält.

1.5 Angst, Zivilisation und Sozialisation

Der große Soziologe der Angst ist natürlich Norbert Elias mit seiner 1939 in der Schweizer Emigration erschienenen Untersuchung *Über den Prozess der Zivilisation*. Seit dieses Werk Ende der 60er Jahre in Deutschland endlich wieder aufgelegt wurde, ist es Anstoß zu zahlreichen fruchtbaren Untersuchungen, aber auch Anlass heftiger wissenschaftlicher Auseinandersetzungen geworden. Auf wenige Sätze verkürzt, besagt diese Theorie Folgendes:

Mit der allmählichen Entwicklung absolutistischer Staatswesen mit stehenden Heeren, die permanent finanziert werden mussten (also eine allgemeine Besteuerung nötig machten), sowie mit der von diesen Staatswesen geförderten Entwicklung und Sicherung von Märkten und weiten Handelswegen wurde es nötig, dass das menschliche Verhalten gezügelter und berechenbarer wurde, als es zuvor war. Anhand einer Sittengeschichte der weltlichen Oberschichten des Abendlandes zeigt Elias, wie sich die Umgangsformen allmählich dahingehend verändert haben, dass sie immer größeren Formzwängen unterliegen. Das gilt insbesondere für alle Bereiche, die den Körper betreffen: der Umgang mit dem Schlaf, mit der Nacktheit, mit der Sexualität, mit dem Essen und mit den Ausscheidungen, last not least mit der Angriffslust, der Aggressivität. In allen diesen Bereichen kommt es zuerst zu formellen Verhaltensvorschriften, die die Ausdrucksformen einengen und kanalisieren, und später zu einer Verinnerlichung der ursprünglich neuen zivilisatorischen Standards, deren Verletzung nun Schamgefühle auslöst. Drastisch nennt Elias diese Verinnerlichung eine „Selbstzwangsapparatur" – ein Ausdruck, der stark an den Begriff *Self-Conquest*, die Selbst-Eroberung erinnert, der für Perls und Goodman eine so wichtige Rolle bei der Beschreibung des modernen Sozialcharakters spielt.

Der Motor aber dieses Prozesses der Verinnerlichung äußerer Zwänge ist für Elias die Angst. Es ist die Angst vor Strafe und Liebesentzug, die den kindlichen Sozialisationsprozess steuert. Und in der Tat konnte man ja die gemeinsame Mahlzeit, so lange diese noch das Zentrum des täglichen Familienlebens einnahm, auch als das familienspezifische Schlachtfeld des Zivilisationsprozesses wahrnehmen. (Es wäre übrigens zu fragen, was heute, im Zeitalter von Kühlkost und Fast Food, anstelle der gemeinsamen Mahlzeit als funktionales Äquivalent für diese Zivilisationsagentur getreten ist – womöglich nichts?) Und es ist die Angst des Erwachsenen vor der Unberechenbarkeit des Fremden, mit dem er nun immer häufiger in den vergrößerten Territorien und auf den längeren Handelswegen in Kontakt kommt und vor der Undurchschaubarkeit der immer länger werdenden Handlungsketten, die die Menschen allmählich und ohne, dass es ihnen klar bewusst wäre, dazu bringt, ihr Verhalten zu zügeln und zu dämpfen. Auch wenn uns im etwas helleren Licht der heutigen Entwicklungspsychologie die ausschließliche Betonung der Rolle der Angst beim kindlichen Sozialisationsprozess ein wenig antiquiert erscheint, hat diese Theorie insgesamt doch sehr viel Plausibilität für sich.

Das wird erst richtig deutlich, wenn man sich klar macht, dass dieser Zivilisationsprozess natürlich nicht ein großer, einheitlicher, alle Schichten und Länder Europas gleichzeitig erfassender Vorgang ist. Es gibt dabei immense regionale Zeitverschiebungen, und eine jeweils zivilisiertere Verhaltensform setzt sich erst allmählich von oben nach unten in der Schichtstruktur einer Gesellschaft durch. Der Prozess beginnt, klare Formen anzunehmen, zunächst in den oberitalienischen Städten des späten Mittelalters und der Renaissance, in denen der frühe Kapitalismus entsteht. So ist z.B. die Gabel als obligatorisches Esswerkzeug eine Erfindung der Renaissancezeit in Florenz; sie brauchte gut vierhundert Jahre, bis sie sich auch bei der Landbevölkerung in Deutschland durchgesetzt hatte. Und in der Tat, man kann sich leicht vorstellen, wie viele Ängste über die Jahrhunderte und bei tausend sozialen Anlässen mit der Frage verbunden waren und sind, wie man sich beim Essen richtig benimmt.

Immer geht es beim Prozess der Zivilisation um eine Zurückhaltung der Impulse des Körpers und der Gefühle. So auch bei der Aggressivität: Rasches Zuschlagen, schnell ein Messer in der Hand haben gilt schon lange als gravierender Mangel an Selbstkontrolle. Die Verinnerlichung der Gewalthemmung, die freilich im Krieg dann weg geschwemmt wird, geht bis in die Schaulust. Gewiss, wir haben heute Horrorvideos und die Neigung vieler Leute, sich bei Unfällen an die Orte des Schreckens zu begeben. Wir Europäer sind aber befremdet, wenn wir hören, dass bei der Hinrichtung des Attentäters von Oklahoma den Hinterbliebenen der Opfer eingeräumt wurde, über einen speziell eingerichteten Fernsehkanal die Tötung mit zu verfolgen. Man gestand den Trauernden wenigstens visuell eine Befriedigung ihrer Rachegefühle zu – ein Zugeständnis des Staates an den Ärger, den das staatliche Gewaltmonopol, dieses Bollwerk der Zivilisation, in den USA noch immer auslöst. Aber wir können uns nicht einmal mehr vorstellen, dass der Anblick einer Hinrichtung einmal noch mit anderen Lüsten verbunden werden konnte. So lud der Lord Mayor von London noch bis in die siebziger Jahre des 19. Jahrhunderts Gäste zu morgendlichen Hinrichtungen ein, bei denen ausgiebig gefrühstückt wurde.

Es ist bei unseren eigenen Gewaltängsten schwer, aber noch notwendig, dass wir uns klar machen, wie sehr befriedet unsere Gesellschaften, d.h. die der westlichen Industriestaaten, inzwischen sind und dass dies nicht immer so war. Im Moment verzeichnen die Fluggesellschaften in Europa eine Reduktion der Nachfrage von bis zu 20 Prozent. Aber diese Einbrüche werden rasch wieder ausgeglichen sein. Es ist wie bei Unfällen auf der Autobahn: Zehn Minuten lang im Schnitt hält die Wirkung des Schrecks an, dann fahren alle wieder genauso schnell wie vorher.

Tatsächlich bewegen wir uns durch unsere Städte und über weite Distanzen, ohne konkrete und berechtigte Furcht vor Räubern und kriegerischen Horden zu haben. Noch zu Goethes

Zeiten war dies eine Hauptsorge bei der Reise nach Italien. Aber nur ein wenig eigene Reiseerfahrung in afrikanischen oder südasiatischen Ländern belehrt uns darüber, wie es auch in Europa einmal zugegangen ist. Und was die Gefahr von Diebstählen oder sexuellen Belästigungen betrifft, so hat sich schon mancher Italien-Tourist plötzlich nach Deutschland zurück gesehnt.

Ein wichtiger Punkt, den Elias nicht erwähnt, ist die zivilisierende Wirkung der Technik. Jeder weiß, dass, wer Aggressionen hemmungslos auf das Gaspedal überträgt, eine Gefahr für sich und andere darstellt. Man kann bei der Automobilisierung der europäischen Länder die Stufen des Zivilisationsprozesses im Kleinen verfolgen: Zuerst gibt es wenige Autos, und der Verkehr ist relativ ungeregelt. Die Autos aber sind langsam und ihre Fahrer gehören zu den zivilisierteren Oberschichten. Dann kommt es zu einer um die zehn Jahre währenden Phase der Massenautomobilisierung; viele Leute fahren nun mit wenig Erfahrung schnellere Autos. Die Unfallzahlen steigen dramatisch. Es entstehen neue und härter polizeilich durchgesetzte Verhaltensregeln und Sozialisationsmaßnahmen, wie zum Beispiel die Verschärfung von Fahrprüfungen. Schließlich kommt es zu einer zunehmenden Verinnerlichung der Verhaltensstandards: Der Verkehr wird trotz steigender Teilnehmerzahlen ruhiger, die Zahl der Verkehrsopfer sinkt. Es setzt sich eine Informalisierung des Verkehrsverhaltens durch, wie sie auch für die Formen des höflichen Umgangs zu beobachten ist: Niemand hält sich an Geschwindigkeitsbegrenzungen und allgemeine Parkverbote in den Städten, aber der generelle Verkehrsfluss ist routiniert und unaufgeregt. Dabei werden diejenigen, die diese Phase hinter sich haben, als besonders schlechte Fahrer erlebt. Ich erinnere mich noch, als dies die Deutschen waren, etwa zwischen 1955 und 1965 (heute hat Griechenland die höchste Unfallziffer pro Auto in der EU).

Technik zivilisiert, weil bei dem wachsenden Abstand zwischen der körperlichen Handlung und ihrer Auswirkung die Verhaltenshemmung, die Zügelung jeder Impulsivität von ungeheurer Bedeutung ist. In einer Welt, in der ein falscher Knopfdruck Katastrophen auslösen kann, muss man für diese Art der Hemmung dankbar sein.

Aber: Die immer größere Distanz, die die Technik zwischen unsere Körper und ihr jeweiliges Umfeld schiebt (aus dem allein Befriedigung kommen kann), ermöglicht auch eine Gefühlskälte, wie sie charakteristisch für den modernen Krieg überhaupt, spezifisch aber für den Faschismus ist. Denn der faschistische Terrorismus zeigt eine eigentümliche Mischung von rationalem Umgang mit Technik und Organisation und unglaublicher Hemmungslosigkeit beim Töten. Diesen Schatten der Moderne hat der Nationalsozialismus auf das Äußerste verdichtet in der Praxis seiner Vernichtungslager. Aber er zeigt sich in jeder Art des modernen Terrorismus. Norbert Elias hat in einem neuen Buch, seiner *Studie über die Deutschen* (1989), den Terrorismus der RAF analysiert und ist dabei zu dem Schluss gekommen, dass sich deren Abstumpfung gegenüber ihren Opfern aus der im europäischen Vergleich verspäteten inneren Zivilisierung unserer Gesellschaft erklärt. Tatsächlich ist ja auffällig, dass es innerhalb Europas – der amerikanische Fall liegt anders – nur in

Deutschland und Italien zu einer solchen Radikalisierung der Studentenbewegung gekommen ist, den Ländern also, die sich sehr spät erst und unter blutigen Kämpfen zur nationalen, also territorialen Einheit durchringen konnten und in denen die bürgerliche Gesellschaft sich sehr schwer damit tat, über Parteien und Parlament auch politisch zur Macht zu kommen. Und natürlich sind dies auch die beiden Länder, in denen der europäische Faschismus seinen schlimmsten Terror entfaltete. In den Worten von Elias:

> Mord, Brand und Raub als Mittel zur Durchsetzung politischer Ziele bedeuten eine Durchbrechung des staatlichen Monopols der physischen Gewalt, dessen Aufrechterhaltung ein relativ friedliches, also gewaltloses Zusammenleben der Menschen innerhalb eines Staates gewährleistet ... Und da der innerstaatliche notwendige Verzicht auf die Gewalttat zu den Grundelementen dessen gehört, was wir „zivilisiertes Verhalten" nennen, da in der Tat Zivilisations- und Staatsbildungsprozesse aufs engste miteinander verflochten sind, stellen terroristische Bewegungen im Sinne des Zivilisationsprozesses regressive Bewegungen dar. Sie haben einen anti-zivilisatorischen Charakter (1989, 365).

Das gilt auch für den islamistischen Terrorismus. Allerdings gilt in einer Welt der globalisierten Kommunikationstechnologien und Finanzmärkte, dass nur der Staat als Zivilisationsagentur zunehmend geschwächt wird. Wie weit an seine Stelle nun Wirtschaftsorganisationen, interstaatliche Institutionen und Non-Government-Organizations als Zivilisationsagenturen treten können, ist noch eine offene Frage, die unter Soziologen viel diskutiert wird. Internationale Wirtschaftsunternehmen sind dabei am problematischsten: Sie sind tendenziell mafiös, d.h. sie funktionieren mit Hilfe einer hierarchisch kontrollierten Gewaltandrohung, die, weil außerstaatlich, sich prinzipiell rechtsstaatlicher Kontrolle entzieht. Das Gleiche gilt für die zwischenstaatlichen ökonomischen Institutionen wie die Weltbank und den Internationalen Währungsfonds, weil sie den Interessen der Wirtschafts- und Finanzunternehmen zu stark verbunden sind. Sie haben viel Gewalt und Elend in die Länder der Dritten Welt gebracht. Besser geeignet als Zivilisationsagenturen sind solche Non-Government-Organizations, die sich dem gewaltlosen Widerstand verschrieben haben, wie z.B. Greenpeace oder Amnesty International. Längerfristig wird es aber vor allem um Aufbau und Durchsetzung einer internationalen Gerichtsbarkeit gehen, wie sie jetzt im Kampf um die Errichtung eines internationalen Strafgerichtes versucht wird. Dazu würde allerdings auch eine Weltpolizei gehören, die militärische Schlagkraft besitzt. Die augenblicklichen Fronten in diesem Kampf sind klar: Ausgerechnet die so genannte letzte Weltmacht, die jetzt Opfer der islamistischen Anschläge wurde, widersetzt sich mit aller Kraft der Einrichtung des internationalen Strafgerichtshofs aus Angst, ihre eigenen Bürger könnten einmal selbst betroffen sein.

1.6 Terrorismus, Katastrophen und Massenselbstmord

Was nun die islamistischen Selbstmordattentäter von heute für uns so exotisch macht, ist also nicht ihr sehr moderner faschistischer Zynismus – aber auch nicht die Gewissheit, mit der sie an ihre Aufnahme und ihr Weiterleben in einem himmlischen Paradies glauben (denn das gibt es auch bei christlichen Fundamentalisten, wenngleich hier eben der Akzent eher auf der Rettung vor der Verdammnis als auf den Freuden des Himmels liegt). Es ist vielmehr das Opfer, das uns irritiert, die Tatsache, dass sie ihr Leben für eine soziale Idee opfern, sei es die Idee eines befreiten Palästinas, sei es die Idee einer Gesellschaft, die fromm nach dem Gesetz der Scharia lebt.

Denn dieses Opfer setzt die Gewissheit voraus, dass nach dem Ende des individuellen Lebens das kollektive Leben, hier die Gemeinschaft der Gläubigen, weiter existiert. Nur auf den ersten Blick scheint dies selbstverständlich. Uns im so genannten Westen, zu dem nun auch der vormalige Feind im Kalten Krieg gehört, ist diese Gewissheit verloren gegangen – eine Tatsache, die nicht dadurch falsch wird, dass wir sie immer wieder verdrängen. Denn wir alle wissen ja, dass die Entwicklung unserer Technik und des Gebrauches, den wir zivil und militärisch von ihr machen, einen Punkt erreicht haben, an dem die uneingeschränkte Fortsetzung dieser Entwicklung, aber eben auch schon ein militärischer Unfall, unserer jetzigen Zivilisation ein Ende setzen wird. Dies und nicht der Terrorismus bedroht im Ernst diese Zivilisation. Atomkraft und Treibhausgase heißen die Energien, die uns den Garaus machen können – und das wird zur Zeit wieder besonders stark verdrängt. Dabei fürchten wir ja nichts so sehr, als dass Atomenergie zu einem Mittel des Terrorismus wird. Zu Recht, denn die Unsicherheit unserer Atomkraftwerke, zumindest aber der unserer östlichen Nachbarn, ist bekannt und wird auch von unserer Regierung toleriert. Sie wird nur durch die Horrorvision eines von Terroristen in ein Atomkraftwerk gelenkten Flugzeuges noch einmal pointiert. Robert Jay Lifton, der mit seinen Untersuchungen mehr als jeder andere zum Verständnis der Psychologie der Opfer und der Täter bei den Massenmorden des 20. Jahrhundert beigetragen hat, vertritt die Auffassung, dass die Perspektive einer kulturellen, vielleicht sogar biologischen Zukunftslosigkeit verheerende Folgen auch für die menschlichen Vorstellungen von Unsterblichkeit oder überindividuellem Überleben hat:

> Das überragende Problem aller Religion nach Hiroshima liegt in dem Paradox oder sogar Widerspruch des Versprechens eines spirituellen Überlebens jenseits des individuellen Todes auf dem Hintergrund einer imaginierten Erde ohne oder fast ohne menschliche Lebewesen. Es kann nämlich gut sein, dass ein Gefühl von Kontinuität des biologischen Lebens notwendig für die Tragfähigkeit von Vorstellungen ist, die über das biologische Leben hinausgehen. (Lifton 1979, 241 – meine Übersetzung)

Der islamistische Attentäter verfügt über diese notwendige, wenngleich noch nicht hinreichende Bedingung seiner Tat. Ihn beflügelt nicht nur das sehr irdisch gefüllte Paradies-Versprechen, sondern auch die Gewissheit, dass er sich für eine sehr lebendige, lebenshungrige Welt opfert, in der seine Kinder, seine Sippe und seine Glaubensgemeinschaft eine vitale Zukunft haben.

In der westlichen Kultur dagegen haben wir es mit einer Auszehrung aller Jenseits-Vorstellungen, aber auch aller diesseits gewandten Utopien der europäischen Moderne zu tun. Nach dem Ende der sozialistischen Utopien gibt es nichts mehr, was den Einsatz des Lebens lohnen könnte – nicht, weil es nichts Verteidigenswertes mehr gäbe, sondern weil kein individuelles Opfer mehr dem Katastrophischen dieser Kultur einen Sinn verleihen könnte.

Das macht das Pathos so hohl, mit dem nun unsere Zivilisation, die die Amerikaner unbekümmert „American Way of Life" nennen, verteidigt werden soll. Die zu verteidigende Freiheit, von der nun wieder viel die Rede ist, ist ja wohl nicht teilbar. Sie muss doch wohl die Freiheit von Ausbeutung, Zinsknechtschaft und Sklaverei mit einbeziehen, die zum nicht geringen Teil durch den globalisierten Kapitalismus verursacht oder am Leben erhalten werden. Unserer Kultur haftet insgesamt etwas Suizidales an – und das macht Angst. Uns hemmt die Phantasie einer Welt vor der Apokalypse.

Unverändert gilt heute wie früher die Angst dem Undurchschaubaren, heute der atomaren Verstrahlung, der Klimaveränderung oder der Unkalkulierbarkeit eines Zusammenbruchs der Finanzmärkte, also anonymen, sinnlich nicht wahrnehmbaren, kaum verständlichen Mächten. Aber während früher Kriege und Epidemien, ob von Gott gesandt oder Teufelswerk, wie unabänderliche Naturereignisse erlebt wurden, bleibt heute angesichts einer Natur, in der von nun an alles und jedes unter dem Verdacht steht, von Menschen gemacht zu sein, stets der nagende, mit Schuldgefühlen verbundene Zweifel, ob wir es nicht anders hätten machen können. Das große Erdbeben von Lissabon im Jahre 1755 hat einen Schock in der ganzen gebildeten Welt jener Zeit ausgelöst, weil sich in diesem Ereignis plötzlich die Aufklärung mit ihren Grenzen konfrontiert sah. Heute aber gibt es in Rom einen Planungsstab zur (unmöglichen) Evakuierung der Großstadt Neapel, weil Wissenschaftler nun jederzeit mit einem katastrophalen explosionsartigen Ausbruch des Vesuvs rechnen. Es ist wie in der Medizin: Unsere diagnostischen Fähigkeiten übersteigen immer weiter unsere therapeutischen Möglichkeiten – und das produziert permanent Angst. *In der Postmoderne verbindet das Gefühl der Angst die Erfahrung der Ohnmacht des Einzelnen mit der schuldhaften Gewissheit, dass die Katastrophen von Menschen gemacht sind, oder doch, obwohl erkannt, nicht verhindert werden konnten.*

Der masochistische Ausweg aus dieser Angstkonstellation ist die Kriegserklärung. Diese kann deklamatorischen Charakter haben, wie die zahlreichen Kriege, die amerikanische Regierungen von Zeit zu Zeit zu einem ihrer ungelösten sozialen Probleme erklären: The „War on Poverty", the „War on Drugs", the „War on Crime". Wenn aber der Feind offen wahrgenommen oder phantasiert werden kann, ist er ernst gemeint wie jetzt. Ein visionärer Abschnitt des Gründungstextes der Gestalttherapie von Perls und Goodman trägt den Titel „Der moderne Krieg ist Massenselbstmord ohne Schuldgefühle". Ich möchte daraus (in meiner Übersetzung) etwas ausführlicher zitieren, obwohl man beim Lesen im Kopf behalten muss, dass dieser Text erstaunlicherweise vor dem verlorenen Vietnam-Krieg, aber auch vor den großen Katastrophenfilmen Hollywoods und vor der Verbreitung des Fernsehens geschrieben wurde. Und dass, was er über die amerikanische Gesellschaft sagt, heute für die ganze westliche Welt gilt.

> Wir haben es gegenwärtig in Amerika mit einer Kombination beispiellosen Wohlstands mit beispiellosem inneren Frieden zu tun. (...)
>
> Es gibt kaum physische Überlebensprobleme, aber es gibt auch wenig Befriedigung und es gibt Zeichen akuter Angst. Die allgemeine Verwirrung und Unsicherheit isolierter Menschen in einer allzu großen

Gesellschaft zerstört Selbstvertrauen und Initiative, ohne die es keine aktive Lebensfreude geben kann. Sport und Unterhaltung sind passiv und bloß symbolisch; die Wahlmöglichkeiten auf dem Markt sind passiv und bloß symbolisch. Die Menschen tun und erschaffen nichts für sich selbst, außer symbolisch. Die Quantität der Sexualität ist groß, die Desensibilisierung ist extrem. Früher glaubte man, dass Wissenschaft, Technik und die neuen Standards der Zivilgesellschaft uns ein Zeitalter des Glücks bringen würden. Diese Hoffnung ist enttäuscht worden. Überall sind die Menschen enttäuscht.

Selbst an der Oberfläche gibt es also Grund, alles zu zertrümmern, nicht diesen oder jenen Teil des Systems (zum Beispiel die herrschende Klasse), sondern das ganze System *en bloc* zu zerstören, weil es kein weiterführendes Versprechen enthält, weil es sich in seiner jetzigen Form als unassimilierbar erwiesen hat. (...)

Aber wenn wir tiefer gehen, sehen wir, dass diese Konstellation fast genau der Erregung beim primären Masochismus entspricht. Es gibt kontinuierliche Stimulierung und nur partielle Energieabfuhr, eine unerträgliche Steigerung der unbewussten Spannung – unbewusst, weil die Menschen nicht mehr wissen, was sie wollen, noch wie sie es bekommen können und die vorhandenen Mittel zu groß und zu unzugänglich sind. Der Wunsch nach endgültiger Befriedigung, Orgasmus, wird erlebt als Wunsch nach totaler Selbstzerstörung. Es ist also unvermeidlich, dass es so etwas wie einen öffentlichen Traum vom universalen Desaster geben muss mit großen Explosionen, Feuern und elektrischen Schocks ...

Gleichzeitig wird jedoch jeder offene Ausdruck von Destruktivität, Vernichtungswut, Kampfeslust zugunsten der zivilisatorischen Ordnung unterdrückt. (...) Die Menschen sind vernünftig, tolerant, höflich und kooperativ im Sich-umherschubsen-lassen. Aber die Anlässe des Ärgers sind nicht geringer geworden. Im Gegenteil, wenn die großen Initiativen auf die Wettbewerbsroutinen in den Büros, in den Ämtern und den Fabriken reduziert werden, bleiben belanglose Reibereien, Verletzungen und das Gefühl, hintergangen zu werden. Kleiner Ärger wird ständig produziert und nie ausgedrückt; großer Ärger, der mit großer Initiative einhergeht, wird unterdrückt.

Deshalb wird die Ärger erregende Situation in die Ferne projiziert. Man muss große, weit entfernte Ursachen finden, die den Druck der eigenen Wut verständlich machen, der sich durch die belanglosen Frustrationen nicht erklären lässt. Man braucht also etwas, das des Hasses würdig ist, den man unbewusst gegen sich selbst hegt. Kurz, man ist wütend auf den FEIND.

Dieser Feind ist natürlich grausam und inhuman. Es gibt keinen Grund, ihn menschlich zu behandeln. (...)

Im zivilen Leben ... sind Aggressionen antisozial. Aber glücklicherweise sind sie im Krieg gut und sozial. Mit ihrer Sehnsucht nach universaler Explosion und weltweitem Desaster führen die Menschen Feldzüge gegen Feinde, von denen sie sich in der Tat wegen ihrer Grausamkeit und unmenschlichen Stärke in Wut versetzt und fasziniert fühlen. (...)

Die Menschen sehen das Debakel kommen. Sie hören auf vernünftige Warnungen und machen alle möglichen vernünftigen Politiken. Aber die Energie, zu fliehen oder zu widerstehen, ist paralysiert, oder die Gefahr ist faszinierend. Sie sind begierig, die unbeendete Situation zu beenden. Sie neigen zu Massenselbstmord, ein Ende, das alle Probleme löst, ohne dass persönliche Schuldgefühle entstehen. (Perls et al. 1951, 346ff.).

1.7 Angstabwehr und masochistische Angstbewältigung

So weit Paul Goodman, aus dessen Feder diese Passage wohl stammt. Seine letzten Sätze hier möchte man heute nicht gern ernst nehmen. Doch leben wir weiterhin in der Angst, dass sie für viele Politiker und Militärs und deren Gefolgschaften doch noch zutreffen könnten. New York ist noch nicht Amerika. – Auch müsste man in diesen *terms* noch einmal darüber nachdenken, warum zum Beispiel das bisher einzige Land, das tatsächlich von Atomwaffen getroffen wurde, eine unfallträchtige Atomindustrie aufgebaut hat, die im Laufe der Jahre viele Todesopfer gefordert hat. Oder warum ein Volk, das nur knapp der vollständigen Vernichtung entgangen ist, eine Besatzungs- und Besetzungspolitik führt, die, indem sie laufend neue Selbstmordattentäter provoziert, selbst suizidal genannt werden muss.

Und zu bedenken bleibt auch, wie weit solche Formen der masochistischen Angstbewältigung bei Psychotherapie-Klienten eine Rolle spielen. Schon musste ich in meiner eigenen therapeutischen Arbeit Tendenzen zum resignativen Rückzug in die Natur bei gleichzeitig zunehmenden Gewalt- und Kriegsträumen beobachten. Ich habe diese Passage aus dem Buch *Gestalt Therapy* so ausführlich zitiert, weil sie diejenige Form der Angstabwehr analysiert, die wir zur Zeit besonders fürchten müssen. Aber es gibt andere.

Am verbreitetsten ist eine Chronifizierung der durch Angst und Schrecken ausgelösten Betäubung und Lähmung, verbunden mit einer Flucht in die Haltung des *unbeteiligten Zuschauers*: Wir sehen und hören dann nur so lange, wie wir selbst nicht gefragt werden und die Gefahr einen Kitzel hat. Wird der innere Druck zu groß, weil die Erregung steigt, während gleichzeitig der Atem angehalten und alle Bewegungsimpulse unterdrückt werden, dann schalten wir ab oder um. Das ist beim Fernsehen so wie auch sonst: Rückzug ins Unterhaltungsprogramm, in den Garten oder zum Fußball. Wenn gar nichts mehr hilft, bleibt immer noch ein Familienkrach oder ein Streit mit dem Partner. Einst war die bürgerliche Familie und zumal die Rolle der Frau in ihr die Vorhut des Zivilisationsprozesses. Heute dagegen sind die persönlichen Beziehungen das gnadenlose Hauptschlachtfeld des Geschlechterkampfes, in dem kompensatorisch das in der Öffentlichkeit nicht Erlaubte zum Ausbruch kommt. Daher so viel verbale und physische Gewalt hinter den häuslichen Gardinen.

Zwei weitere Mechanismen der Angstabwehr, die gesellschaftlich weitgehend gestützt und gefördert werden, sind *Zwanghaftigkeit* und *Sucht*. Das zwanghafte Erleben ist zunächst geprägt von starker Unsicherheit und Ängstlichkeit. Im zwanghaften Prozess geht es um die verzweifelte Suche nach dem richtigen Verhalten, dem richtigen Weg, der richtigen Methode, denn nur das verspricht Sicherheit. Eine falsche Bewegung, ein falsches Wort wird schon als existenzielle Bedrohung erlebt. So kommt es oft zu einem Sicherheitswahn, der individualpathologisch kaum mehr auffällt, weil die ganze Gesellschaft in diesem Wahn gefangen ist. Das jüngste Beispiel ist die Einführung von Sicherheitsvorkehrungen im Flugverkehr, von denen wir die meisten schon einmal hatten und die zum größten Teil sinnlos sind. Nachdem die Flugzeugentführer in den USA nur noch mit Messern bewaffnet so erfolgreich waren, wird man annehmen können, dass es auch ohne Waffen geht: Jeder im Nahkampf Ausgebildete weiß, wo und wie man zuzuschlagen oder zuzudrücken hat, um einen Menschen mit bloßer Hand zu töten. Eine der wenigen wirksam erscheinenden Maßnahmen, nämlich die Türen der Pilotenkanzeln zu verschließen, wird dagegen nicht oder nur zögerlich eingeführt – sie wäre der Sicherheit der Piloten abträglich. Das Ganze scheint hauptsächlich der Beruhigung des Publikums zu dienen. Oder anders gesagt, es geht um Sicherheitsmaßnahmen für die Profitrate der Fluggesellschaften.

Noch deutlicher ist der gesellschaftliche Zusammenhang bei der Sucht. Dass sich die Angst durch Erregung dämpfende Pharmaka mildern lässt, ist allseits bekannt und wird durch das Ausmaß des Alkohol-, Zigaretten- und Tablettenkonsums bezeugt. Diese Drogen sind fester Bestandteil unserer Kultur, was sich selbst in der Halbherzigkeit ihrer Bekämpfung noch ausdrückt. Und sie sind als Konsummittel Produkte der Moderne – als ob mit unserem wachsenden Wissen auch die Last der Verantwortung immer schwerer wiegt und nach Betäubung schreit.

Aber es gibt zunehmend auch die Muntermacher von Kokain bis Ecstasy, die die Energien in kurzfristigen *flashes* aufschäumen und sich in autoerotischen Exzessen im Stil der Techno-Clubs und der Love-Parade verzehren. Gewiss, dies ist eine Teenagersubkultur, auch wenn sich viele Twens nicht so schnell von ihr lösen können. Viele aber von denen, die sich diese Form der Angstabwehr angewöhnt haben, wenden sich danach der neuen Kick-Kultur des Extremsports zu, dessen Artenreichtum ständig zunimmt. Auch das wird sehr schnell zur Sucht, soll heißen, die abgeforderte Leistung muss immer extremer werden, um noch den gleichen Kick hervor zu rufen und wer aufhört, muss mit schweren Entzugserscheinungen fertig werden.

Noch einmal zusammengefasst: Wir leben in einer katastrophischen Kultur, soll heißen, in einer Situation, in der der Stand der Technologien uns beständig mit größeren und sehr großen Katastrophen bedroht und gleichzeitig für eine langfristige Zerstörung unserer Zivilisation sorgt. Eine solche Kultur produziert permanent Angst, also einen Zustand, in dem wir ständig zwischen mittlerer und hoher Erregung schwanken, ohne diese Erregung zum Ausdruck bringen zu können. Weil aber Angstgefühle unerträglich sind, werden sie regelmäßig abgewehrt. Jeder Mensch lernt von Kindheit an Verhaltensweisen, wir nennen sie Reaktionsbildungen, die sich dafür eignen, die Angst aus dem Erleben auszulöschen – mindestens so lange, bis ein neuer kräftiger Stimulus in Gestalt einer bedrohlichen Katastrophe auftritt. Dann wird die latente Angst für eine Weile wieder manifest.

Besonders gut eignen sich solche Mechanismen zur Angstabwehr, die sozial gestützt und gefördert, oder öffentlich toleriert werden. Es sind dies:

1. Am verbreitetsten ist der resignative Rückzug in die kleine Welt des Privaten: die Konzentration auf Haus- und Gartenpflege, Hobby- und Partnerpflege.
2. Autoaggression mit suizidalen Phantasien: Der erfolgreichste amerikanische Fernsehprediger, Reverend Robertson, erklärte nach den Terroranschlägen von September, dies sei Gottes Strafe für den millionenfachen Kindermord, den die Amerikaner durch ihre Abtreibungen begingen.
3. Projektion der unterdrückten Aggression auf einen ideologisch zum Bösen schlechthin aufgeblasenen Feind: Bei den Nationalsozialisten waren es die Juden, im Kalten Krieg waren es die Kommunisten, heute scheinen die Islamisten für diese Rolle prädestiniert.
4. Zwanghafte Steigerung von Sicherheitsvorkehrungen (vgl. oben).
5. Rückzug in die Zeit, Energie und Geld verschlingende Sucht nach dämpfenden und aufpäppelnden Drogen und Handlungen.

Angst gehört konstitutionell zum menschlichen Leben, weil sie die Folge einer Hemmung des spontanen, gegebenenfalls emotionalen Ausdrucks individueller Bedürfnisse ist, der die jeweiligen gesellschaftlichen Normen verletzen würde. Da unsere Bedürfnisse immer nur als legitim gelten, wenn sie sich mit den Positionsinteressen unserer sozialen Rollen decken, bleibt stets ein bei stärkerem Stimulus andrängender Rest von Bedürfnissen und emotionalen Reaktionen, der illegitim, eben unzivilisiert und daher beängstigend ist. In der Erregungsangst wie im Schamgefühl hält uns die Gesellschaft innerpsychisch im Griff. Beide arbeiten nach dem gleich Prinzip: Sie wirken hemmend und gegebenenfalls verhindernd auf die Initiative, die Aktivität, vor allem die Expressivität der Person im Kontaktprozess. In der Angst wird die Erregung zur Paralyse; in der Scham wird die Lust zur Qual.

Angst hat eine zivilisierende Funktion. Wer Angst nicht spürt, ist psychopathisch. Es ist der Umgebung des amerikanischen Präsidenten offenbar gelungen, ihren Chef so weit zu zivilisieren, dass es bei einigen Ausdrücken wie „Kreuzzug", „ausräuchern" und dergleichen blieb und nicht zu unbedachten impulsiven Handlungen kam. Jedenfalls hätte es schlimmer kommen können. Mit anderen Worten: Die Angst ist ein guter Ratgeber, die Angstabwehr dagegen kann verheerende Folgen haben, und sie ist nicht unvermeidlich. Es geht darum – in der Therapie wie in der Politik –, die Angst auszuhalten, um den kreativen Lösungen die Zeit und den Raum zu geben, sich zu entwickeln und an die Oberfläche zu steigen. Für den therapeutischen Kontext heißt es bei Perls dazu:

> *Die Bewusstmachung unerwünschter Gefühle und die Fähigkeit, sie zu ertragen, sind die conditio sine qua non für eine erfolgreiche Behandlung*; diese Gefühle werden entladen, sobald sie Ichfunktionen geworden sind. Dieser Vorgang und nicht der Vorgang des Sich-Erinnerns, ist die *via regia* zur Gesundheit (1978, 216 – Hervorhebung im Original).

Was die Ichfunktionen im individuellen Organismus, sind im politischen Bereich die Institutionen. Um einen Krieg zu führen, bedarf die Regierung in Deutschland wie den USA der Zustimmung des Parlaments. Staatliche und außerstaatliche Organisationen sind die Augen und Ohren, die eine Gesellschaft braucht, um sich in unübersichtlicher Lage zu orientieren. Für die einzelne Person gilt, dass der Katalysator für die Verwandlung der Angst in die Ichfunktionen der Atem ist. Im Loslassen des Atems beim Ausatmen bringt sich der Einzelne mit seinen Bedürfnissen und seiner Kreativität immer wieder neu gegenüber und mit der Gesellschaft ins Spiel." In der Politik ist dieser Katalysator die Diskussion und die Kritik im Parlament und in den Medien. Sie sind konstitutiv für eine gesteigerte Rationalität der Politik. Diese Institutionen funktionieren aber nur so weit, wie sich der Einzelne in ihnen einbringt. Ihre Existenz allein ist keineswegs schon Garantie der gesuchten Verbindung von Vernunft und Leidenschaft – und das schon gar nicht in der Epoche des globalen Kapitalismus und seiner ehernen Verwertungsgesetze.

1.8 Aufgeklärte Angst

Hier nun hat Gestalttherapie ihre bescheidene, aber wichtige Rolle. Wir sollten uns stets daran erinnern, dass es das krankmachende, gesellschaftliche System ist, das den Berufsstand des Psychotherapeuten hervorbringt, der dann dafür sorgt, dass die Leiden an der Gesellschaft keine das System sprengende Kraft entfalten. Gestalttherapie ist eine Psychotherapie-kritische Therapie: Sie verbietet die Unterwerfung des Patienten unter Deutungen, die – selbst gesellschaftliche Produkte – nur reproduzieren können, was das Funktionieren des Systems garantiert, nämlich die als Realitätsprinzip kaschierte Resignation von dem kapitalistischen Gebot, die Lust mit der Leistung zu verbinden und als Wert auf dem Erlebnismarkt zu tauschen.

Die Gestalttherapie setzt dem gegenüber auf einfache Kriterien dessen, was angesichts der alles durchdringenden Angst dennoch möglich ist, nämlich: den eigenen Körper besser bewohnen zu lernen, das Potenzial zur Selbsthilfe zu stärken und die von Bedürfnissen gesteuerte Selbstregulierung des jeweiligen Mensch-Umweltfeldes durch größere Achtsamkeit zu fördern. Aus dieser Selbst-Entspannung aber, dort wo sie gefahrlos möglich ist, wächst die Kraft, die ständig verdrängten gesellschaftlichen Aufgaben mit besonnener Leidenschaft und kreativem Zorn anzupacken.

Auch im größeren gesellschaftlichen Zusammenhang gilt das: Unsere Kultur ist zwar notwendig katastrophisch, also immer vor der Katastrophe, aber sie ist deshalb nicht notwendigerweise auch morbid, also zum Untergang verurteilt. Die endzeitliche Stimmung, mit der viele europäische Intellektuelle – von Baudrillard bis Kamper, von Virilio bis Sloterdijk – die Situation unserer Kultur beschreiben, verfliegt ganz rasch, sobald man sich auch nur der Peripherie der industrialisierten Welt nähert und mit den zahllosen Fährnissen des vormodernen Lebens in Kontakt kommt. Besuche in der Zweiten oder Dritten Welt mögen pittoresk sein, der Versuch aber, dauerhaft dort zu leben, belehrt sofort über die unverzichtbaren Vorzüge von Demokratie und Rechtsstaat, von rationaler Bürokratie und kritischen Medien, von geregeltem Verkehr und halbwegs gesicherter Krankenversorgung. Tatsächlich erinnert die Situation, in der sich die Weltgesellschaft derzeit befindet, sehr an die

Kämpfe und Probleme der frühen Neuzeit in Europa. In den blutigen Religionskriegen war damals so sehr wie heute das Morden islamischer, jüdischer und hinduistischer Extremisten unaufhörlich verflochten mit Territorialkämpfen, hinter deren Rücken sich eine aufklärerische Säkularisierung vollzieht, die sich auf neue Kommunikationsmittel stützt, damals den Buchdruck, heute die elektronischen Medien. Und was damals der Nationalstaat und ein einheitliches Rechtswesen geschafft haben, nämlich die allmähliche Zügelung der Gewalt durch innere Befriedung, müssen heute überstaatliche Organisationen erst noch leisten. In Europa hat dieser Prozess Jahrhunderte gedauert, global werden wir mit nicht allzu viel weniger rechnen dürfen.

Eine der Schwierigkeiten, mit denen wir es zu tun haben, ist die Gleichzeitigkeit des Ungleichzeitigen. Während wir nun daran erinnert worden sind, dass der Modernisierungsprozess auch weltweit religiöse, ökonomische und territoriale Konflikte auslöst, sind die westlichen Gesellschaften zugleich mit den Problemen ihrer Postmoderne beschäftigt. Dort geht es um die Überwindung von Hunger, Krankheit, Willkür und religiösem Fanatismus, hier um die Probleme, die die Biotechnologien, die Computerisierung und der wachsende Abstand zwischen dem zu Wissenden und dem Vorstellbaren aufwerfen. Und so sind auch die Ängste in diesem globalen Zivilisationsprozess von unterschiedlicher Natur, je nachdem wo die Menschen in den notwendig mit diesen Prozessen verbundenen weltweiten Auseinandersetzungen und Kämpfen verortet sind, ob es zum Beispiel eher um die Durchsetzung von Toleranz und Rechtssicherheit oder um die Zügelung von Technik und Ökonomie geht und ob die Anstrengungen erst einmal der Einführung Sicherheit gewährleistender Standards gelten oder der Internationalisierung humanistischer Werte durch geeignete Sozialisationspraktiken.

Eines ist allerdings völlig anders als zu Beginn der europäischen Neuzeit: Es gibt außerdem mondiale Probleme, die alle gemeinsam treffen und betreffen, auch wenn es große lokale Unterschiede bei der Verursachung wie bei den Folgelasten gibt. Die wahre Globalisierung ist die Überbevölkerung, die Umweltverschmutzung, die schwindenden und schlecht verteilten natürlichen Ressourcen, die Abholzung der Wälder und die zunehmende Verwüstung weiter Gebiete und als Resultat aus all dem die weltweiten Klimaveränderungen. Von unserer Fähigkeit, mit diesen Problemen umzugehen, wird das Überleben unserer Gattung abhängen – und das sollte Angst machen.

Weltweit gesehen spüren diese Angst aber noch immer zu wenige, denn sie hängt vom Wissen ab. Also gilt es, dieses Wissen zu verbreiten und die daraus entstehende Angst nicht zu vermeiden, sondern zu ertragen, bis sie sich umsetzt in den Willen zur Kooperation und die Kreativität für Lösungen. Das Wissen um die mondiale Gefährdung und was dagegen zu tun ist, lässt sich aber nur verbreiten, wenn wir im Binnenverhältnis wie im Außenverhältnis konsequent die Aufklärung weiter treiben. Religiöse Toleranz ist ein notwendiger, aber noch nicht hinreichender Schritt. Wir müssen uns trauen, die Säkularisierung kämpferisch gegen jeden Fundamentalismus wie auch gegen alle etablierten religiösen Hierarchien durchzusetzen. Die finden wir allerdings im Westen so gut wie anderswo. Gewiss –, der islamistische Fundamentalismus ist offen gewalttätig. Der christliche Fundamentalismus aber scheut sich nicht, die Übervölkerung militant voranzutreiben und hat auch keine Probleme damit, dass allein die USA ein Fünftel der gesamten Energien der Welt verbrauchen. Auch das sind Formen der Gewalt, die über die Angst hinweggehen. Angesichts der Probleme, die uns nun dazu zwingen, eine Weltgesellschaft zu werden, prägte Günter Anders die Formel von der „Antiquiertheit des Menschen". Aber vielleicht ist nur unser Menschenbild antiquiert. Wichtiger ist mir sein Gebot: „Ängstige deinen Nächsten wie dich selbst!"

Angst zivilisiert.

Literatur

Elias, N. (1939). Über den Prozeß der Zivilisation – Soziogenetische und psychogenetische Untersuchungen. Basel et al.: Haus zum Falken et al.

Elias, N. (1989). *Studie über die Deutschen – Machtkämpfe und Habitusentwicklung im 19. und 20. Jahrhundert.* Frankfurt/M.: Suhrkamp.

Lifton, R.J. (1979). *The broken connection: On death and the continuity of life.* New York: Simon & Schuster. deutsch: (1986). *Der Verlust des Todes – Über die Sterblichkeit des Menschen und die Fortdauer des Lebens.* München & Wien: Hanser.

Perls, F.S. (1978). *Das Ich, der Hunger und die Aggression.* Stuttgart: Klett-Cotta.

Perls, F.S., Hefferline, R.F. & Goodman, P. (1951). *Gestalt Therapy – Excitement and Growth in the Human Personality.* New York: The Julian Press).

2. Kalkuliertes Risiko oder pure Lust an der Angst? – *Erfahrungen aus dem Bereich des Militärs und der Betreuung von Soldaten im Krisengebiet Kosovo*

Ulrike Beckmann

2.1 Vorbemerkungen

In diesem Beitrag soll der Frage nachgegangen werden, wie Angst von Soldaten erlebt wird: Ist sie die lästige Begleiterscheinung eines kalkulierten Risikos oder vielleicht der lustvolle 'Kick', den extreme Risiken bieten? Oder muss man die Angst als eine Ressource[1] mit protektiver Funktion betrachten, die verhindern helfen kann, dass die Vielzahl der Belastungen, denen Soldaten ausgesetzt sind, zu psychischen Störungen führt?

Ich möchte mich der Antwort auf diese Fragen durch die Darstellung nähern, wie Soldaten im Einsatz in Krisengebieten vor, während und nach dem Kosovo-Krieg 1999, mit ihrer Angst umgegangen sind bzw. umgehen. Dabei steht der Einsatz des ersten Kosovo-Kontingentes im Vordergrund und wird, soweit es für die Analyse des Themas „Angst" erforderlich ist, um wenige Beispiele aus anderen Balkaneinsätzen ergänzt. Der Beitrag ist nicht als Gesamtüberblick, sondern als Versuch einer Darstellung mit Schwerpunktsetzung zu verstehen.

Die beschriebenen Falldarstellungen beruhen auf Interviews; außerdem beziehe ich Dokumentationen und Filmmaterial mit ein. Dabei habe ich aus Gründen der Allgemeinverständlichkeit die Situationen vereinfacht und die Vorkommnisse so zusammengestellt und

---

1 Ressource wird hier verstanden als Hilfsmittel bzw. Hilfsquelle für die Bereitstellung oder Aktivierung von persönlichen Fähigkeiten wie z. B. zur Gefahrenabwehr, besseren Orientierung in einer komplexen Situation etc.

kombiniert, dass keine Rückschlüsse auf Einzelpersonen und reale Ereignisse möglich sind, wenngleich sich die Fälle als solche wie beschrieben zugetragen haben.

2.2 Angst als Resultante der Dauer, Intensität und Anzahl von Belastungsfaktoren

Bei der Betrachtung des Themas „Angst", darf nicht nur eine konkrete, Angst auslösende Situation der Soldaten fokussiert werden, wie z.B. wenn sie unter Beschuss geraten, sondern eine Vielzahl von Belastungsfaktoren muss berücksichtigt werden, die in der Grafik 1 dargestellt sind.

Grafik 1: Allgemeine Belastungsfaktoren

Jeder einzelne Belastungsfaktor birgt in sich spezifische, Angst stimulierende Elemente. Die Summe der Belastungsfaktoren kann jedoch eine explosive Mischung für die Grenzen der psychischen Belastungsfähigkeit jedes einzelnen Soldaten, jeder einzelnen Soldatin ergeben.

Aus der Stressforschung ist bekannt, dass es nicht unbedingt der einzelne Stressor bzw. Belastungsfaktor ist, der zur Beeinträchtigung oder Schädigung des Organismus führen kann, sondern dass es insbesondere um

1. die Dauer,
2. die Intensität und
3. die Anzahl der einwirkenden Stressoren bzw. Belastungen geht.

Was die Dauer angeht, muss man sich vergegenwärtigen, dass die Soldaten des ersten Kontingents eine Einsatzzeit von vier Monaten hatten, später nachfolgende Kontingente eine sechs Monate andauernde Dauerbelastung. Eine Nacht mit zu wenig Schlaf ist noch relativ leicht zu bewältigen, aber viele Nächte mit zu wenig Schlaf erhöhen die Belastung um ein

Vielfaches. Bezüglich der Intensität gilt: Einzelne Stressoren werden zwar individuell recht unterschiedlich empfunden, jedoch bringt es in der Regel für die Soldaten ungleich höhere Belastungseffekte mit sich, einem Beschuss ausgesetzt zu sein als eine Nacht im Freien zu schlafen. Zur Anzahl der einwirkenden Stressoren verweise ich hier zunächst auf die Grafiken 1 und 2.

Bei der Formulierung der Anmerkungen zur Dauer, zur Intensität und zur Vielfalt wird deutlich, dass es nicht gelingen kann, die Stressoren und damit ihr Angst auslösendes Potential zu gewichten. Die Angst davor, dass die Freundin die Beziehung beenden könnte, die Sorge um den kranken Vater zu Hause, das Gefühl des Getrenntseins von der Familie – all das steigert sich, wenn zwei Monate lang aufgrund der schlechten Telefon- und Postverbindungen wenig oder kein Kontakt nach Hause bestand. Auch die Unterbringung in einem Großraumzelt verliert nach zwei Monaten jegliche „Pfadfinderromantik"; sie entzieht den Soldaten völlig jene Privatsphäre, die doch so nötig zur Regeneration ist.

Nach Rofé (Rofé 1984; Rofé & Lewin 1988) sind Furcht und Angst ebenfalls Aspekte von Stress. Die Bezeichnungen „Combat-Stress" bzw. „Kampfstress" weisen die Verbindung zum Stressgeschehen auch deutlich aus. „Angst ist für viele ein Tabuthema" (Interviewzitat) und doch kann unter dem Oberbegriff „Stress" dann darüber gesprochen werden. Stress bedeutet zunächst einmal die normale Reaktion auf eine als außergewöhnlich bewertete Situation. Sie kann angenehm (Eustress) oder unangenehm (Distress) oder auch emotional als Angst, Furcht oder Sorge empfunden werden.

Unter dem Begriff Stressmanagement fasst die Bundeswehr alle präventiven, vorbereitenden, Einsatz begleitenden und Einsatz nachbereitenden Maßnahmen einschließlich der Reintegrationsseminare zusammen. Das hierfür erstellte Rahmenkonzept des Bundesministeriums für Verteidigung (2000) beinhaltet darüber hinaus auch die Stressprävention im alltäglichen Dienst. Immer wieder ist zu lesen, dass gerade Führungskräfte aufgrund des immensen Drucks am Arbeitsplatz unter Stress und auch Angst leiden. Die Streitkräfte sind auch, was das Erleben von Angst und von Stress anbelangt, eine Spiegelung der Gesellschaft. Nur ist auch Stressmanagement noch nicht so akzeptiert, wie es sein sollte. Sprüche wie „Ach, da ist ja die bereichseigene Psychiatrie – guten Tag Frau Freud!" (liebevoll gemeint), oder „Stress kennt nur der Leistungsschwache", mögen auf die noch bestehende Differenz zwischen Anspruch und Wirklichkeit im Umgang mit Stress hinweisen. Und doch: Seit dem Kosovo-Krieg ist vieles anders.

Neben den bisher beispielhaft genannten allgemeinen Belastungs- und Angstfaktoren sind die spezifischen Angst auslösenden Faktoren in einem besonderen Auslandseinsatz der Soldaten zu nennen:

Grafik 2: Belastungsfaktoren in einem besonderen Auslandseinsatz

Bei den nachfolgend aufgeführten Beispielfällen sollen zwei wesentliche Aspekte von Angst besonders hervorgehoben werden: Die existentielle physische Bedrohung und die Selbstwert-relevanten Bedrohungen, wobei der eine Aspekt m.E. immer auch den zweiten beinhaltet.

Auf die seit Kierkegaard (1952, 40) mögliche Differenzierung zwischen Angst und Furcht wird hier verzichtet: Statt dessen soll der Alltagsbegriff von Angst im Vordergrund stehen, das Erfahren und das Erleben der Angst auslösenden Situation, zumal sich in den darzustellenden Fällen die konkrete Furcht je nach Persönlichkeitsdisposition, Alter, Erfahrung und Ausbildung mit Angst paart[2]. Die Gesamtsumme aller Belastungsfaktoren ist zu berücksichtigen, wenn nun auf einzelne Beispielfälle eingegangen wird, die sich konkreter auf die unterschiedlichen Auslöser von Angst beziehen.

2.3 Das Vorfeld: Angst aufgrund der Antizipation zukünftiger Anforderungen

Zu Beginn des Luftkrieges im Kosovo stand die Befürchtung – oder sollte hier schon besser der Begriff Angst benutzt werden?! – um die Form des Mandates. Juristen, Politiker und somit auch die betroffenen Soldaten, diskutierten die völkerrechtliche Rechtmäßigkeit des Einsatzes. Rechtfertigte die massive Verletzung der Menschenrechte einen NATO-Einsatz? Welche Folgen hat ein solcher Einsatz?

Außerdem bestand bei vielen Soldaten die Angst, sie könnten beim Einsatz von Bodentruppen in einem unüberschaubaren Gelände mit unklaren Gefahrenpotentialen konfron-

2 Auch die von Perls et al. (1979a, 134, bzw. 1979b, 200) vorgenommene Differenzierung zwischen Angst und Furcht ist für die hier zu betrachtende Fragestellung nicht weiterführend.

tiert werden. Die Frage war: Werden die Politiker bei ihren Entscheidungen die physischen und psychischen Gefahren für die Soldaten hinreichend berücksichtigen? Wie stark ist das Gewicht der Exekutive Bundeswehr bzw. ihrer Führung gegenüber den Entscheidungen der Politik in Bezug auf den Wunsch, die Gefahren für die physische und psychische Unversehrtheit der Soldaten möglichst gering zu halten?

Das Vertrauen der Soldaten in die politischen Entscheidungen steht m. E. dann auf gläsernen Füßen, wenn die parlamentarische Demokratie aufgrund von Fraktionszwängen dem einzelnen Abgeordneten sein Recht abspricht, nur seinem eigenen Gewissen verantwortlich zu sein – so geschehen bei der Parlamentsabstimmung zum Einsatz in Mazedonien „Essential Harvest", als einige SPD-Abgeordnete wegen ihrer Ablehnung des Einsatzes gerügt wurden. Damit meine ich nicht, dass die Entscheidung falsch war, sondern dass die Vielfalt der Meinungen und damit die Übernahme von persönlicher Verantwortung für politische Entscheidungen missachtet wurde[3]. Diese Verantwortung wird aber von jedem einzelnen Soldaten gefordert und zwar, wie später dargestellt wird, unter härtesten Bedingungen.

Wichtig ist darüber hinaus, dass der einzelne Soldat das Gefühl hat, dass die Bevölkerung hinter der Entscheidung steht. Je breiter und über die Grenzen zwischen den Parteien hinweg eine solche Abstimmung für einen Einsatz erfolgt, um so mehr kann das die 'Unsicherheitsangst' vor einem Auftrag verringern.

Die Verantwortung für das eigene Tun trägt der Soldat selbst. Der militärische Führer vor Ort, z.B. ein Zugführer während einer normalen Patrouille, ist für seine Befehle zu konkretem Handeln in der jeweiligen Situation verantwortlich. Darum werden die Soldaten im Vorfeld mit den rechtlichen Bestimmungen, die für den jeweiligen Einsatz gelten, vertraut gemacht, mit den so genannten „Rules of Engagement" (ROE) – und das sind in Bosnien andere als im Kosovo und wiederum andere als in Mazedonien. Trotz dieser Unterrichtung bleibt natürlich die bange Frage bestehen: „Werde ich im entscheidenden Moment menschlich, moralisch und rechtlich das Richtige tun?"

Wer sich in der Rechtsprechung ein wenig auskennt, weiß, wie schwer eine solche Entscheidung ist, zumal im Einzelfall

- die Bedingungen so vielfältig sein können, dass schon ein winziges Detail zu einer – eventuell auch politisch relevanten – veränderten Ausgangslage führen kann, und
- die Entscheidung oft innerhalb von Sekunden fallen muss, um unter Umständen Menschenleben zu retten.

Stellen wir uns zunächst einmal einen hypothetischen Fall vor, einen Überfall auf ein Lebensmittelgeschäft. Der Überfall spielt sich in Sekundenschnelle vor den Augen des

3 Vgl. hierzu die Ausführungen von Richter (2000, 207ff.).

Soldaten ab. Ob es sich bei dieser Situation um einen bloßen Diebstahlsversuch handelt oder ob der Vorgang als ein schwer wiegendes kriminelles Delikt zu beurteilen ist, müssen die Soldaten vor Ort in Sekunden entscheiden. Der bloße Diebstahlversuch muss von den Soldaten lediglich beobachtet und gegebenenfalls gemeldet werden. Das schwerwiegende kriminelle Delikt, besonders bei Gefährdung eines Menschenlebens, würde das Eingreifen notfalls mit Waffengewalt rechtfertigen. Diese Entscheidung muss der Zugführer vor Ort selbst treffen. Damit hat er auch die Verantwortung für die Entscheidung und deren Auswirkungen. Eine mögliche Fehlentscheidung kann sich auswirken auf die persönliche Karriere, auf die politische Entwicklung im Sinne von diplomatischen Verwicklungen und auf das Leben der ihm unterstellten Soldaten und Soldatinnen. Ich überlasse es an dieser Stelle den LeserInnen sich vorzustellen, inwieweit sich unter solchen Bedingungen schon antizipatorisch Angst bei der Vorbereitung auf den Einsatz und natürlich mehr noch in der konkreten Situation vor Ort breit machen kann.

Doch zurück zum Einsatz im Kosovo:

2.4 Der Beginn des Einsatzes: Vier Beispiele

Schon vor Beginn des Luftkrieges befanden sich Truppen in Mazedonien und halfen bei der Versorgung der Flüchtlinge. Wie ein Teilnehmer am Einsatz sagte, „Soldaten sind sehr praktisch orientierte Menschen, die packen ihre Aufgabe sehr handfest an, sie suchen sich konkrete Aufgaben.“[4] So wurden Zelte aufgebaut, die Müllentsorgung organisiert, die Toilettenproblematik gelöst. Keine Lähmung durch die anstehende Entscheidung über den Luftkrieg, keine Hilflosigkeit, kein Kontrollverlust, statt dessen harte Arbeit – eine Herausforderung an das Organisationsvermögen.

Ich würde das in diesem Fall nicht einmal als Coping-Strategie einordnen wollen. Das ist gelebte Wirklichkeit; es heißt, dem Leben einen Sinn zu geben. Denn viele Soldatinnen und Soldaten empfinden Langeweile, ‘nichts Richtiges’ zu tun zu haben, als unangenehm. Und wer nach Hause kommt und ‘nur’ erzählen kann, dass er in der Wäscherei gearbeitet hat, empfindet dies unter Umständen als einen Angriff auf das Selbstwertgefühl.

Erstes Beispiel: Tornado. Am 24. März 2000 begann die NATO mit der Operation „Allied Force“ („Gemeinsame Kraft“); sie schloss die Bombardierung militärischer Ziele in Jugoslawien ein, und daran waren auch deutsche Piloten beteiligt. Nach 72 Tagen gab Milosevic auf. Was das konkret bedeutete, möchte ich an einem stark vereinfachten Fallbeispiel zeigen: Die Flugzeuge starteten wie immer in Piacenza, Italien. An einem Abend, gegen Ende ihres Einsatzes über Jugoslawien, geriet eine der Maschinen auf dem Rückflug unter

4 Die im Weiteren in Anführungsstriche gestellten Sätze entstammen dem von mir in und nach dem Kosovo-Krieg gesammelten Interview- bzw. Filmmaterial.

Beschuss, so dass die Flugzeit über dem Ziel überschritten wurde. Unter Beschuss zu sein war schon für sich genommen eine neue und vor allem Existenz bedrohende Situation für die Piloten, die eine Mischung aus höchster Konzentration, maximaler Belastung und Angst um das eigene Leben darstellte. Doch kaum waren die Piloten dieser Situation entronnen, wurde ihnen schlagartig klar, dass mit der Überschreitung der „time over target" eine Rückkehr zur Startbasis nicht möglich war. Aussteigen oder in der Luft auftanken? Die Piloten entschieden sich für das Auftanken in der Luft. Noch unter dem Eindruck der zurückliegenden angstvollen Minuten musste nun die Maschine absolut ruhig gehalten werden, um den nur ca. 10 cm breiten Einfüllstutzen des Tankflugzeuges während des Fluges am Flugzeug richtig zu platzieren. Erneut war höchste Konzentration verlangt. Doch plötzlich riss der Einfüllstutzen ab. Die Betankung in der Luft war gescheitert. Was nun? Gab es eine Chance, die sichere Landebahn zu erreichen? Abspringen? Durchhalten? Wann kommt der „point of no return"? Die nächsten Minuten erwiesen sich als die Hölle. Buchstäblich mit dem letzten Tropfen Kerosin erreichte diese Maschine ihren Zielort. Die Maschine war nicht verloren und die Soldaten auf sicherem Gelände! Das hätte auch schief gehen können. Das Erleben der Wirklichkeit ist immer noch einmal etwas anderes als das, was in der Simulation zuvor geübt werden konnte.

Zweites Beispiel: Einmarsch. Am Sonntag, dem 13. Juni, rückten kurz nach Mitternacht deutsche Leopardpanzer in Prizren ein. Zu diesem Zeitpunkt waren noch 1.500 serbische Soldaten und Sonderpolizisten in der Stadt, und niemand konnte deren Reaktionen vorhersagen. „Ab Überschreiten der Grenze kein Licht mehr, die Minenlage war unklar, zerschossene Häuser, zerschossene Autos und ansonsten kein Lebenszeichen von irgend etwas – also das waren schon krasse Erlebnisse". – „Wir haben die Serben gesehen mit ihren Waffen, da hat man den Kopf schon ein bisschen tiefer gepackt im Panzer." – „Die 17 Stunden andauernde Angst, in einem Panzer zu sitzen und jedes Ziel aufzuklären und nicht zu wissen, was macht das Ziel und erst schießen zu können, wenn man selber beschossen worden ist, führt bei den Soldaten zu einem unvergleichlichen Erlebnis." Den toten Reporter auf dem Dulje-Pass zu sehen – all das war auf einmal brutale Wirklichkeit. Nie zuvor erlebte Bilder – und doch die Konzentration aufrecht erhalten und Haltung bewahren, denn der Kamerad daneben hat auch Angst.

Es ist den Gesichtern noch beim Erzählen anzusehen, dass diese erste Phase Angst auslöste. Das Bemühen, die Angst zu vermeiden oder verbal herunterzuspielen, ist deutlich zu bemerken. „Es ist unmöglich für den Vorgesetzten, in dieser Situation seine Angst zu zeigen; der Auftrag steht im Vordergrund. Ich bin doch Vorbild. Wenn ich meine Angst zeigen würde, hätten die anderen auch Angst." Akut wirksame Stressreduktion ist hier erforderlich – Erregungsmanagement. „Alles das, was geübt wurde, der so genannte Drill, das hilft." Der Vorgesetzte und die Gruppe der Kameraden geben Sicherheit. „Das Gefechtsfeld ist kalt. Es ist die einsamste Gegend, in der Menschen beisammen sind. Den im Kampf noch unerfahrenen Infanteristen bedrückt nicht die Tatsache am meisten, dass er seinen Tod finden könnte, den er nicht sucht. (...) Das Schlimmste am Gefechtsfeld ist seine Leere" (Marshall, zitiert nach Stadelmann 1998, 133f.).

Das Netzwerk aus dem Zusammenhalt der Gruppe und dem Vorbild des Vorgesetzen hilft, die Angst auszuhalten. Ohne Einsatznachbesprechung mit Raum für emotionale Äußerungen, ohne das kameradschaftliche Gespräch danach, ohne Reintegrationsseminare, könnte diese Angst einfach 'verschluckt' werden und sich im (unbewussten) Gedächtnis niederschlagen. Das gilt es zu vermeiden. Dabei kommt es darauf an, die Bilder und Erlebnisse aus dem Einsatz als neuen Teil der eigenen Persönlichkeit anzunehmen und sie ins Selbst zu integrieren. Die Ziele des Gesamtkonzeptes für das Stressmanagement in der Bundeswehr bestehen daher u.a. darin, die Soldaten dabei zu unterstützen, dass sie sich ihrer selbst und ihrer unterschiedlichen Persönlichkeitsanteile bewusst sind, sie akzeptieren und ein gesundes Selbstwertgefühl entwickeln bzw. beibehalten.

Drittes Beispiel: Unmittelbare Konfrontation. „Plötzlich stand ein Serbe mit dem schussbereiten Gewehr vor mir. Ich konnte nicht denken, alles war wie leer. Ich handelte quasi automatisch, alles lief wie im Film vor mir ab. Nein, ich hatte keine Angst, nicht da. Erst später, als die Situation vorbei war, schlotterten mir die Knie. Mir war nur klar: der oder ich. Alles ging automatisch. Ich hab ihn angebrüllt: „Waffe runter!" – und das hat der dann auch getan."

Wie wichtig Übung und Drill sind, lässt sich durchgängig aus allen Beispielen heraus hören. Sie bestätigen eine alte Erkenntnis: „Es ist unendlich wichtig, dass der Soldat, hoch oder niedrig, auf welcher Stufe er auch stehe, diejenigen Erscheinungen des Krieges, die ihn beim ersten Mal in Verwunderung und Verlegenheit setzen, nicht erst im Kriege zum ersten Mal sehe; sind sie ihm früher nur ein einziges Mal vorgekommen, so ist er schon halb damit vertraut. Das bezieht sich selbst auf körperliche Anstrengungen. Sie müssen geübt werden. Weniger, dass sich die Natur, als dass sich der Verstand daran gewöhne" (Clausewitz 1980, 266). Nur permanentes Üben gewährleistet, dass ein Verhaltensrepertoire auch unter hoher Belastung zur Verfügung steht. Allerdings kann nicht jede Situation geübt werden. Oft muss die Simulation oder die reine Phantasie, also die nur mentale Vorbereitung, ausreichen, um das Überleben zu sichern. Dabei ist natürlich ein breites Allgemeinwissen, z.B. auch über die Mentalität der Menschen im Kosovo, sehr hilfreich.

Viertes Beispiel: Schießerei. „Es gab eine Schießerei, von Serben verursacht. Da bin ich einfach raus aus meinem Auto, ohne Splitterschutzweste, ohne entsicherte Pistole. Ich bin einfach auf die zugegangen und hab die Läufe mit der flachen Hand nach unten gedrückt. Ich sprach deren Sprache und hab' die Waffen an mich genommen. Die sind dann weggefahren. Mir war klar, dass die Gefahr nur so abgewandt werden konnte. Ich wusste, was ich tat." – Entschärfung der Situation oder unverzeihliche Unvorsichtigkeit? Da war jemand, der ein 'Gefühl' für die Situation hatte und eine kreative Lösung fand, die in dieser Situation richtig war. Für einen anderen, der die Sprache nicht gesprochen hätte, wäre die Situation gefährlicher gewesen. Der Soldat wurde mit einer Disziplinarmassnahme belegt, weil er nicht militärisch korrekt gehandelt und damit andere in Gefahr gebracht hatte. Die Sicherheit für alle geht vor. „Angst ist ein guter Berater." Und doch: So lange gesprochen wird, so lange wird nicht geschossen. Kalkuliertes Risiko!?

Das Wissen um die Sicherheit, dass alles getan wird, damit möglichst nichts passieren kann, hat einen hohen Stellenwert in der gesamten Ausbildung der Soldaten. Das habe ich selbst überprüfen können. Das Angebot, einen Panzer über mich hinwegrollen zu lassen, nahm ich bei einem meiner Truppenbesuche wahr. Ich sah den Panzer auf mich zurollen, und meine Aufgabe bestand nur darin, mich zu ducken, sobald der Panzer nahe genug heran gekommen war. Das erste, was mir durch den Kopf ging war: „Der Hauptmann hat es zuvor auch gemacht und mir gezeigt." Der zweite Gedanke war: „Die Bundeswehr würde nichts zulassen, was mir Schaden zufügt." Der dritte Gedanke: „Und wenn ich plötzlich vor Angst gelähmt bin und mich nicht ducken kann?" Ich habe mich geduckt und der Panzer rollte über mir hinweg. Zuvor erlebtes Sicherheitsverhalten innerhalb der Streitkräfte, das Vorbild des Hauptmanns und die Tatsache, dass ich diese Situation nun kenne – das habe ich heute in meinem 'Rucksack'.

Auch das Vertrauen, dass „die" einen schon auch aus einer schwierigen Situation herausholen, wird immer wieder geübt, dargestellt und in der Realität auch so durchgeführt. Darüber hinaus ist es für die Bewältigung existentiell bedrohlicher Situationen hilfreich, von Aussagen wie „Ich kann das." oder „Ich schaffe das." überzeugt zu sein. Das gemeinsame Erarbeiten solcher „Direktmaßnahmen" ist Teil der Vorausbildung.

2.5 Wenn der Einsatz zum Alltag wird

In Abschnitt 3 wurde bereits auf die diffizile Problematik im Umgang mit Rechtsnormen hingewiesen. Gerade in den ersten Tagen des Kosovo-Einsatzes war die Handhabung der Vorschriften für die Soldaten nicht immer einfach. Da fuhr ein Bundeswehrauto auch einmal ohne zusätzliche Sicherung los, weil Schreie zu hören waren und so schnell keine weitere Sicherung zu bekommen war. Und wenn durch das Nichteinhalten der Sicherheitsvorschriften einem der Soldaten etwas zugestoßen wäre? Wie ergeht es dann dem Vorgesetzten, der den Befehl zur sofortigen Abfahrt gab?

Höchst problematisch waren zu Beginn des Kosovo-Einsatzes neben der Bedrohung besonders drei Punkte:

1. die Aufgabenvielfalt,
2. zu lange und zu viele Arbeitstage und
3. das Erleben von Tod und Verwundung.

Noch einmal möchte ich auf die Intensität, die Dauer und die Vielfalt der Belastungsfaktoren hinweisen. Und die Aufgabenvielfalt war nicht nur riesig, sondern enthielt auch viel

Unbekanntes. Und alles, was neu und ungewohnt ist, führt zu Stress. Die Aufgaben umfassten u.a.: Sicherheit herstellen; Aufbauhilfe leisten; Schüsse und Steinwürfe kontrollieren; Gefahren abwehren; Bedrohungen zwischen den Ethnien beenden; Polizeiaufgaben übernehmen, und das hieß, in einem rechtsfreien Raum Recht und Ordnung aufrecht zu erhalten, z.B. Fälle wie Mord, Brandstiftung, Diebstahl, Plünderungen, Misshandlungen oder illegale Waffenlager zu untersuchen und zu bearbeiten, Gefängnisdirektor, Ankläger und Richter in einem sein oder eine Patrouille zu führen. „Und dabei ändert sich die Stimmung schnell, die Situationen sind oft unklar, die Mentalität ist anders. Die KFOR-Soldaten kommen oft zu spät." – „Pro Tag werden zwischen 50 und 60 grundlegende Entscheidungen erwartet." – „Wir sind die einzige Gewalt hier – Die einzige Autorität ist KFOR." – „Wir sind keine Rambos, da hätte man gar keine Chance, seinen Auftrag durchzuführen; Schlägertypen haben keine Disziplin." Bei aller Anforderung an das Durchsetzungsvermögen ist die Grenze zur Aggressivität zu wahren. Es ist bekannt, wie schnell Angst in Aggression umschlagen kann; hier gilt das Gebot, die eigene Aggressivität auch unter Angst zu kontrollieren.

Es gab viel zu lange und zu viele Arbeitstage ohne Pause. Zu Beginn waren die Soldaten fast 24 Stunden und manchmal länger auf den Beinen. Und danach hörte ich Sätze wie diese: „Wir haben noch nicht die Sollstärke erreicht und müssen täglich mit drei bis vier Stunden Schlaf auskommen", sieben Tage die Woche, und das zunächst vier und später sechs Monate hintereinander. Inzwischen gibt es 14 Tage Urlaub, aber dafür dauert der Einsatz sechs Monate. Kürzere Einsatzzeiten sind im Moment nicht durchführbar, auch wenn diese Forderung von den Betroffenen immer wieder erhoben wird. Irgendwann einmal lässt die Kraft nach, Fehler schleichen sich ein, man wird unvorsichtig[5]. Während Übungen kommen solche Situationen auch vor. Aber eine Übung ist nach einer, spätestens nach zwei Wochen beendet. Das war jetzt anders. Wie soll man sich regenerieren, wenn noch alles drunter und drüber geht?

Die Kombination von Angst und Übermüdung ist dabei gesondert zu beachten. Angst auszuhalten erfordert Kraft und fördert damit die Müdigkeit. Zu wenig Schlaf aber vermindert zudem die bereitstehende Energie und reduziert damit wieder die Kraft, die Angst zu kontrollieren. Das wurde erkannt, und es wurden so genannte Recreation-Centers in Griechenland installiert. Schlaf, Raum für Gespräche, eine gute Ernährung und Zeit, allein zu sein, sollen den Soldaten die Gelegenheit zur Regeneration geben.

Danach zurück im Kosovo zu sein, bedeutet, wieder dem Tod zu begegnen. Nicht nur die Begegnung mit Leichen selbst, die schon belastend genug ist, sondern auch die im Kosovo reale Gefahr, dass Leichen mit Minen bestückt sein könnten, verändern Einstellungen und Werte der Soldaten und Soldatinnen. Welches Gefühl haben sie dabei, wenn sie so etwas sehen? Zeigt sich hier schon eine Abstumpfung durch die ständige Konfrontation mit dem

---

5 Vgl. hierzu auch Stadelmann (1998, 79ff.)

Grauen? Oder handelt es sich um eine realistische Differenzierung zwischen dem Menschen, der das einmal war, und der notwendigen Operation der Minenbeseitigung? Die Soldaten *müssen* lernen zu differenzieren, auf jeden Fall zwischen dem im Einsatz Gesehenen einerseits und dem, was sie empfinden, wenn sie wieder zu Hause sind, andererseits. Zu Hause wieder furchtlos über eine hier minenfreie Wiese zu laufen, erfordert eine solche Differenzierung und muss erst wieder geübt werden.

War der Einsatz im Kosovo also kalkuliertes Risiko oder pure Lust an der Angst? Das ist sicher eine provokante Frage, doch die Antwort ist nach den vorangehenden Ausführungen wohl ziemlich klar: Angst schützt vor dem Risiko, Angst schützt vor Unvorsichtigkeit, Angst ist ein guter Berater. Das alles hatte nichts mit dem Prickeln des Bungee-Jumpings, nichts mit S-Bahn-Hopping zu tun. Zu groß waren Anforderungen und Verantwortung. Neugier? Ja. Neue Erfahrungen sammeln? Ja. Aber Lust an der Angst? Nicht in diesen Zusammenhängen! „Angst ist notwendig, sonst passt du nicht auf. Du brauchst den Adrenalinstoß. Der einzige Spaß ist, dass wir alle im selben Boot sitzen."

Die dargestellten Fallbeispiele verdeutlichen, dass von Lust an der Angst keine Rede sein kann. „Wir sind keine Rambos" – „Distanzieren muss ich mich von dem Grauen, das ich sehe, und doch den Menschen sehen." Wichtig ist das Wissen: „Ich war dort nicht umsonst." – „Ich war da unten, damit ich meiner Tochter einmal eine Antwort geben kann und nicht schweige, wie mein Vater, als ich ihn gefragt habe: 'Warum hast du nichts getan?'"

Trotzdem haben auch diese Berichte Gültigkeit: „Selbst bei Männern, die ich für so stark gehalten habe wie 'ne deutsche Eiche, bricht die Außenhülle zusammen. Sie haben Erfahrungen gesammelt, mit denen sie sich zuvor nie beschäftigt haben; und plötzlich nagt es an ihnen, sie erleben gefühlsmäßige Schwankungen, Veränderungen der Untergebenen. Ich musste immer Vorbild sein." Die Maske fällt, auch die der Vorgesetzten. Niemand kann sein Selbst bei diesen Belastungen lange verstecken. Wer hier als Vorgesetzter nicht mit sich im Einklang ist, wer hier nicht genügend Selbstunterstützung mobilisieren kann, wer keinen Halt aus der Kameradschaft oder aus funktionierenden Beziehungen zu Hause bezieht, der hat verloren. Thomas Harris' (1990) Devise, „Ich bin o.k., Du bist o.k.", wird zu einer wichtigen Führungsmaxime.

Das „o.k." hat seinen Ursprung im amerikanischen Unabhängigkeitskrieg und bedeutete „zero killed". Niemand getötet, auch nicht das psychische Selbst? Fehler können bei einem solchen Einsatz das eigene oder das Leben anderer kosten. Und das heißt auch: Leben mit den psychischen Verletzungen, der Kränkung, der Scham, den eigenen Fehlern und damit, nicht der gewesen zu sein, der man sein wollte. Was macht den Mann aus als Soldat? „Ich bin stark" – „Ich halte durch." – „Stress hat nur der Leistungsschwache!" Und dann ein gravierender Fehler! Ein Schuss löst sich unbeabsichtigt – und trifft in eine Sandkiste. Wie soll die disziplinäre Würdigung aussehen, Repatriierung oder Geldstrafe? Die Grenzen der eigenen Leistungsfähigkeit werden erreicht. Die meisten Männer haben diese Grenze der physischen und psychischen Leistungsfähigkeit während ihrer Ausbildung, während der Übungen oder in der speziellen Einzelkämpferausbildungen bereits kennen gelernt. „Klar, ich war stolz, als ich die Einzelkämpferausbildung damals erfolgreich bestanden habe, aber ich muss das nicht noch einmal haben!“ Wer als Vorgesetzter seine eigene Angst akzeptiert und nach der akuten Gefahr auch äußern kann, wer die eigene Grenze kennt und dieses auch anderen zugesteht, wird selbst auch akzeptiert.

„Das Schlimmste für mich war die Sorge um die Männer, die Verantwortung, die auf mir lastete.“ – „Man muss wie ein Vater für seine Gruppe sein, und bei den weniger Guten muss man gucken, dass die besser werden.“ Gleich ob für die ‘Mutter der Kompanie’, für den Feldwebel oder den Offizier – der Druck, in gefährlichen und/oder unbekannten Situationen das Richtige zu tun, ist immens groß. Wie schwer es für den einzelnen Vorgesetzten ist, das ‘Richtige’ zu tun, wird deutlich an dem oft angeführten Satz: „Verantwortung ist unteilbar.“ Der Vorgesetzte hat die Pflicht zur Fürsorge für seine Untergebenen. D.h. er muss sie gut kennen mit ihren Schwächen und Stärken, mit ihren großen und kleinen Problemen. Er muss Stress-Symptome an ihnen wahrnehmen und sie bei der Stressbewältigung unterstützen. Das erfordert eine hohe Sensibilität in Bezug auf die Wahrnehmung eigener und fremder Stress-Symptome in der aktuellen Situation und über die Gesamtdauer des Einsatzes hinweg, aber auch gut ausgebildete soziale und kommunikative Fähigkeiten bei der Gesprächsführung mit belasteten Soldaten. Zusätzlich muss ein breites Repertoire an unterschiedlichen Stressbewältigungsmöglichkeiten vorhanden sein und die Fähigkeit, mit dem betroffenen Soldaten die für diesen geeignete Methode gemeinsam herauszufinden. Das wiederum erfordert ein hohes Ausmaß an Beziehungsfähigkeit und eine im Perls’schen Sinne „erwachsene Persönlichkeit“, die sich der eigenen Schwächen bewusst und zur Selbstunterstützung fähig ist.

„Und wer kümmert sich um uns junge Vorgesetzte?“, wurde ich einmal gefragt. Der nächste Vorgesetzte? Doch die haben noch mehr oder mindestens genau so viel Stress. Authentischer und situationsgerechter Führungsstil, reife Persönlichkeiten sind gefragt. Coaching am Heimatstandort oder Führungsbegleitung, so heißt das in der Bundeswehr, haben Einzug gehalten. Und doch stellt sich in heiklen Situationen immer wieder die Frage: „Führt das nicht vielleicht zu einem Knick in meiner Karriere, wenn ich eine solche Form der Unterstützung anfordere? Ist die Anforderung an eine gute Führungskraft nicht die, alles alleine zu bewältigen?“ Ganz allmählich verändern sich hier die Einstellungen.

2.6 Die Angst und die Angstbewältigung danach

„Ich kam nach Hause und sah meinen Sohn. Ein Jahr alt war er. Er hat mich nicht erkannt. Aber er lief auf das Bild von mir zu, das im Wohnzimmer stand, und rief ‚Papa! Mein Papa!‘ Das war schlimm für mich.“ Die Tränen stehen dem Mann dabei in den Augen.

Jetzt heißt es, den Alltag wieder zu leben, und zwar *mit* den Bildern, Gerüchen und Geschichten der vergangenen Monate im Kopf. Für manche heißt das auch, sich kaum mitteilen zu können, weil das Erlebte für andere unvorstellbar ist, weil ihnen die Sprache dafür fehlt, weil die Gesprächspartner nicht wirklich begreifen, was sie sagen wollen, weil die Freundin oder die Frau sie zwischenzeitlich verlassen hat, weil sie nicht mehr so sind, wie sie vorher waren ...

Manche Freunde hören zwar einmal zu, auch zweimal, aber dann? Die Kameraden, die am Heimatstandort geblieben sind, hatten ihren eigenen Stress, ihre eigenen zusätzlichen Belastungen. Die haben für die in den Einsatz Gegangenen die Arbeit mitmachen müssen. Und irgendwann wollten sie die Geschichten auch nicht mehr hören.

Damit die Soldaten so wenig belastet wie möglich in ihr normales Leben zurückkehren können, hat die Bundeswehr ein ganzes Paket zusammengestellt, das ihnen helfen soll, in unterschiedlichen Situationen mit den Belastungen klar zu kommen. Dabei gelten diese Einsichten: Angst ist ein guter Berater, Angst ist überlebenswichtig, Angst bewahrt vor Tollkühnheit, und Angst hat(te) jeder. Ziel dieser Maßnahmen ist es, die Soldatinnen und Soldaten physisch und psychisch zu unterstützen und posttraumatischen Belastungsstörungen (PTSD) vorzubeugen.

Zu den wichtigsten Punkten des Stress-Managements und des „Critical Incident Stress Managements (CISM)" gehören schon vorbeugende Unterrichts- und Trainingsmaßnahmen. Hier geht es um die Ergebnisse der Stressforschung sowie das Einüben vielfältiger Bewältigungsstrategien für Alltags- und Einsatzstress, z.B. Atemtechniken, Entspannungsübungen (Progressive Muskelentspannung nach Jacobson) und vor allem: Lernen, über das Erlebte reden zu können. Weitere Bewältigungsstrategien sind, um nur einige Beispiele zu nennen, das Aufrechterhalten funktionierender sozialer Beziehungen, kognitive Umstrukturierung, körperliche Fitness oder auch Genusstraining. Zu dem ganzheitlichen Ausbildungsprogramm gehören alle Möglichkeiten des Belastungs-, Erregungs- und Einstellungsmanagements. Um vor Ort angemessen reagieren zu können, müssen Kompetenzen in der Krisenintervention, sowohl im Sinne der Selbst- als auch der Hilfe für Kameraden erworben werden. Diese Themen finden sich mit unterschiedlicher Gewichtung in allen Ausbildungsgängen, insbesondere aber in der Führungskräfteausbildung vor einem Einsatz, der Standort-gebundenen Ausbildung für jeden Soldaten und der Peerausbildung.[6]

Unmittelbar nach einem kritischen Vorfall finden Sofortgespräche („Defusing") statt, zusätzlich Gruppengespräche mit Psychologen und ausgebildeten Peers („Debriefing"). Auch die bewusste Demobilisierung nach einem Einsatz mit Informationen zum Stressgeschehen und der Benennung von Möglichkeiten, sich weitergehende Hilfe zu holen, sind

6 Peers sind Soldaten, die u. a. in der Gesprächsführung mit belasteten Soldaten besonders ausgebildet sind.

Teil des Critical Incident Stress Managements (CISM). Der so genannte Follow-up-Service, wie z.B. die Einsatznachbereitungsgruppen für belastete Soldaten, die von klinischen Psychologen durchgeführt werden, runden die Massnahmen des CISM ab.

Im Einsatz selbst werden die Soldaten dazu angehalten, die erwähnten Fähigkeiten und Kompetenzen des Stressmanagements anzuwenden. Die Einsatznachbesprechung am Ende eines Tages mit emotional belastenden Situationen hat die Funktion des angewandten Stressmanagements. Hier ist neben der Besprechung der rational erfassbaren Aspekte des Vorgefallenen auch Platz für das Ansprechen von Gefühlen. Für die Bewältigung der alltäglichen Einsatzbelastungen werden den Soldaten im Einsatzland außerdem Sportmöglichkeiten (Fitness-Center und Laufstrecke) ebenso bereit gestellt wie ein Kinoangebot.

Während des Einsatzes besteht die Möglichkeit zur Teilnahme an so genannten Betreuungsfahrten in die nähere Umgebung. Diese Betreuungsfahrten sind insbesondere für Soldaten gedacht, die sonst kaum aus dem militärischen Lager heraus kommen. Auch mehrtägige Rüstzeiten, die von den Pfarrern organisiert und abseits des militärischen Lagers durchgeführt werden, unterstützen die Regeneration der psychischen Belastungsfähigkeit während des sechsmonatigen Einsatzes. Für besonders belastete Soldaten ist das Recreation-Center in Griechenland gedacht. Neben Ruhe, Sport und gutem Essen unterstützen Psychologen und Sozialarbeiter in Einzel- und Gruppengesprächen die Soldaten bei der Verarbeitung des Erlebten.

Nach der Rückkehr von einem Einsatz wird in Reintegrations-Seminaren an der Integration des Erlebten in das Selbstbild der Soldaten gearbeitet. Hier erhalten sie auch Gelegenheit, ausführlich über ihre Erfahrungen zu sprechen. Sie werden eingeladen zu berichten, was sie im Einsatz besonders bewegt hat, wovon sie nach der Rückkehr überrascht waren, oder was sie ihren Nachfolgern aufgrund ihrer Erfahrungen raten können. Diese Seminare werden meist sehr dankbar aufgenommen. Denn, wie oben erwähnt, ist das eigene soziale Netz hier oft unzureichend. Sätze wie, „Ich hatte endlich wieder jemanden, der mir zuhörte", sind danach oft zu hören.

Bei allen Maßnahmen ist zu beachten, dass jedes Kontingent und jeder Einsatz in anderer Zusammensetzung und unter anderen Rahmenbedingungen erfolgt und dass jeder einzelne Soldat bzw. jede einzelne Soldatin in unterschiedlichen Situationen über eine unterschiedliche Belastungsresistenz und Belastungsfähigkeit verfügt. All das erfordert in der Gesamtorganisation Bundeswehr auf den verschiedenen Ebenen ein individuelles Stressmanagement auf der Grundlage des Rahmenkonzeptes, das seit 1997 für die Streitkräfte gilt.

Literatur

Bundesministerium für Verteidigung (BMVg FüS I 3) (2000). *Rahmenkonzept zur Bewältigung psychischer Belastungen bei Soldaten.* Bonn: Bundesministerium für Verteidigung.

Clausewitz, C. von (1980) *Vom Kriege.* Bonn: Dümmler.

Harris, T.A. (1990). *Ich bin o.k. Du bist o.k.* Reinbek: Rowohlt.

Kaluza, G. (1996). *Gelassen und sicher im Streß.* Springer: Berlin.

Kierkegaard, S. (1952). *Der Begriff Angst – Vorworte.* Düsseldorf: Diedrichs.

Perls, F.S., Hefferline, R.F. & Goodman, P. (1979a). *Gestalttherapie – Lebensfreude und Persönlichkeitsentfaltung.* Stuttgart: Klett-Cotta.

Perls, F. S., Hefferline, R. F. & Goodman, P. (1979b). *Gestalttherapie – Wiederbelebung des Selbst.* Stuttgart: Klett-Cotta.

Richter, H.-E. (2000). *Umgang mit Angst.* München: Econ.

Rofé, Y. (1984). Stress and affiliation: A utility theory. *Psychological Review, 91,* 235–250.

Rofé, Y. & Lewin, I. (1988). Social comparison or utility: An experimental examination. *Social Behavior and Personality, 16,* 5–10.

Stadelmann, J. (1998) *Führung unter Belastung: Ausgewählte Aspekte der Militärpsychologie.* Frauenfeld: Huber.

3. Die Angst vor den Fremden und die Angst der Fremden

Ingrid Ingeborg Koop

3.1 Fremdheit und Vertrautheit als Prozess

Der vorliegende Artikel geht von einer grundlegenden These aus: „Fremdheit ist eine anthropologische Konstante, die auf der individuellen und gesellschaftlichen Ebene immer wieder hergestellt wird" (Rommelspacher 1999). Fremdheit und Vertrautheit werden hier also nicht als statisch, sondern als Prozess in ständiger Bewegung verstanden.

Neben theoretischen Betrachtungen werde ich in diesem Artikel auch praktische Übungen vorstellen, mit denen für interessierte LeserInnen ein Teil dieser Bewegungen erfahrbar gemacht werden kann. Zur weiteren Veranschaulichung dienen Kurzinterviews, die ich mit Flüchtlingen aus verschiedenen Ländern zu dem Thema durchgeführt habe; ich habe sie in die Abschnitte 1.1 und 5 einbezogen.

3.1.1 Individuelle Ebene

Sensorische Wahrnehmungen und atmosphärische Anmutungen sind Ausgangspunkte, die ein phänomenales Empfinden von „anders" oder „Andersartigkeit" vermitteln, ohne dass diese Empfindung zunächst gewertet wird. Erst in einem weiteren Schritt kommen Emotionen und Kognitionen dazu: „Anders" wird dann eventuell zusätzlich als „fremd" definiert und unter Umständen mit Auf- oder Abwertung belegt. Um diese Prozesse persönlich erfahrbar zu machen, ist folgende Übung geeignet:

Übung 1

Wählen Sie aus der Reihe von Gegenständen, die sich gerade in Ihrer Umgebung befinden, einen aus, den Sie spontan als *„fremd" empfinden. Danach nehmen Sie sich Zeit, Ihre Erfahrung zu* *reflektieren oder mit einer Person Ihres Vertrauens zu besprechen. So kann Ihnen deutlich werden, welche Assoziationen und Bewertungen mit Ihren Emotionen und Kognitionen zusammen hängen, z.B.: „Fremdheit hat mit oben und unten zu tun." Oder: „Wenn ich mich fremd fühle, fühle ich mich unterlegen."*

Fremdheit und Vertrautheit sind nicht nur interpersonell erfahrbar, sie wirken auch intrapersonal, etwa in der Erfahrung von wechselnden Prozessen der Fremdheit/Vertrautheit in der eigenen biographischen Entwicklung. In der Pubertät z.B. werden die früher vertrauten Eltern oft als fremd erlebt. Das Vertraute wird fremd, und umgekehrt kann das vorher Fremde vertraut werden. Zur Reflexion dieser biographisch wechselnden Fremdheitsgefühle möchte ich Sie anregen, sich mit folgenden Fragen auseinanderzusetzen:

Übung 2

Wen oder was empfanden Sie als fremd? -

a) Als Kind.

b) Als jugendlicher Mensch.

c) Als erwachsener Mensch.

Als Beispiele möglicher Antworten auf diese Fragen möchte ich ein paar Antworten aus den eingangs erwähnten Kurzinterviews mit Flüchtlingen zitieren. Hier wurden besonders Fremdheitsgefühle benannt, die in Bezug auf verschiedene so genannte „social worlds" (Petzold 1985, 260f) standen, z. B. in Bezug auf andere (Sub-) Kulturen, in Bezug auf die Unterschiede bzw. Gegensätze zwischen der Welt der Männer und der Welt der Frauen oder in Bezug auf das Übergangsstadium von Kindheit zu Jugendalter:

- „Als ich in die Schule kam, sollte ich was lernen – das war mir fremd" (Flüchtlingsfrau aus Bosnien).
- „Es war mir fremd, dass man in Deutschland über Politik in Farben redet – Worte wie 'Ampelkoalition!'" (Flüchtling aus Syrien).
- „Fremd war der erste Liebesbrief eines Jungen" (Frau aus Nordindien).
- „Die erste Menstruation war mir fremd." (Flüchtlingsfrau aus Togo).

3.1.2 Gesellschaftliche Ebene

Fremdheit ist nach Rommelspacher (1999) auch ein Medium der Grenzziehung; vor allem eine soziale Grenzziehung wird damit vorgenommen: Die Zuschreibung von Fremdheit dient zur Unterscheidung von Schichtzugehörigkeiten, ethnischen Zugehörigkeiten, Religionsgemeinschaften etc. Aber auch andere Grenzziehungen werden damit begründet oder gerechtfertigt; Flüchtlinge sind z.B. besonders von wirtschaftlich motivierten Grenzziehungen in der Asylpolitik betroffen („Das Boot ist voll.") oder von territorialen Grenzziehungen (Ex-Jugoslawien, USA in der aktuellen Situation). Die Herstellung von Fremdheit und Ausgrenzung vollzieht sich am Beispiel der Flüchtlinge in Deutschland mit Hilfe von zwei Instrumenten: Durch staatlich institutionalisierte Grenzziehung (vor allem durch Behörden) und durch gesellschaftliche Grenzziehung im zwischenmenschlichen Umgang.[1]

Um Wahrnehmungen und Erfahrungen als „Fremde" bzw. mit „Fremden" auf sozialer Ebene unmittelbar zugänglich zu machen, eröffnet die Arbeit mit Masken gute Möglichkeiten. Die im Folgenden beschriebene Übung, die für eine Gruppe von TeilnehmerInnen konzipiert ist, sollte jedoch wegen des hohen emotionalen Potentials nur mit Begleitung durch eine/n ÜbungsleiterIn durchgeführt werden, die bzw. der bereits über Erfahrung in der Maskenarbeit verfügt.

Übung 3

(Es sollten zahlreiche weiße, aber nur eine andersfarbige, z.B. rote, Neutralmasken für die Arbeit auf der Bühne zur Verfügung stehen. Das Bühnengeschehen erfolgt ohne Worte.)

Zur ersten Szene nehmen sich die TeilnehmerInnen je eine der verfügbaren Masken, mehrere TeilnehmerInnen also eine weiße, aber nur eine/r eine rote Maske. Dann betreten alle maskiert die Bühne. Weitere Anweisungen erfolgen nicht. Das Geschehen zwischen der Mehrheit „Weiß" und der einzigen Maske „Rot" entwickelt sich als offener Prozess. Oft tauchen in der späteren Reflexion darüber Reaktionen auf wie Neugier, Mitleid oder Gewissensbisse, aber auch Lähmung, Schreck, Überforderung oder verdeckte Aggressionen.

In einer zweiten Szene werden beide Parteien angewiesen, sich in gegenüber liegende Ecken der Bühne zu stellen und abzuwarten, welche Gefühle und Spielimpulse auftauchen. In den Reflexionen danach zeigen sich häufig Versteck- und Fluchtimpulse bei „Rot", bei den „Weißen" hingegen Überlegenheits- und Triumphgefühle oder auch Solidaritätsimpulse.

Weitere Szenen sind je nach Entwicklung des Spielgeschehens denkbar, so etwa die Anweisung, „Rot" solle sich den „Weißen" gegenüber aktiv und dominierend verhalten, oder der gemeinsame Auftritt einer roten und einer weißen Maske.

Zum Abschluss bietet sich eine Szene an, die Raum für Zentrierung und Reflexion lässt. Z.B. können „Rot" und „Weiß" in einer Reihe nebeneinander für eine Weile auf der Bühne sitzen. In der Regel verlieren die Masken dabei an Bedeutung, was einerseits Ängste vor „Identitätsverlust" bringen kann, andererseits aber auch Raum für Erkenntnisse lässt, wie z.B. die Einsicht: „Wenn ich mich auf mich selbst konzentriere, finde ich weniger an den anderen auszusetzen, sie stören und bedrohen mich weniger."

1 Weitere Zitate aus den Kurzinterviews bieten dafür eindrucksvolle Beispiele (vgl. Abschnitt 5).

3.2 Fremdes als Herausforderung an die eigene Identität

Prozesse von Fremdheit und Vertrautheit auf der individuellen und gesellschaftlichen Ebene sind eng verknüpft mit der Frage der Identität. Identität, wie sie in der Integrativen Therapie verstanden wird, setzt sich unter anderem zusammen aus Identifikation – wie ich mich selbst sehe – und Identifizierung – wie mich die andern sehen (vgl. Petzold nach Rahm et al. 1993, 155).

An der Grenze zum Fremden ist die eigene Identität in Frage gestellt. (Eigen-) Identifikation und (Fremd-) Identifizierung lösen sich tendenziell auf und müssen sich neu formieren, eine neue Gestalt annehmen: „Nie lässt uns das Fremde gleichgültig ... Lassen wir uns auf Fremde oder das Fremde ein, so kommt es zu Grenzverschiebungen und wir müssen uns verändern“ (Erdheim 1993, 180). Dies ist nicht nur ein möglicherweise befriedigender, sondern oft auch ein beängstigender Prozess: „Die Angst vor dem Neuen, dem Fremden liegt in den Anforderungen begründet, die es an unser Seelenleben stellt, im psychischen Aufwand, den es fordert, in der bis zur angstvollen Erwartung gesteigerten Unsicherheit, die es mit sich bringt“ (Bittner 1993, 210).

Dadurch wird verständlich, dass Zeiten von Identitätskrisen – individuellen wie kollektiven – das Potential der Radikalisierung in sich bergen (z.B. die „kollektive Identitätskrise“ des wieder vereinten Deutschlands, Ex-Jugoslawien etc.).

3.3 Reaktionen auf (das) Fremde

„Fremd ist nicht einfach das, was ich nicht kenne und wovon ich nichts weiß, fremd ist vielmehr das, was mich auf eine merkwürdige Weise betrifft, obwohl ich es nicht kenne“ (Erdheim 1993, 167). Insofern hat die Begegnung mit fremden Menschen immer mit dem eigenen Selbst zu tun, wirkt diese Begegnung – im positiven wie negativen Sinne – nur, wenn Eigenes betroffen ist. Erdheim kommt zu dem Schluss: „Das Fremde und das Eigene stehen also in einem ähnlichen Verhältnis zueinander wie das Unbewusste und das Bewusste“ (a.a.O.).

Fremdheit ist zunächst nichts anderes als Andersartigkeit. Wie wird nun darauf reagiert, wenn eine Betroffenheit im Sinne Erdheims besteht? Man kann zwei Möglichkeiten unterscheiden, die in den folgenden Illustrationen schematisch aufgeführt sind.

Andersartigkeit

⇓ ⇓

Konkurrenz **Faszination**

⇓ ⇓

Bedrohung/Angst **Idealisierung**

Illustration 1: Prozesse der „Engung“

Die Andersartigkeit löst zunächst zwei scheinbar sehr verschiedene Reaktionsmuster aus, die jedoch beide letztlich in Fixierung und leiblicher „Engung" (vgl. Schmitz, dieser Band) münden.

➤ **Angstreaktionen**
Durch Ausgrenzung von Fremden und die Einengung auf das Eigene, Vertraute wird die Infragestellung der eigenen Identität abgewehrt. Aggressionen gegen das Fremde und „die Fremden", die die eigene Verunsicherung auslösen, verringern die persönlichen Ängste. Eigene Ängste oder Aggressionen werden nach außen, auf die Fremden, projiziert: So wird z.B. zur Zeit in „die dunklen Araber" eine archaische Aggressionsbereitschaft projiziert, vor der man sich schützen muss – am besten schon prophylaktisch. Als negative und mit dem eigenen Selbstbild nicht vereinbare Merkmale des Selbst, der eigenen Familie, Gruppe oder Nation werden auf fremde Menschen projiziert (Moslems sind fanatisch, Schwarze von Sex besessen etc.).

➤ **Idealisierungen**
Eigene Sehnsüchte und ungelebte Anteile werden idealisierend auf Fremde projiziert. Die vermeintliche Exotik übt eine große Anziehungskraft aus. Es entsteht eine Faszination von dem Bild, das sich das Selbst von den Fremden macht und damit sein eigenes narzisstisches Ich erweitert. Diese Idealisierung kann jedoch schnell ins Gegenteil kippen, in Ablehnung oder gar Bedrohung, wenn Fremdes oder Fremde an die Grenze des Ichs stoßen, in die vertraute Umgebung eindringen, im Gewohnten stören, ‚unbequem' werden. Dieser Umkehrungsprozess findet gelegentlich bei Menschen statt, die sich zunächst gutwillig und fasziniert um die eine oder andere Flüchtlingsfamilie kümmern, bis diese sich als „schwierig" erweisen, nicht so funktionieren wie geplant, gar die gut gemeinte Hilfe nicht annehmen, sondern doch wieder auf ‚ihre Art' an die Dinge herangehen. Dann kehrt sich manchmal die Faszination des Fremden in Ablehnung, gar Verachtung, wenn es die eigenen Wünsche und Sehnsüchte nicht befriedigt.[2]

Bei beiden Reaktionen, Angst wie Idealisierung bzw. ihrer Umkehr, spielen Aggressionen eine Rolle. Sie entstehen jedoch nicht als Folge des Erlebens von Fremdem. Freud beschreibt den Prozess als umgekehrt: Nicht das Fremde macht aggressiv, sondern die Aggression macht uns die anderen fremd, schiebt sie damit gleichsam von uns weg (Rommelspacher 1999). Beide Reaktionsstränge, Angst und Aggression wie auch Idealisierung, führen zu einer leiblichen „Engung" (vgl. Schmitz, dieser Band) im Erleben und Handeln.

Dem Prozess der „Engung" möchte ich mit einer zweiten schematischen Illustration nun eine weitere prozessuale Möglichkeit gegenüber stellen:

2 Zu beiden Reaktionsmustern vgl. auch Signer-Brandau (1994).

Andersartigkeit

⇓

Neugier

⇓

Veränderung

Illustration 2: Prozess der „Weitung“

„Wenn wir Fremde/s verstehen wollen, müssen wir uns am Eigenen entlang tasten, wir müssen bereit sein, uns ‘befremden’ zu lassen, uns berühren zu lassen und unsere innere Resonanz zu spüren. (...) Wir müssen die Fremdheit in uns selbst aufspüren, um sie nicht außerhalb von uns zu verfolgen. (...) Im Erkennen eigener Fremdheitsgefühle (z.B. Gefühle schwach, verlassen, wertlos, anders zu sein) schaffen wir eine Basis für die Koexistenz von Eigenem und Fremdem“ (Signer-Brandau 1994, 11). Diese Prozesse ermöglichen Erfahrungen von leiblicher „Weitung“ (vgl. Schmitz, dieser Band).

3.4 Die Angst der Fremden: Identitätskrisen von Flüchtlingen

Flüchtlinge haben ihre Heimat nicht freiwillig verlassen. Sie sind ins Exil gezwungen worden. Flucht und Vertreibung sind häufig verbunden mit so genannten „man made disasters“, mit Extremtraumatisierungen wie Verfolgung, Haft, Folter, Vergewaltigung, Lagererfahrungen, Massaker, Krieg. Wer ins Exil gezwungen wurde, erlebt den Verlust von Vertrautheit plötzlich, schmerzhaft, traumatisierend. Besonders Frauen, die oft aus Scham und Tabuisierung nicht über eigene Gewalterfahrungen sprechen können, oder die nicht aus eigener Wahl, sondern als Frau eines verfolgten Mannes in die Fremde gehen, sind hiervon betroffen.

Menschen und Gesichter im Aufnahmeland sind fremd. Gesten und Rituale sind unvertraut, die Sprache ist unverständlich. Straßen und Orte, Landschaften und Klima sind anders, ebenso die Geräusche und Gerüche. Die örtliche Orientierung geht verloren, manchmal auch die zeitliche in der Situation des Wartens auf Anerkennung als Asylberechtigte, auf die Duldung, auf die drohende Abschiebung. Die gewohnte Arbeit und das soziale Netz von zu Hause sind verloren gegangen. Die eigene Identität ist in vielen ihrer Säulen bedroht (vgl. Koop 2000).

Gefühle von Fremdheit und bedrohter Identität äußern sich häufig in psychosomatischen Symptomen, die therapeutisch aufgegriffen werden müssen (vgl. Koop 2001). Körperlicher Schmerz ist fassbarer als seelischer. Es entwickeln sich Fremdheitsgefühle dem eigenen Körper gegenüber. Die eigene Identität wird auf allen Ebenen der Existenz – leiblich, seelisch-emotional und auch kognitiv-geistig – als unsicher und in Veränderung begriffen erlebt.

Schutz vor den Gefühlen von Fremdheit und Bedrohung bieten zwei Reaktionstendenzen, die bis in die Extreme gesteigert werden können und beide ihre spezifischen Problematiken bergen. Die erste Möglichkeit ist die völlige Idealisierung der Heimat und eigenen Kultur. In der Fremde werden Blickwinkel und Aktionsradius eingeschränkt auf die eigene Familie, die Wohnung oder das Zimmer im Wohnheim. Der Blick nach 'draußen' wird auf das Nötigste begrenzt, Kontakte außerhalb, in der Wohnheimküche, in der 'Öffentlichkeit' finden nur statt, wenn es sich nicht vermeiden lässt. „Ich kenne mich nicht aus." „Ich kann kein Deutsch." – so etwas höre ich oft von PatientInnen, die sich nicht aus ihren vier Wänden trauen oder trauen wollen. Alles Deutsche, angefangen mit der Sprache, wird als fremd erlebt und tendenziell abgewehrt. Die zurückgelassene Heimat wird bis an die Grenze des Erträglichen idealisiert; alles war dort besser, sogar das Gras war grüner. Die geflüchtete Familie ist mit dem Rückzug auf sich selbst gleichzeitig überfordert. Oft sind mehrere Familienmitglieder traumatisiert, die anderen leiden mit. Sie können sich die erforderliche Sicherheit und den nötigen Schutz gegenseitig nur unzureichend bieten.

Eine zweite Möglichkeit ist die gegensätzliche Reaktion. Die Heimat wird verachtet und entwertet. Der Kontakt mit Landsleuten wird möglichst vermieden. Die alten kulturellen Werte werden als rückständig abgetan. Die deutsche, 'moderne' Lebensweise wird idealisiert, die Anpassung erfolgt bis hin zur Leugnung eigener Wurzeln und Identität. Ziel ist es, ein 'besserer Deutscher' zu werden. Wenn man den deutschen Fremden als Aggressor begreift, durch den die Herkunftsidentität in Frage gestellt wird, entspricht diese Verhaltensweise tiefenpsychologisch gesehen dem Abwehrmechanismus einer „Identifikation mit dem Aggressor".

Manchmal finden sich innerhalb derselben Flüchtlingsfamilie beide konträre Reaktionen, in der Regel die erste eher bei der Elterngeneration, die zweite eher bei den Jugendlichen.

3.5 Angst und Fremdheit aus Sicht von Flüchtlingen

Was erleben Flüchtlinge als fremd und mit Angst besetzt? In Kurzinterviews wurden mehrere Flüchtlinge aus verschiedenen Ländern nach ihrem Erleben von Fremdheit gefragt, zum einen nach Fremdheitsgefühlen im biographischen Prozess (vgl. Abschnitt 1.1), zum andern nach Fremdheits- und Angstgefühlen als Flüchtlinge in der Bundesrepublik Deutschland. Auch die Frage nach Angst als möglicher Ressource wurde aufgeworfen. Zum Abschluss dieses Artikels möchte ich hier einige der Antworten wiedergeben:

- Frau aus Bosnien, 41 Jahre alt, Massaker-Überlebende, seit sechs Jahren in Deutschland: „Am meisten Angst macht mir die Frage, ob wir hier Aufenthalt bekommen oder gezwungen werden, zurück zu kehren. Außerdem habe ich Angst vor Ärzten – die hatte ich in Bosnien auch, aber da war ich noch nicht so krank. Ich bin ängstlicher als der Durchschnitt; Angst hat mir leider noch nie geholfen."

- Frau aus Togo, 31 Jahre alt, politisch aktiv, Haft- und Foltererfahrung, seit einem Jahr in Deutschland: „Angst habe ich in Deutschland vor der Polizei in ihren Uniformen und vor der Ausländerbehörde. Auch habe ich Angst, nachts raus zu gehen. Ob meine Angst auch etwas Gutes bewirkt? Dazu kann ich nicht eindeutig ja oder nein sagen. Der Strom bringt Wasser und Fruchtbarkeit, kann aber auch gefährlich sein."

- Mann aus Syrien, 52 Jahre alt, als politisch verfolgter Flüchtling anerkannt, seit zwölf Jahren in Deutschland: „Am meisten Angst hat mir die Zeit gemacht, in der ich zwei Jahre lang auf die Asylentscheidung warten musste. Angst hat nichts Positives, sie ist ein Hemmschuh."

- Frau aus Nordindien, 34 Jahre alt, Moslemin, seit 15 Jahren in Deutschland: „In Deutschland macht mir zur Zeit der Hass auf Moslems sehr viel Angst. Angst habe ich in meinem Leben auch schon als positiv erlebt, meine Angst macht mich vorsichtig."

Literatur

Bittner, G. (1993). „Nach unseren eigenen psychischen Konstellationen zu deuten." In U. Streeck (Hg.), *Das Fremde in der Psychoanalyse* (35-46). München: Pfeiffer.

Erdheim, M. (1993). Das Fremde – Totem und Tabu in der Psychoanalyse. In U. Streeck (Hg.), *Das Fremde in der Psychoanalyse* (97–128). München: Pfeiffer.

Koop, I. (2000/2001). Narben auf der Seele – Integrative Traumatherapie mit Folterüberlebenden. *Zeitschrift für Politische Psychologie 4/00-1/01*, 561–584.

Koop, I. (2001). Prozessorientierte Leibintervention in der Psychotherapie. In REFUGIO Bremen (Hg.), *Mit Leib und Seele – Lebensbedingungen und Behandlung traumatisierter Flüchtlinge – Dokumentation der Fachtagung Oktober 2000*. Bremen: Scholz.

Petzold, H.G. (1985). *Mit alten Menschen arbeiten*. München: Pfeiffer.

Rahm, D., Otte, H., Bosse, S. & Ruhe-Hollenbach, H. (1993). *Einführung in die Integrative Therapie*. Paderborn: Junfermann.

Rommelspacher, B. (1999). Rassismus. Vortrag auf dem Kongress der Bundesarbeitsgemeinschaft der psychosozialen Zentren für Flüchtlinge und Folteropfer. Berlin, Oktober 1999.

Signer-Brandau, D. (1994). Fremd – Anders – Draussen. Das Fremde in der Psychotherapie. Unveröffentlichter Vortrag zu den Züricher Gestalttagen.

III

Psychologische und psychotherapeutische Aspekte

4. Angst aus kognitiver Sicht: Kognitive Verzerrungen bei Angstpatienten

Eni S. Becker, Thomas Ellwart, Mike Rinck[1]

4.1 Einleitung

Es ist kein neuer Gedanke, dass Emotionen und Kognitionen sich gegenseitig beeinflussen; schon die klassischen Philosophen haben sich mit diesem Thema beschäftigt. Auch die Auffassung, dass ein anderes Denken helfen kann, unangenehme oder unangemessene Gefühle zu beherrschen oder zu verändern, ist keineswegs ein Produkt unserer Tage. Im 19. Jahrhundert gab es eine große „mind cure"-Bewegung, die viele Anhänger in Amerika und Europa fand. Das „positive Denken", welches zu körperlicher und seelischer Gesundheit führen sollte, stand in ihrem Mittelpunkt. Im Zeitraum von 1955 bis 1965 entstand die „cognitive psychology", die in der Psychologie in den 70er Jahren Fuß fasste, was von Dember (1974) als „kognitive Revolution" bezeichnet wurde. Gleichzeitig entstanden die ersten kognitiven Psychotherapien (Ellis 1962; Beck 1963). So konnten 1980 ca. sechs eigenständige kognitive Therapien unterschieden werden, 1990 waren es schon über zwanzig (Mahoney 1993).

Diese Therapien lassen sich grob nach zwei Grundauffassungen unterscheiden. Die einen gehen davon aus, dass Emotionen ein post-kognitives Phänomen seien. Die Bedeutung eines Ereignisses bestimmt die emotionale Reaktion, d.h. die kognitive Interpretation ist

---

1 Die Abfassung dieses Beitrags wurde von der Deutschen Forschungsgemeinschaft durch die Sachmittelbeihilfen Be 2131/1-1 und Ri 600/6-1 unterstützt. Wir danken allen Kollegen und Kolleginnen, die bei der Erhebung der hier berichteten Daten beteiligt waren und Michael Klose für Kommentare zu einer früheren Version des Beitrags.

von zentraler Bedeutung dafür, wie ich mich fühle (Beck 1976; Lazarus 1992). Die anderen Therapien sehen in Emotionen eine Art Orientierungssystem des Organismus. Sie haben ein motivationales Moment, indem sie das Individuum auffordern, schnell auf eine Situation zu reagieren. Selbstverständlich werden diese Reaktionen beim Menschen durch kognitive Prozesse ermöglicht oder gelenkt (Mahoney 1974; Meichenbaum 1977). Diese kognitiven Prozesse sind in der Klinischen Psychologie lange Zeit vernachlässigt worden. Erst mit der Entstehung psychologischer Störungsmodelle begann in den 1980er Jahren eine intensivere Auseinandersetzung. Die wichtige Rolle der kognitiven Prozesse bei der Entstehung und vor allem bei der Aufrechterhaltung psychischer Störungen wurde allmählich erkannt und genauer untersucht.

Dies gilt besonders für die Angststörungen und Depressionen, die zu den häufigsten psychischen Störungen gehören (Wittchen et al. 1992). Bei beiden Störungsgruppen werden derzeit kognitiv-psychologische Modelle der Ätiologie favorisiert (Barlow 1988; Beck 1976; Eysenck 1992; Ellis 1973; Teasdale & Barnard 1993). Diese Ätiologiemodelle werden seit einigen Jahren intensiv empirisch überprüft, wobei ein besonderer Schwerpunkt auf der Untersuchung der kognitiven Prozesse und ihrer Beeinflussung durch Emotionen liegt. Hierzu wurden viele Paradigmen aus der kognitiven Psychologie übernommen und modifiziert, beispielsweise der Stroop-Test, Gedächtnistests oder das dichotische Hören. Diese modifizierten Paradigmen erlauben Aussagen über die Einflüsse von Emotionen und emotionalen Störungen auf kognitive Prozesse. In der Hoffnung, für jede Störung typische Merkmale der kognitiven Verarbeitung zu finden, wurden unterschiedliche Prozesse wie Gedächtnis, Aufmerksamkeit und Interpretation sowie verschiedene psychische Störungen untersucht. Die Ergebnisse, die derzeit vorliegen, sind viel versprechend, jedoch zugleich unvollständig und teils sehr widersprüchlich.

Dieser Artikel soll einen Einblick geben, mit welchen Methoden zwei kognitive Prozesse, Aufmerksamkeit und Gedächtnis, in der wissenschaftlichen psychologischen Forschung untersucht werden. Zunächst wird die Bedeutung der kognitiven Verzerrungen am Beispiel des kognitiven Modells der Panikstörung dargestellt, anschließend einige allgemeine theoretische Grundlagen sowie ihre experimentelle Überprüfung. Kognitiv-verhaltenstherapeutische Ansatzpunkte werden genannt und diskutiert sowie einige offene Fragen und Probleme einer kognitiven, experimentalpsychologischen Sichtweise der Angst.

4.2 Kognitive Prozesse am Beispiel von Angstanfällen

Eine Wechselwirkung zwischen verzerrten kognitive Prozessen und der Entstehung und Aufrechterhaltung von Angststörungen lässt sich besonders gut am Beispiel von Angstanfällen im Kontext einer Panikstörung verdeutlichen. Das psychophysiologische Modell der Angstanfälle (Margraf & Ehlers 1989) erklärt Angst und Panik durch eine enge Verbindung von Stressoren und äußeren Reizen, körperlichen Veränderungen und Assoziationsprozessen. Stark vereinfacht sind die Prozesse bei der Entstehung eines Angstanfalls in Abbildung 1 dargestellt.

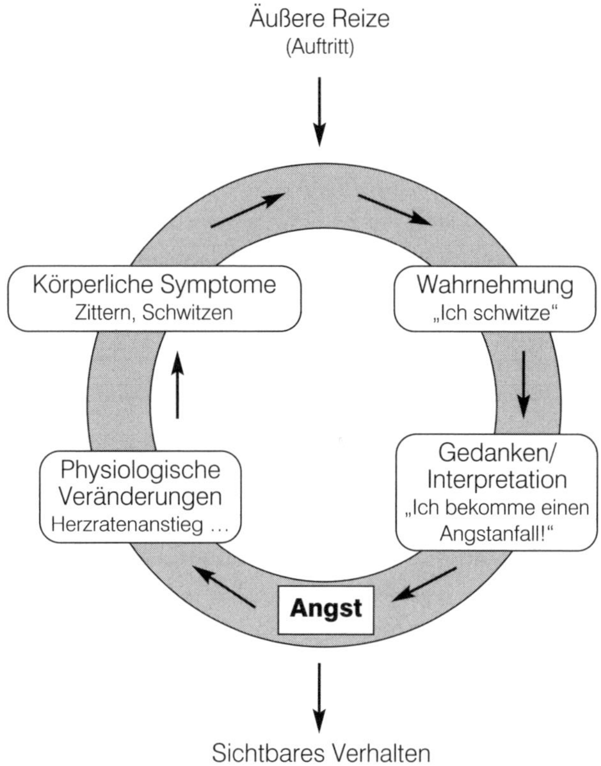

Abbildung 1: Kognitiv-physiologisches Angstmodell (nach Becker & Margraf, 2000)

Ausgangspunkt des Modells sind interne oder externe Reize, die zum Angstanfall führen können. Diese Stressoren rufen körperliche Veränderungen hervor wie verstärktes Herzklopfen, Schwindel oder Schwitzen. Voraussetzung für das Auftreten eines Angstanfalls ist die Wahrnehmung dieser Veränderungen. Hier spielt also die Aufmerksamkeit eine Rolle. So wird davon ausgegangen, dass Patienten zu einer verzerrten Wahrnehmung neigen: Sie nehmen interne Veränderungen besonders gut wahr und weisen damit eine so genannte selektive Aufmerksamkeit auf. Ein zweiter wichtiger kognitiver Prozess ist dann die Bewertung oder Interpretation dieser Reize. Ein Angstanfall entsteht nach dem Modell nur, wenn körperliche Veränderungen erst wahrgenommen und dann mit Gefahr und Angst assoziiert werden. Diese Assoziation steigert selbstverständlich die Angst und führt zu weiteren physiologischen Veränderungen und körperlichen Reaktionen. Diese werden von den Patienten als sehr bedrohlich erlebt, und der Teufelskreis der Angst setzt ein. Der Grundgedanke des psychophysiologischen Modells lautet somit, dass eine Angstattacke durch positive Rückkopplung zwischen körperlichen Symptomen, deren Wahrnehmung und Assoziation mit Gefahr und daraus resultierender Angstreaktion entsteht. Eine Angstreduktion erfolgt je nach Verfügbarkeit durch Bewältigungsstrategien (z.B. Vermeidungsverhalten, Notarzt) oder durch eine automatisch einsetzende negative Rückkopplung (z.B. Habituation, Ermüdung).

Es gibt mittlerweile eine ansehnliche Anzahl empirischer Belege für das psychophysiologische Angstmodell. So konnte in Untersuchungen mit standardisierten Interviews bestätigt werden, dass Angstanfälle häufig mit der Wahrnehmung körperlicher Symptome beginnen (Hibbert 1984; Zucker et al. 1989). Auch konnte gezeigt werden, dass Patienten mit einem Paniksyndrom Körperempfindungen eher mit Gefahr assoziieren als andere Patienten oder normale Kontrollpersonen (Foa 1987). Sehr gut belegt sind mittlerweile auch selektive Aufmerksamkeitseffekte, die zeigen, dass Angstpatienten unwillkürlich ihre Aufmerksamkeit auf Angstreize lenken (z.B. Ehlers et al. 1988; Hope et al. 1990; McNally et al. 1990; Mogg & Bradley 1998).

Somit ist die Bedeutung der Aufmerksamkeit und der Interpretation bei der Entstehung und Aufrechterhaltung der Panikanfälle in diesem Modell gut verdeutlicht. Ein Panikanfall wird durch einen Aufschaukelungsprozess ausgelöst, der durch verzerrte Aufmerksamkeits- und Interpretationsprozesse angetrieben wird. Doch welche Rolle spielt dabei das Gedächtnis? Das Gedächtnis legt die Grundlage für Aufmerksamkeits- und Interpretationsprozesse. Es wird davon ausgegangen, das sogenannte Gefahrenschemata bei Patienten existieren, welche die Aufmerksamkeit lenken und die Bewertung von Situationen und Reizen beeinflussen. Die Bedeutung der Schemata und des Gedächtnisses sollen im Folgenden etwas genauer betrachtet werden.

4.3 Kognitive Modelle und Theorien

Den Ausgangspunkt für die empirische Überprüfung der psychologischen Störungsmodelle bildeten die Schematheorien, allen voran Bowers „Mood and Memory“ Theorie (Bower 1981; 1987). Diese Theorie, die der Kognitionspsychologie entstammt, ist wohl die einflussreichste auf diesem Gebiet und löste eine Vielzahl von experimentellen Studien aus. Es handelt sich um eine Netzwerktheorie der Emotionen, die hier kurz dargestellt werden soll. Assoziative Netzwerke sind Modelle des Langzeitgedächtnisses. Das Gedächtnis wird repräsentiert durch eine Vielzahl von Knoten – auch Einheiten genannt –, die durch Kanten bzw. assoziative Verbindungen verknüpft sind (so dass ein Netz entsteht, daher der Name Netzwerktheorie). Ereignisse werden im Gedächtnis gespeichert, indem neue assoziative Verbindungen zwischen Argumenten, die das Ereignis beschreiben, geknüpft werden. Der Basisprozess des Denkens ist die Aktivation von Propositionen. Eine Proposition ist eine Bedeutungseinheit, die aus mehreren Argumenten besteht (z.B. „Mein Herz klopft stark."). Somit sind die Propositionen bewusst, die über eine bestimmte Schwelle hinaus aktiviert worden sind. Die Aktivation fließt über die assoziativen Verbindungen von einer Proposition zur anderen.

In Bowers Modell sind die Emotionen, jede für sich, als Einheiten repräsentiert, welche die vielen Aspekte dieser Emotion beinhalten und Verbindungen zu anderen Ereignissen oder Emotionen aufweisen. Wichtige assoziative Verbindungen bestehen zu typischen autonomen Reaktionen, zum Ausdrucksverhalten oder auch zu typischen auslösenden Situationen (z.B. Kaufhäuser bei Agoraphobikern). Hinzu kommen die verbalen Ausdrücke, mit denen die Emotion typischerweise beschrieben wird (z.B. ängstlich, furchtsam). Manche dieser Verbindungen sind angeboren, andere werden gelernt und gemäß den individuellen Erfahrungen elaboriert. Zusätzlich ist jede Emotionseinheit verbunden mit Propositionen, die Ereignisse aus dem Leben beschreiben, die mit der Emotion verbunden waren. So wäre beispielsweise die Erinnerung an „ein bestimmtes Kaufhaus" mit der Emotion „Angst" verbunden. Die Emotionsknoten können durch eine Vielfalt von Reizen aktiviert werden; es können physiologische Empfindungen, Gerüche oder auch verbales Material sein. Wird ein Emotionsknoten über eine gewisse Schwelle hinaus aktiviert, werden die Knoten aktiviert, die für die autonome Erregung und das Ausdrucksverhalten zuständig sind.

Die Netzwerktheorie erlaubt eine Reihe wichtiger Vorhersagen auf verschiedenen Gebieten der Informationsverarbeitung. Diese betreffen sowohl Aufmerksamkeitsprozesse als auch das Gedächtnis. Zum einen sollte neutrales Material, das in einer bestimmten Stimmung gelernt wird und in derselben Stimmung erinnert wird, besser reproduziert werden als solches, bei dem die Lern- und Erinnerungsstimmung nicht übereinstimmen. Bower (1981) nennt diesen Effekt „state-dependent memory". Zum anderen sollte emotional getöntes Material, das zur Stimmung kongruent ist, besser gelernt und auch besser erinnert werden (mood-congruent learning und mood-congruent retrieval). Auch sollte es zu selektiven Aufmerksamkeitsprozessen gemäß der bestehenden Stimmung kommen. Auf Material, das der Stimmung entspricht, sollte mehr Aufmerksamkeit gerichtet werden. Ähnlich sollte die Stimmung dazu führen, dass stimmungskongruente Reize (Reize, die mit der Stimmung übereinstimmen) besonders leicht ins Auge fallen, was Bower als „perceptual pop out" bezeichnet. Auch sollte die Wahrnehmungsschwelle für stimmungskongruente Reize herabgesetzt sein.

Bower erweiterte das Basismodell im Laufe der Zeit. So wurde in das Modell aufgenommen, dass Emotionen in verschiedenen Intensitäten auftreten können (Gilligan & Bower 1984). Auch wurde unterschieden zwischen Emotionsworten (das Wort „Angst"), Emotionskonzepten (die Bedeutung des Begriffs „Angst") und den Emotionen selbst (Verhalten, physiologische Reaktionen und subjektives Empfinden) (Bower & Cohen 1982). Des Weiteren wurde modelliert, wie Emotionen in komplexen oder mehrdeutigen Situationen entstehen, und wie sich verschiedene Emotionen mischen, gegenseitig steigern oder abschwächen (Bower & Cohen 1982). Bowers Theorie löste ein Welle von Studien zu ihrer

Überprüfung aus, durch die sie nicht immer bestätigt werden konnte. Bower (1987) gibt selbst einen kritischen Überblick über die Ergebnisse der verschiedenen Studien.

Aus dem Bereich der Klinischen Psychologie waren vor allem die Theorien zur Depression und Angst von Beck (Beck 1976; Beck et al. 1985) richtungweisend. Es müssen nach Beck drei unterschiedliche Ebenen der kognitiven Verarbeitung unterschieden werden: automatische Gedanken, Schemata und Überzeugungen. Automatische Gedanken sind leicht zugänglich, laufen sozusagen auf der Oberfläche ab; sie sind der Kommentar zu unseren Handlungen und Reaktionen auf die Umwelt. Schemata sind übergreifende Organisationen von Wissen. Sie sind nicht so leicht bewusst zu machen und können auch Informationen über das Selbst und die Beziehung zur Welt beinhalten. Sie ermöglichen im Allgemeinen eine schnellere und effektivere Informationsverarbeitung. Den Schemata übergeordnet sind die Werte und Regeln, nach denen gelebt wird.

Nach Beck haben Angstpatienten während ihrer Lerngeschichte allgemeine, dysfunktionale Schemata entwickelt, wie z.B. die Überzeugung: „Plötzliches Herzrasen ist ein Zeichen einer Herzschwäche." Diese Schemata können unter optimalen Bedingungen inaktiv sein und somit den Betroffenen nicht beeinflussen. Kommt es jedoch zu belastenden oder besonderen Lebenssituationen, werden diese Schemata wieder aktiviert. Die automatischen Gedanken, beispielsweise: „Ich werde am Herzinfarkt sterben.", beeinflussen die Stimmung, und es kann zu einem Angstanfall kommen. Es wird davon ausgegangen, dass nicht die Ereignisse an sich die Betroffenen ängstigen, sondern die subjektive Wahrnehmung und die Interpretation dieser Ereignisse. Beck (Beck & Emery 1985) sieht als zentrales Thema von Angstpatienten die Wahrnehmung von Bedrohung, sei es körperlicher oder psychosozialer Art. Patienten überschätzen systematisch die Gefahren, die in der Umwelt auf sie lauern, d.h. sie haben ein ausgeprägtes und leicht zu aktivierendes Gefahrenschema. Wird dieses Schema aktiviert, läuft ein Programm ab, das helfen soll, den Gefahren angemessen zu begegnen: Die autonome Erregung steigt als Vorbereitung auf Kampf oder Flucht, gerade ablaufende Prozesse oder Verhaltensweisen werden inhibiert, die Wahrnehmung wird selektiv auf den Gefahrenreiz gerichtet. In einer lebensbedrohlichen Umgebung ist dieses Angstprogramm angemessen, jedoch nicht in den meisten alltäglichen Situationen, vor denen sich Angstpatienten fürchten.

Der große Vorteil der Theorien von Bower und Beck liegt in der Eindeutigkeit ihrer Vorhersagen und damit in ihrer empirischen Überprüfbarkeit. Jedoch ist diesen Theorien gemeinsam, dass ihre Vorhersagen nur teilweise bestätigt werden konnten (vgl. auch Ehlers & Lüer 1996). Um den empirischen Ergebnissen gerecht zu werden, entstanden deutlich komplexere Modelle, darunter das ICS-Modell (Interacting Cognitive Subsystems, Teasdale & Barnard 1993) und das MEM-Modell (Multiple-Entry Modular memory system, Johnson & Hirst 1993; Johnson & Multhaup 1992). Diese Ansätze haben jedoch den Nachteil, dass sich ihre empirische Überprüfung äußerst schwierig gestaltet, da es sich um komplexe Modelle mit variablen Modulen und sehr flexiblen Vorhersagen handelt.

Einen interessanten Kompromiss stellt die Theorie von Williams et al. (1988; 1997) dar, die hier etwas ausführlicher dargestellt werden soll. Sie ist stark an der Empirie orientiert, versucht die verschiedenen Ansätze der Schematheorien und der neueren Theorien zu integrieren und erlaubt überprüfbare Vorhersagen. Die Theorie von Williams et al. beschränkt sich auf die Störungen im Bereich Angst und Depression und stellt diese beiden Störungsgruppen in Bezug auf kognitive Prozesse erstmals in einen gemeinsamen Kontext. Williams et al. (1988) sichteten die damals zur Verfügung stehende Literatur und fanden, dass nicht – wie zuvor angenommen – alle Störungen zu vergleichbaren kognitiven Verzerrungen führten. Vielmehr traten Aufmerksamkeitsverzerrungen vornehmlich bei Angstpatienten und Gedächtnisverzerrungen bei Depressiven auf, d.h. Angstpatienten richteten ihre Aufmerksamkeit auf bedrohliches Material und Depressive erinnerten mehr Material, das zu ihrer Stimmung passte. Umgekehrt fanden sich aber zunächst keine Gedächtnisverzerrungen bei Angstpatienten und keine Aufmerksamkeitsverzerrungen bei Depressiven.

Nach Williams et al. (1988; 1997) müssen zur Erklärung dieses Ergebnismusters verschiedene kognitive Prozesse differenziert werden, und zwar abhängig davon, ob es sich um automatische oder strategische Aspekte der Informationsverarbeitung handelt. Automatische Prozesse wie die Voraktivierung („Priming“) können die Aufmerksamkeitsverzerrungen erklären, strategische Prozesse wie die Elaboration hingegen die Gedächtnisverzerrungen. Wichtig ist, dass die Klassen von Prozessen unabhängig voneinander sind, da sie zwei unterschiedliche Aspekte der Informationsverarbeitung betreffen. Beide Prozesse, das „priming“ und die Elaboration, sind aber sensitiv gegenüber Emotionen. Dies bedeutet auch, dass es bei einer vorbewussten (präattentiven) Stufe der Informationsverarbeitung einen Entscheidungsmechanismus gibt, der die emotionale Valenz eines Stimulus bestimmen kann. Diese Beurteilung beeinflusst, auf welche Art und Weise der Stimulus weiterverarbeitet wird. Bei gesunden Personen wird die Aufmerksamkeit von leicht bedrohlichen Stimuli abgewandt, bei Angstpatienten wird sie hingegen zugewandt. Diese Veränderung der Aufmerksamkeit bei Angstpatienten führt laut Williams et al. zum „priming“: Hochängstliche Personen haben die Tendenz, bei der vorbewussten Stufe der Informationsverarbeitung ihre Aufmerksamkeit bedrohlichen Reizen zuzuwenden. Anders bei der nachfolgenden Elaboration; hier tendieren sie dazu, ihre Ressourcen von bedrohlichem Material abzuziehen. Es kann somit sein, dass Angstpatienten die Elaboration vermeiden und daher bedrohliches oder auch generell unangenehmes Material später nicht gut reproduzieren können.

Bei den herkömmlichen Gedächtnistests werden strategische Prozesse gemessen, also der Grad der Elaboration. Diese Gedächtnistests nennt man explizite Gedächtnistests. Die Aktivation im Gedächtnis hat aber auch automatische Aspekte, die mit Hilfe von impliziten Gedächtnistests überprüft werden. Erfasst werden können diese impliziten Aspekte durch Tests, die Teile von gesehenem oder gelerntem Material darbieten (z.B. nur die Wortanfänge) und dann testen, wie viele Teile zu den zuvor gesehenen Wörtern vervollständigt werden, d.h. voraktiviert, „primed“ sind. Ob Angstpatienten in Experimenten zum expliziten und impliziten Gedächtnis eine selektive Informationsverarbeitung zeigen, soll im nächsten Abschnitt besprochen werden. Auf die Arten der Gedächtnistests wird ebenfalls genauer eingegangen.

Die Theorie von Williams et al. (1988; 1997) bietet einen integrativen Ansatz, der kognitive Prozesse bei Angst und Depression in einem Modell erklären soll. Leider bleiben aber noch viele Fragen unbeantwortet. So zeigen in einer Vielzahl von Studien Angstpatienten nicht immer das von Williams et al. vorhergesagte Bild verzerrter kognitiver Prozesse. Ein Grund hierfür könnte sein, das es schwierig ist, zusammenfassend von *den* Angststörungen zu sprechen. Wie die später dargestellten Studien zeigen, scheint es sehr wichtig zu sein, zwischen verschiedenen Störungen zu unterscheiden. Im Folgenden soll nun ein zusammenfassender Überblick über den derzeitigen Forschungsstand bezüglich kognitiver Prozesse bei Angststörungen gegeben werden. Berücksichtigt werden dabei Aufmerksamkeits- und Gedächtnisprozesse. Aus Platzgründen werden wir dabei sehr selektiv vorgehen müssen; ein vollständigeres Verzeichnis der einschlägigen Studien findet man bei Becker & Rinck (2000).

4.4 Aufmerksamkeitsprozesse bei Angstpatienten

Selektive Aufmerksamkeitsprozesse sind von besonderer Bedeutung, da sie einen wichtigen Vulnerabilitätsfaktor für die Angst darstellen könnten. Eine Aufmerksamkeitsverzerrung (engl. „bias") wird als eine Änderung der Richtung des Aufmerksamkeitsfokusses verstanden, wobei sich eine Person nur eines bestimmten Aspektes der Reizumgebung bewusst wird (Williams et al. 1988). Bei Angstpatienten (z.B. Spinnenphobikern) würde potentiell bedrohlichem Material, das zum Störungsbild gehört (z.B. Bilder von Spinnen), besondere Aufmerksamkeit zugewandt. Diese Verzerrung sollte sich auf zwei Arten auswirken. So sollte angstbezogenes Material zum einen schneller entdeckt werden – der so genannte „pop out"-Effekt. Zum anderen sollte dieses Material von einer anderen Tätigkeit stärker ablenken.

Ob angstbezogenes Material schneller entdeckt wird, wurde zumeist über die visuelle und auditive Schwellenerniedrigung gemessen. Dabei werden den Versuchspersonen angstrelevante, neutrale und positive Reize schwellennah dargeboten. So könnten beispielsweise bei Hundephobikern Bilder von Hunden visuell oder Hundelaute akustisch dargeboten werden. Zuerst ermittelt man die Darbietungszeit, die der Wahrnehmungsschwelle für neutrale Inhalte entspricht. Geprüft wird nun, ob Phobiker im Vergleich zu gesunden Kontrollpersonen angstrelevante Reize auch unterhalb der Wahrnehmungsschwelle neutraler Reize erkennen, also eine erniedrigte Wahrnehmungsschwelle für phobisches Material aufweisen. Bei auditiven Reizen konnte auch vereinzelt festgestellt werden, dass die Wahrnehmungsschwelle erniedrigt war (Mathews & MacLeod 1987), anders jedoch bei visuellen Reizen (Mathews 1988). Es stellte sich nach einer Reihe von Studien heraus, dass eine verbesserte Wahrnehmung nur gemessen werden konnte, wenn die Versuchspersonen zwischen Reizen wählen mussten (z.B. Asmundson et al. 1992). Doch auch hier sind die Ergebnisse nicht einheitlich. Eine der wenigen Untersuchungen, in der sowohl eine beschleunigte Wahrnehmung als auch eine größere Ablenkbarkeit beobachtet wurden, stammt von Byrne und Eysenck (1995). Sie ließen ihre hoch- vs. niedrigängstlichen Versuchspersonen ein fröhliches oder ärgerliches Gesicht in einer Gruppe von zwölf fotografierten Gesichtern suchen. Die elf restlichen Gesichter (die sogenannten Distraktoren) konnten ebenfalls fröhlich oder ärgerlich sein. Byrne und Eysenck fanden heraus, dass die hochängstlichen Personen bedrohliche Reize, d.h. ärgerliche Gesichter, schneller fanden als die niedrigängstlichen Personen, und dass sie von ihnen stärker abgelenkt wurden. Zusammenfassend muss man aber sagen, dass überzeugende Belege für eine verbesserte, schnellere Wahrnehmung angstbezogenen Materials bei Angstpatienten bislang sehr rar sind. Dies steht im Widerspruch zu der Tatsache, dass dieser „pop out"-Effekt von allen einschlägigen Theorien (Beck 1976; Beck et al. 1985; Bower 1981; Eysenck 1992) und ätiologischen Modellen (Barlow 1988; Margraf & Ehlers 1989) postuliert wird.

Auf der anderen Seite scheint recht gut belegt zu sein, dass sich Patienten mit Angststörungen durch angstrelevantes Material von einer anderen Aufgabe leichter ablenken lassen. Diese Ablenkung wird im Allgemeinen über die Behinderung der anderen Aufgabe gemessen. Typische Paradigmen sind das dichotische Hören und der modifizierte Stroop-Test. Beim dichotischen Hören hat die Versuchsperson die Aufgabe, dem Inhalt zu folgen, der via Kopfhörer auf ein Ohr gesendet wird. Dem anderen Ohr werden z.B. Ablenkwörter dargeboten, die sich wieder hinsichtlich der Emotionalität unterscheiden. Meist verwendet man auch hier angstrelevante Wörter sowie neutrale und positive Vergleichswörter. Dabei sollten sich Phobiker durch angstrelevante Wörter vom eigentlichen Inhalt stärker ablenken lassen als durch Kontrollwörter. Kontrollpersonen sollten diese selektive Ablenkung nicht zeigen.

Auch der modifizierte Stroop-Test funktioniert nach einem ähnlichem Prinzip. Den Versuchspersonen wird eine Liste von Wörtern vorgelegt, wobei die Wörter jeweils in einer unterschiedlichen Farbe gedruckt sind. Aufgabe der Probanden ist, nicht die Wörter laut zu lesen, sondern die Farbe der Wörter zu benennen. Da aber Lesen ein hoch automatisierter Prozess ist, nehmen die Versuchspersonen unwillkürlich auch den Inhalt der Wörter wahr. Dieser Wortinhalt wird nun variiert. Man überprüft, ob Angstpatienten die Farben in Listen mit angstrelevanten Wörtern langsamer benennen, also selektiv abgelenkt werden. Die meisten Untersuchungen fanden heraus, dass die Angstpatienten durch Wörter, die entweder emotional bedrohlich waren oder spezifisch für ihre Ängste waren, stärker abgelenkt wurden als durch neutrale Wörter (Überblick in Becker & Rinck 2000). Allerdings ist der modifizierte Stroop-Test mit einigen methodischen Problemen behaftet, die die Sicherheit der Interpretation der Ergebnisse einschränken (Eysenck 1992; Wells & Matthews 1994).

Eine weitere Methode, selektive Aufmerksamkeitseffekte zu untersuchen, sind modifizierte visuelle Suchaufgaben. Der Vorteil solcher Versuchsanordnungen besteht darin, dass man sowohl Ablenkungs- als auch „pop-out"-Effekte in einem Experiment untersuchen kann. In einem Experiment von Rinck et al. (2002) wurden mit Hilfe visueller Suchaufgaben Ablenkungs- und „pop-out"-Effekte bei Patienten mit dem Generalisierten Angstsyndrom (GAS) untersucht. Die visuelle Suchaufgabe bestand aus einem Suchwort, das in einer Suchmatrix bestehend aus 24 Wörtern enthalten sein konnte (siehe Abbildung 2).

KRANKHEIT	VERLETZUNG	SCHULDEN
TOD	HERZKLOPFEN	ARBEITSLOS
VERLASSEN	SCHULDEN	SOMMER
ARBEITSLOS	VERSAGEN	TOD
KRANKHEIT	VERLETZUNG	SCHULDEN
TOD	HERZKLOPFEN	ARBEITSLOS
VERLASSEN	SCHULDEN	SOMMER
ARBEITSLOS	VERSAGEN	TOD

Abbildung 2: Suchmatrix mit GAS-relevanten Ablenkwörtern (Suchwort „Sommer")

Die Versuchspersonen bekamen zuerst ein Suchwort am Computer dargeboten, z.B. „Sommer". Danach erschien die Matrix und der Proband sollte angeben, ob das vorher gezeigte Suchwort in der Matrix vorhanden ist oder nicht. Die Zeit bis zur Entscheidung (ja/nein) wurde gemessen. Suchwort und Matrixwörter wurden so gewählt, dass Ablenkungs- und „pop-out"-Effekte unabhängig voneinander untersuchbar waren. Einen Ablenkungseffekt konnte man messen, indem Patienten mit Generalisiertem Angstsyndrom in einer Matrix bestehend aus GAS-relevanten Wörtern ein neutrales oder positives Wort finden mussten (entsprechend Abbildung 2). Benötigen die ängstlichen Versuchspersonen signifikant mehr Zeit als die gesunden Kontrollpersonen, ist das ein Hinweis darauf, dass sie sich von angstrelevanten Wörtern ablenken lassen und Informationen selektiv nach ihrer emotionalen Valenz verarbeitet werden. Finden Angstpatienten jedoch ein für sie relevantes Suchwort in einer neutralen Matrix schneller als neutrale Suchwörter und unterscheiden sie sich dabei auch von den Kontrollpersonen, spricht das für eine verbesserte Wahrnehmung, einen „pop-out"-Effekt. Die Ergebnisse der Untersuchung von Rinck et al. (2002) zeigten, dass Patienten mit Generalisiertem Angstsyndrom von GAS-relevanten Wörtern in der Matrix besonders stark abgelenkt wurden. Bei neutralen oder positiven Matrizen unterschieden sich die GAS-Patienten jedoch nicht von den gesunden Kontrollpersonen.

Im Gegensatz zu diesem spezifischen Ablenkungseffekt konnte jedoch nicht gezeigt werden, dass Angstpatienten GAS-relevante Wörter schneller und besser erkennen als neutrale oder positive Wörter oder dass sie sich von den Kontrollpersonen unterscheiden. Somit kann man zusammenfassen, dass es bei Angstpatienten tatsächlich zu selektiven Aufmerksamkeitseffekten kommt, jedoch vor allem insofern, als bedrohliche Reize diese Patienten verstärkt ablenken. Nur selten konnte eine schnellere Wahrnehmung bedrohlicher Reize festgestellt werden.

4.5 Gedächtnisprozesse bei Angstpatienten

Das selektive Gedächtnis bei Angstpatienten, d.h. das verbesserte Erinnern von störungsrelevanten Reizen, scheint ebenfalls von besonderer Bedeutung zu sein, spiegelt es doch ein aktives Gefahrenschema wider. Dagegen wird nach der oben erwähnten Theorie von Williams et al. (1988; 1997) angenommen, dass Angstpatienten ein solches selektives Gedächtnis nur in impliziten Gedächtnistests zeigen sollten, nicht aber in expliziten Tests. Wie unterscheiden sich explizite von impliziten Tests?

Um Gedächtniseffekte messen zu können, ist natürlich eine Vorerfahrung nötig: Was erinnert werden soll, muss vorher „erfahren" oder „gelernt" worden sein. In den meisten Experimenten geschieht dies durch eine Lernaufgabe am Anfang des Experiments. Dabei kann die Versuchsperson aufgefordert werden, beispielsweise eine Liste von Wörtern zu lernen. Man könnte der Versuchsperson aber auch eine Aufgabe geben, bei der sie beiläufig („inzidentell") Wörter lernt oder aktiviert. So kann der Proband die Aufgabe haben, sich Szenen zu den dargebotenen Wörtern vorzustellen oder die Wörter hinsichtlich der Bedeutsamkeit oder Geläufigkeit einzuschätzen. Dabei werden nachfolgende Tests nicht erwähnt, nur durch Bearbeiten bestimmter Aufgaben wird das eigentliche Versuchsmaterial „aktiviert". Diesen Prozess nennt man wie oben erwähnt auch „priming". Bei expliziten Tests wie der freien Reproduktion oder dem Wiedererkennen bittet man die Versuchspersonen explizit, sich an diese vorangegangene Lernerfahrung zu erinnern.

Im Gegensatz dazu erfordern implizite Tests kein bewusstes Erinnern an ein vorangegangenes Ereignis oder an gelerntes Material. Der Test besteht vielmehr darin, eine scheinbar zusammenhangslose Aufgabe zu lösen, in der aber versteckt Inhalte der Lernaufgabe bearbeitet werden. In der Regel wird sogar so gut wie möglich verheimlicht, dass die Testaufgabe mit der Vorerfahrung in Verbindung stehen könnte. Typische implizite Tests sind z.B. Wortstammverlängerungen oder lexikalische Entscheidungs- oder Anagrammaufgaben. Bei Wortstammverlängerungen werden den Versuchspersonen Wortstämme dargeboten, die sie so schnell wie möglich zu kompletten Wörtern vervollständigen sollen. Voraktivierte (d.h. vorher gesehene) Wörter können dabei schneller komplettiert werden. So würde die Darbietung des Wortes „SCHWITZEN" in der Lernphase bewirken, dass bei einer späteren Wortstammverlängerung „SCHWIT _ _ _" schneller und häufiger zu dem voraktivierten Wort „SCHWITZEN" vervollständigt wird. Muss ein nicht voraktiviertes Wort vervollständigt werden (z.B. SCHWEI _ _ _"), so verlängert sich die Reaktionszeit. Dieser Unterschied zwischen voraktivierten Wörtern und neuen Wörtern gründet sich auf implizite Gedächtniseffekte.

Laut Williams et al. (1988; 1997) beruhen explizite Gedächtniseffekte auf Elaboration und sollten deshalb von Angstpatienten nicht gezeigt werden. Implizite Gedächtniseffekte beruhen dagegen auf automatischen Prozessen. Diese sind bei Angstpatienten verzerrt, somit sollten sie implizite Effekte zeigen. Aber stimmen diese Vorhersagen? In einem Experiment von Becker et al. (2001) wurde dazu das implizite und explizite Gedächtnis bei Sozialphobikern untersucht. Das Experiment begann mit einer inzidentellen Lernphase, in der sich die Probanden Wörter bildhaft vorstellen mussten und die Vorstellbarkeit der Wörter bewerten sollten. Dabei wurden sozialphobierelevante, neutrale und positive Wörter verwendet. Im weiteren Verlauf wurden explizite und implizite Gedächtnistests eingesetzt. Beim expliziten Test mussten die Versuchspersonen angeben, an welche Wörter der Vorstellungsphase sie sich noch erinnerten (eine so genannte freie Reproduktion). Hier konnte gezeigt werden, dass Sozialphobiker häufiger sozialphobierelevante Inhalte reproduzierten als Kontrollpersonen, während sich die Erinnerungsleistungen bei neutralen und positiven Wörtern nicht unterschieden. Dies spricht für eine selektive Informationsverarbeitung beim expliziten Gedächtnistest.

Als impliziter Gedächtnistest wurden Anagrammaufgaben verwendet. In einer Anagrammaufgabe wird der Versuchsperson eine lose Folge von Buchstaben dargeboten (z.B. „SWCHITZNE"). Nun soll das korrekte Wort so schnell wie möglich genannt werden, indem die Buchstaben in die richtige Reihenfolge gebracht werden (in diesem Fall „SCHWITZEN"). Bei Rinck et al. (2001) waren die Anagramme eindeutig und hatten nur ein Lösungswort. Es zeigt sich, dass Anagramme von Wörtern aus der Lernphase generell schneller gelöst wurden als neue Anagramme. Unterschiede gab es aber auch hier hinsichtlich des Worttyps. So lösten die Sozialphobiker störungsrelevante Anagramme signifikant schneller als Kontrollpersonen. Bei neutralen und positiven Anagrammen gab es hingegen keine Unterschiede zwischen den Phobikern und den Kontrollpersonen. Diese Ergebnisse bei Sozialphobikern deuten somit auf selektive Gedächtniseffekte im expliziten wie im impliziten Bereich hin.

Ein selektiver Gedächtniseffekt bei Angstpatienten trat auch in erstaunlich vielen anderen Studien in expliziten Tests auf (z.B. Becker et al. 1994; 1999). Bei genauerer Betrachtung zeigt sich, dass man zwischen den Angststörungen unterscheiden muss. So konnten bei einigen Angststörungen mit der freien Reproduktion sehr reliable selektive Gedächtniseffekte gefunden werden, z.B. bei der Panikstörung und der Posttraumatischen Belastungsstörung. Bei anderen Störungen wurden jedoch keine Effekte gefunden, z.B. bei der Generalisierten Angststörung. Bei einigen anderen Störungsbildern ist das Ergebnis bisher uneindeutig, beispielsweise bei den Spezifischen Phobien und der von Becker et al. (2001)

untersuchten Sozialphobie. Bei impliziten Gedächtnistests sind die Ergebnisse eindeutiger, zeigten doch Studien häufiger selektive Gedächtniseffekte. Was könnten die Ursachen für diese unterschiedlichen Ergebnisse sein? In der bisherigen Forschung sprach man meist zusammenfassend von *den* Angststörungen und ihren kognitiven Verzerrungen. Doch scheint es dringend notwendig, mehr als bisher zwischen den einzelnen Störungen zu unterscheiden.

4.6 Zusammenfassung und Ausblick

Die Ergebnisse bezüglich der Aufmerksamkeit bieten ein relativ uneinheitliches Bild, welches die derzeitigen Theorien nicht (Bower 1981) oder zum großen Teil so nicht (Williams et al. 1988; 1997) vorhersagen würden. Dabei wurde die eventuell wichtige Unterscheidung zwischen Ablenkung und schnellerer Wahrnehmung nicht getroffen. So zeigen die empirischen Studien bei Angstpatienten überwiegend eine Ablenkung durch bedrohliche Reize, aber nur selten eine schnellere Wahrnehmung dieser Reize. Dies steht sowohl im Widerspruch zu den genannten Theorien als auch zu ätiologischen Modellen (Eysenck 1992; Barlow 1988). Diese gehen davon aus, dass Angstpatienten hypervigilant sind, d.h. den Aufmerksamkeitsfokus erweitern und ihre Umgebung ständig absuchen, um Gefahrenreize schneller wahrzunehmen. Die empirischen Ergebnisse weisen jedoch darauf hin, dass Angstpatienten Gefahrenreize nicht schneller wahrnehmen, sondern sich von solchen Reizen stärker ablenken lassen, d.h. mit ihrem Aufmerksamkeitsfokus länger bei Gefahrenreizen verweilen.

Bezogen auf das Gedächtnis sind die Ergebnisse der existierenden Studien besonders uneinheitlich. Mittels expliziter Gedächtnistests konnten bei Angstpatienten tatsächlich häufig keine Gedächtnisverzerrungen gefunden werden (z.B. Bradley et al. 1995; MacLeod & McLaughlin 1995; Mathews et al. 1989), wie dies von Williams et al. vorhergesagt wird. Allerdings fanden sich auch erstaunlich oft Gedächtnisverzerrungen bei Angstpatienten, wenn ein expliziter Test verwendet wurde (Becker et al. 1994; Cloitre & Liebowitz 1991; McNally et al. 1989; Mogg & Mathews 1990).

Ähnlich sieht das Bild bei impliziten Gedächtnistests aus: Tatsächlich ergaben einige Studien Gedächtnisverzerrungen in impliziten, jedoch nicht in expliziten Tests (MacLeod & McLaughlin 1995; Mathews et al. 1989; Richards & French 1991). Andere Studien fanden Gedächtnisverzerrungen jedoch in beiden Arten von Gedächtnistests (Cloitre et al. 1994). Zum einen könnten methodische Mängel für dieses recht komplexe Ergebnismuster und die teilweise widersprüchlichen Ergebnisse verantwortlich sein. So sind die untersuchten Stichproben häufig sehr klein, so dass die Teststärke oft nicht ausreichend ist. Sehr stark vernachlässigt wurde auch die Bedeutung der Materialauswahl, die einen großen Einfluss auf die Ergebnisse haben kann. Dies zeigt sich besonders deutlich an der Emotionalitätshypothese, die besagt, dass allen emotionalen Wörtern vermehrte Aufmerksamkeit zugewandt wird. Es scheint aber auch Unterschiede hinsichtlich der Relevanz des Materials für die verschiedenen Störungen zu geben. Ein großes Problem stellt auch die Vielzahl unterschiedlicher Paradigmen und experimenteller Bedingungen dar, die eine Vergleichbarkeit der Ergebnisse stark erschweren.

Zudem gibt es eine Reihe wichtiger inhaltlicher Gesichtspunkte, die bislang vernachlässigt wurden, die aber ein Licht auf die Ergebnisse werfen könnten. So sind Angst und Depression zwei Emotionen, die selten 'rein' vorkommen, häufig mischen sie sich. So muss immer mit einer gewissen Überlappung gerechnet werden; dies stellt besondere Ansprüche an die Auswahl des Materials und an die Erfassung von Angst und Depression. Ebenso sind „State"- und „Trait"-Effekte sehr schwer voneinander zu trennen, beispielsweise die überdauernden Effekte der Angstschemata von der momentanen Angst in der experimentellen Situation.

Auch scheint bisher zu wenig zwischen den verschiedenen Angststörungen unterschieden worden zu sein – hier müssen noch differenziertere Vorhersagen getroffen werden. Trotz viel versprechender neuer Ansätze bleiben auf diesem Gebiet relativ viele Widersprüche. Bevor man versucht, diese theoretisch zu klären, sollte zunächst bestimmt werden, inwieweit nicht methodische Mängel zu diesen Ergebnissen geführt haben.

Mehr Aufmerksamkeit verdient auch der Transfer der experimentellen Ergebnisse in den Anwendungsbereich der Klinischen Psychologie. Wie am Beispiel des eingangs erläuterten psychophysiologischen Angstmodells deutlich wird, ist das Wissen über die Art und Weise der Verarbeitungsprozesse bei Angstpatienten gerade für Erklärungsmodelle der Entstehung und Aufrechterhaltung von Angststörungen bedeutsam. Diese kognitiven Modelle bieten für Klienten und Therapeuten ein überschaubares Arbeitsmodell und bilden Ansatzpunkte einer kognitiv-verhaltenstherapeutisch orientierten Therapie. Allerdings finden die in der experimentellen Klinischen Psychologie gefundenen Ergebnisse bislang noch keinen großen Eingang bei der praktischen Umsetzung der kognitiven Therapie. Sie haben aber eine potentiell große Bedeutung, vor allem für die Erklärung der Störung und die Symptome der Problematik. Patienten haben oft ein großes – und berechtigtes – Bedürfnis, die 'Ursachen' ihres Problems zu verstehen. Warum scheinen sie von bedrohlichen Dingen umgeben zu sein? Warum sehen sie die Welt als gefährlich? Es kann für Patienten sehr befriedigend sein, die kognitiven Prozesse nachvollziehen zu können. Ihre Automatik zu verstehen kann ebenso entlastend sein wie die Information, dass viele dieser kognitiven Verzerrungen nach einer erfolgreichen Therapie nicht mehr auftreten.

Kognitive Prozesse spielen zwar eine wichtige Rolle bei der Aufrechterhaltung der Angststörungen: Ihr Zusammenspiel ist aber noch nicht ausreichend geklärt; für eine weitere Klärung bedarf es noch einiger wissenschaftlicher Anstrengung. Es ist zu wünschen, dass die dabei gewonnenen Erkenntnisse in der Zukunft besser in die therapeutische Praxis integriert werden können.

Literatur

Asmundson, G.J., Sandler, L.S., Wilson, K.G., & Walker, J.R. (1992). Selective attention toward physical threat in patients with panic disorder. *Journal of Anxiety Disorders, 6,* 295–303.

Barlow, D.H. (1988). *Anxiety and its disorders: The nature and treatment of anxiety and panic.* New York: Guilford.

Beck, A.T. (1963). Thinking and depression: Idiosyncratic content and cognitive distortions. *Archives of General Psychiatry, 10,* 561–571.

Beck, A.T. (1976). *Cognitive therapy and the emotional disorders.* New York: International Universities Press.

Beck, A.T. & Emery, G. (1985). *Anxiety disorders and phobias: A cognitive perspective.* New York: Basic Books.

Beck, A.T., Emery, G. & Greenberg, R.L. (1985). *Anxiety disorders and phobias.* New York: Basic Books.

Becker, E.S., John, R. & Rinck, M. (2001). *Implicit and explicit memory in anxiety disorders.* Poster presented at the World Congress of Cognitive and Behavior Therapy, July, 2001, Vancouver, Canada.

Becker, E.S. & Margraf, J. (2000). Wenn Angst zum Hindernis wird: Vom Lampenfieber zur Sozialphobie. *Der Hausarzt, 37,* 50–52.

Becker, E.S. & Rinck, M. (2000). Aufmerksamkeit und Gedächtnis bei Angst und Depression. *Psychologische Rundschau, 51,* 67–74.

Becker, E.S., Rinck, M. & Margraf, J. (1994). Memory bias in panic disorder. *Journal of Abnormal Psychology, 103,* 396–399.

Becker, E. ., Roth, W.T., Andrich, M. & Margraf, J. (1999). Explicit memory in anxiety disorders. *Journal of Abnormal Psychology, 108,* 153–163.

Bower, G.H. (1981). Mood and memory. *American Psychologist, 36,* 129–148.

Bower, G.H. (1987). Commentary on mood and memory. *Behaviour Research and Therapy, 25,* 443–455.

Bower, G.H. & Cohen, P.R. (1982). Emotional influences in memory and thinking: Data and theory. In M.S. Clark & S. T. Fiske (Eds.), *Affect and cognition* (pp. 291–331). Hillsdale, N.J: Erlbaum.

Bradley, B.P., Mogg, K. & Williams, R. (1995). Implicit and explicit memory for emotion-congruent information in clinical depression and anxiety. *Behaviour Research and Therapy,* 33, 755–770.

Byrne, A. & Eysenck, M.W. (1995). Trait anxiety, anxious mood, and threat detection. *Cognition and Emotion, 9,* 549–562.

Cloitre, M. & Liebowitz, M.R. (1991). Memory bias in panic disorder: An investigation of the cognitive avoidance hypothesis. Cognitive Therapy and Research, 15, 371–386.

Cloitre, M., Shear, M.K., Cancienne, J. & Zeitlin, S.B. (1994). Implicit and explicit memory for catastrophic associations to bodily sensation words in panic. *Cognitive Therapy & Research,* 18, 225–240.

Dember, W. (1974). „Motivation and the cognitive revolution." *American Psychologist, 29,* 161–168.

Ehlers, A. & Lüer, G. (1996). Pathologische Prozesse der Informationsverarbeitung. In A. Ehlers & K. Hahlweg (Hg.), *Psychologische und biologische Grundlagen der Klinischen Psychologie.* Enzyklopädie der Psychologie (S. 351–403). Göttingen: Hogrefe.

Ehlers, A., Margraf, J., Davies, S. & Roth, W.T. (1988). Selective processing of threat cues in subjects with panic attacks. *Cognition and Emotion, 2,* 201–219.

Ellis, A. (1962). *Reason and emotion in psychotherapy.* New York: Lyle Stuart.

Ellis, A. (1973). Rational-emotive therapy. In R.J. Corsini (Ed.), *Current psychotherapies* (pp. 167–207). Itasca, IL: Peacock.

Eysenck, M.W. (1992). *Anxiety: The cognitive perspective.* Hove, Hillsdale: Lawrence Erlbaum.

Foa, E.B. (1987). *Emotional processing of fear: Exposure to corrective information.* Invited address at the Anual Meeting of the European Association for Behaviour Therapy, Amsterdam, Netherlands.

Gilligan, S.G. & Bower, G.H. (1984). Cognitive consequences of emotional arousal. In C. E. Izard & J. Kagan & R.B. Zajonc (Eds.), *Emotions, cognitions and behavior* (pp. 547–588). Cambridge: Cambridge University Press.

Hibbert, G.A. (1984). Ideational components of anxiety: Their origin and content. *British Journal of Psychiatry, 144,* 1061–1062.

Hope, D.A., Rapee, R.M., Heimberg, R.G. & Dombeck, M.J. (1990). Representations of the self in social phobia: Vulnerability to social threat. *Cognitive Therapy and Research, 14,* 177–189.

Johnson, M.K. & Hirst, W. (1993). Memory subsystems as processes. In A.F. Collins, S.E. Gathercole, M.A. Conway & P.E. Morris (Hg.), *Theories of Memory.* Hove: Erlbaum.

Johnson, M.K. & Multhaup, K.S. (1992). Emotion and MEM. In S.-A. Christianson (Ed.), *Handbook of emotion and memory: Research and theory* (pp. 33–65). Hillsdale, NJ: Erlbaum.

Lazarus, R.S. (1992). Constructs of the mind in mental health and psychotherapy. In A. Freeman & F.M. Dattilia (Eds.), *Comprehensive casebook of cognitive therapy* (pp. 99–121). New York: Plenum Press.

MacLeod, C. & McLaughlin, K. (1995). Implicit and explicit memory bias in anxiety: A conceptual replication. *Behaviour Research and Therapy, 33,* 1–14.

Mahoney, M.J. (1974). *Cognition and behavior modification.* Cambridge, MA: Ballinger.

Mahoney, M.J. (1993). Introduction to special section: Theoretical developments in the cognitive psychotherapies. *Journal of Consulting and Clinical Psychology, 61,* 187–193.

Margraf, J. & Ehlers, A. (1989). Etiological models of panic – psychophysiological and cognitive aspects. In R. Baker (Hg.), *Panic Disorder: Research and therapy,* London: Wiley.

Mathews, A. (1988). Anxiety and selective processing of threatening information. In V. Hamilton, G.H. Bower, & N. H. Frijda (Eds.), *Cognitive perspectives on emotion and motivation,* Dordrecht: Kluwer Academic.

Mathews, A. & MacLeod, C. (1987). An information-processing approach to anxiety. *Journal of Cognitive Psychotherapy, 1,* 24–30.

Mathews, A., Mogg, K., May, J. & Eysenck, M. (1989). Implicit and explicit memory bias in anxiety. *Journal of Abnormal Psychology, 98,* 236–240.

McNally, R.J., Foa, E.B. & Donnell, C.D. (1989). Memory bias for anxiety information in patients with panic disorder. *Cognition and Emotion, 3,* 27–44.

McNally, R.J., Riemann, B.C. & Kim, E. (1990). Selective processing of threat cues in panic disorder. *Behaviour Research and Therapy, 28,* 407–412.

Meichenbaum, D. (1977). *Cognitive behavior modification: An integrative approach.* New York: Plenum Press.

Mogg, K. & Bradley, B.P. (1998). A cognitive-motivational analysis of anxiety. *Behaviour Research and Therapy, 36,* 809-848.

Mogg, K. & Mathews, A. (1990). Is there a self-referent mood-congruent recall bias in anxiety? *Behaviour Research and Therapy, 28,* 91–92.

Richards, A. & French, C.C. (1991). Effects of encoding and anxiety on implicit and explicit memory performance. *Personality and individual Differences, 12,* 131–139.

Rinck, M., Becker, E.S., Kellermann, J. & Roth, W.T. (2002). Selective attention in anxiety: Distraction and enhancement in visual search. Manuscript submitted.

Teasdale, J.D. & Bernard, P.J. (1993). *Affect, cognition, and change: Resolving depressive interlook.* Hillsdale, New Jersey: Lawrence Erlbaum.

Wells, A. & Matthews, G. (1994). *Attention and emotion: A clinical perspective.* Hove, Hillsdale: Lawrence Erlbaum.

Williams, J.M.G., Watts, F.N., MacLeod, C. & Mathews, A. (1988). *Cognitive psychology and emotional disorders, 1st edition.* Chichester: John Wiley.

Williams, J.M.G., Watts, F.N., MacLeod, C. & Mathews, A. (1997). *Cognitive psychology and emotional disorders, 2nd edition.* Chichester: John Wiley.

Wittchen, H.-U., Essau, C.A., von Zerssen, D., Krieg, C.J. & Hecht, H. (1992). Lifetime and six-month prevalence of mental disorders in the Munich Follow-up Study. *European Archives of Psychiatry and Clinical Neuroscience, 241,* 247–258.

Zucker, D., Taylor, C.B., Brouillard, M., Ehlers, A., Margraf, J., Telch, M.J., Roth, W.T. & Agras, W.S. (1989). Cognitive aspects of panic attacks: Content, course and relationship to laboratory stress. *British Journal of Psychiatry, 155,* 86–91.

5. Integrative Therapie der Angst

Willi Butollo

5.1 Einführung

Angst, als psychisches Phänomen eine der wichtigsten Ressourcen für eine differenzierte Bewältigung der Geschicke des Lebens, scheint zuweilen aus dem Ruder zu geraten – in Form so genannter Angststörungen. Mit diesem Begriff soll erfasst werden, dass Angstreaktionen in Situationen und mit einer Heftigkeit auftreten, die das nach üblichen Gesichtspunkten beurteilte Ausmaß der Bedrohung nicht zu rechtfertigen scheint. In Verbindung mit der enormen Unflexibilität der Angstabläufe, bis hin zur Panikreaktion mit vermeintlich völligem Kontrollverlust, haben diese Probleme eine erhebliche Therapieresistenz gezeigt. Lediglich der verhaltenstherapeutische Ansatz, hier vor allem die systematische Desensibilisierung und die Angstexposition haben auf der Ebene der unmittelbaren Angstabläufe („Symptomatik") nachhaltige Besserungen nachweisen können (siehe dazu bereits u.a. Butollo 1979).

Bedenkt man jedoch, dass Angststörungen eine äußerst komplexe psychische Problematik mit vielen individuellen Variationen darstellen, so erscheint die Forderung nach einer eben dieser Komplexität entsprechenden umfassenden Therapie angemessen. Denn Menschen mit Angststörungen haben Schwierigkeiten in vielen Lebensbereichen, vor allem aber in der Gestaltung von Beziehungen, wie zuletzt eindrucksvoll von Achim Wentzel (in: Butollo, Rosner & Wentzel 1999) sowie von Maragkos (2002) gezeigt werden konnte. Die Arbeitsgruppe an der LMU München hat daher in mehreren Studien über die Ursachen der klinisch relevanten Angst („Ätiologie") die empirischen Grundlagen für eine integrative Therapie der Angst erarbeitet. Die wichtigsten Befunde, die Grundzüge der darauf aufbauenden Therapie sowie die bisherigen Ergebnisse der Bemühungen, die Wirksamkeit dieses Therapieansatzes empirisch zu prüfen, werden hier, wenn auch äußerst gerafft, vorgestellt. Der Therapie- und Forschungsansatz unterscheidet sich durch die empirische Ableitung der Interventionsstrategie und die empirische Prüfung der Wirksamkeit grundsätzlich von vielen anderen Versuchen, eine integrative Therapie zu entwerfen, etwa Wolfe (1992), Prochaska et al. (1992), Garfield (1992) oder Petzold (2001).

Integrative Psychotherapie, wie sie in diesem Ansatz verstanden wird, baut somit das Wissen aus verschiedenen Forschungsbereichen in ein integriertes Bild der Störung ein und konstruiert, dem integrativen Störungsverständnis entsprechend, aus verschiedenen therapeutischen Ansätzen die passende Interventionsstrategie, um damit auf das gegenwärtige Bedürfnis des Patienten optimal einzugehen.

Die Vorgehensweise bei der Sammlung und Bewertung des Wissens über Angemessenheit und Wirksamkeit der so entwickelten Therapie basiert auf den Grundprinzipien empirischen Arbeitens in den Human- und Gesellschaftswissenschaften – unter voller Anerkennung der enormen Fehleranfälligkeit und auch der Begrenztheit dieses Zuganges. Alternative Paradigmata haben sich in der Vergangenheit jedoch praktisch nicht durchgesetzt und im Konzert der Psychotherapieverfahren eher ein Stagnieren der rein experientialistisch argumentierenden Richtungen zur Folge gehabt.

Es werden in der Folge einige empirische Befunde zu den Ursachen von klinisch relevanten Angststörungen vorgestellt, aus denen dann die mehrphasige Therapie abgeleitet wird. Am Ende folgen einige Ergebnisse der Studie in Form von Diagrammen, die summarisch den Therapieerfolg sichtbar werden lassen. Dabei handelt es sich natürlich um den Versuch zu verallgemeinern, also aus einzelnen Erfahrungen, einem methodischen Algorithmus des Aggregierens folgend, in der Regel zu erwartende Sachverhalte zu finden. Kliniker, besonders aus der puren humanistischen Ecke, finden das aus zum Teil nachvollziehbaren Gründen geradezu unkeusch bis verräterisch. Es kommt jedoch darauf an, auch diese Informationsquelle zu erschließen und in den klinischen Entscheidungsprozess unter Berücksichtigung ihrer Gültigkeit und Nützlichkeit mit einzubeziehen. Sie sind dann ein Aspekt unter anderen in der klinischen Handlungsorientierung.

5.2 Einige Beispiele für ätiologische Faktoren in der Angstentwicklung

5.2.1 Bindungsforschung und Angststörungen

Die entwicklungspsychologischen Erkenntnisse über Bindungsprozesse sind die Ernte prospektiver Verlaufsstudien, die Ende der 70er Jahre in Amerika und Deutschland durchgeführt worden sind. Will man den häufig postulierten Zusammenhang zwischen Bindungsrepräsentation und *Psychopathologie* empirisch untersuchen, hat man es jedoch mit zwei Hindernissen zu tun:

1. Die Stichproben der laufenden prospektiven Studien befinden sich in einem Alter zwischen 18 und 24 Jahren. Viele psychische Störungen klinischen Ausmaßes haben sich also in der Regel noch nicht manifestiert.
2. Da die Prävalenzraten psychischer Störungen 10% praktisch nie überschreiten, scheitert die Durchführung prospektiver Studien zur Psychopathologie an den erforderlichen hohen Fallzahlen.

Fonagy et al. (1996) belegten einen Zusammenhang zwischen Bindungsrepräsentationen einer psychiatrischen Stichprobe (N = 88) und der Diagnose nach DSM-III-R. Die Ergebnisse lassen sich aber wegen häufiger Mehrfachdiagnosen nur vorsichtig interpretieren. Generell wurden sehr starke Unterschiede zwischen einer Kontrollgruppe und der psychiatrischen Gruppe in der Qualität der Bindung beobachtet, aber praktisch keine innerhalb der verschiedenen diagnostischen Gruppen. Die Angststörungen (14 generalisierte Angststörungen, 3 „somatoform or stress-disorders", 20 Phobien, 19 Zwangsstörungen) fielen durch den höchsten Anteil in der Klassifikation „Unresolved" (86% im Vergleich zu 76% in der Gesamtgruppe) und durch die höchste Komorbidität mit Achse-II-Diagnosen auf. Die Zusammensetzung der Angststichprobe gebietet aber Zurückhaltung gegenüber allgemeinen Schlussfolgerungen. Die Klassifikation „Unresolved" wird vergeben, wenn im Interview deutlich wird, dass der Interviewte eine traumatische Erfahrung (Verlust einer Bindungsperson, Missbrauch und andere Traumata) noch nicht genügend verarbeiten konnte.

Die Unspezifität von Bindungsrepräsentationen bezüglich Psychopathologie in klinischen Stichproben wird auch von einer Metaanalyse (van Ijzendoorn & Bakermans 1996) mit 33 Studien und 14 klinischen Stichproben unterstrichen. Unseres Wissens existiert bislang nur eine Studie, die Anhaltspunkte für Bowlbys (1994) Hypothese fand, dass ängstlich-ambivalenter Bindungsstil für die Entwicklung einer Agoraphobie prädisponiere. De Ruiter und van Ijzendoorn (1992) führten eine Metaanalyse retrospektiver Fragebogenstudien durch und fanden Bowlbys Hypothese bestätigt. Allerdings leidet die Aussagekraft dieser Studie unter methodischen Mängeln, vor allem an der unstandardisierten, auf Selbstaussagen basierenden Operationalisierung des Bindungsstils.

Jedoch konnte prospektiv die Entwicklung von Angststörungen (größtenteils Soziale Phobie, Überängstlichkeit und Trennungsangst) im Jugendalter (17,5 Jahre, N = 172) durch eine ängstlich-ambivalente Bindung – erhoben durch den „Fremde-Situation"-Test im Säuglingsalter – vorhergesagt werden. Die Vorhersage blieb auch unter Kontrolle der Einfluss-Variablen mütterliche Ängstlichkeit und Temperament stabil (Warren et al. 1997).

Als Resümee kann festgestellt werden, dass derzeit noch nicht von einem spezifischen Zusammenhang zwischen Bindungsrepräsentation und Psychopathologie ausgegangen werden kann. Eine unsichere Bindung geht generell mit einem sehr stark erhöhten Risiko einher, eine irgendwie geartete psychopathologische Auffälligkeit zu entwickeln. Manche Autoren betrachten einen sicheren Bindungsstil als protektiven Faktor im Entwicklungsverlauf (Laucht et al. 1998). Jedoch ist in Zukunft nicht ausgeschlossen, dass für diagnostisch homogene Patientenstichproben bei Erwachsenen spezifische Häufungen der Bindungsstile aufgezeigt werden können.

5.2.2 Entwicklungsstudien

Längsschnittliche Entwicklungsstudien (z.B. Risikostudien) konnten bislang nur wenig zur Klärung der Frage der Ätiologie der Angststörungen beitragen. Die Probanden befinden sich allerdings bestenfalls im frühen Erwachsenenalter. Insgesamt sprechen die prospektiven Daten für eine sehr hohe Diskontinuität psychiatrischer Auffälligkeiten im Verlauf der Kindheit und Jugend. Viele ehemals auffällige Kinder sind zum nächsten Erhebungszeitpunkt unauffällig geworden, und viele auffällige Kinder waren zuvor unauffällig (Esser et al. 1992; Gavranidou 1997). Auch für auffällige Temperamentsmerkmale wurde eine geringe Stabilität im Verlauf von drei Monaten nach zwei Jahren gefunden (Laucht et al. 1992; Engfer & Gavranidou 1987). Einige Ergebnisse weisen auf eine Wechselwirkung von Lebensereignissen und Pathologie hin, d.h. das Vorliegen einer Störung erhöht die Wahrscheinlichkeit eines belastenden Lebensereignisses und umgekehrt (Esser et al. 1993). Darüber hinaus konnten mehrfach geschlechtsspezifische Entwicklungsverläufe und Risikofaktoren festgestellt werden (Esser et al. 1992, 1993; Gavranidou 1997).

Für Angststörungen sind im Moment noch Studien ergiebiger, die gezielt Prädiktoren oder Korrelate hoher Ängstlichkeit bei Kindern bzw. Jugendlichen erforschen. Die Frage nach der Stabilität früher Ängstlichkeit und der Bedeutung für die Genese einer Angststörung im Erwachsenenalter kann nach heutigem Wissenstand aber noch nicht eindeutig beantwortet werden (Gavranidou & Butollo 1997).

Prospektive Studien aus der Temperamentsforschung fanden „Gehemmtes Verhalten“ als Prädiktor späterer Angststörungen bei Schulkindern und Jugendlichen. Gehemmtes Verhalten (Beobachtungsmaß) war insgesamt ein wenig stabiles Merkmal über die Zeit (im Alter von 2; 4; 5,5; 7,5 und 14 Jahren). Nur bei stabiler Hemmung konnte eine Angststörung im Alter von 14 Jahren vorhergesagt werden. Die Eltern von Kindern mit stabilem Verlauf berichteten über signifikant mehr Vermeidungsverhalten in der eigenen Kindheit und höhere Raten an Angststörungen in Kindheit und im Erwachsenenalter (Kagan et al. 1990). Es scheint, als ob dispositionelle Vulnerabilitäten wenig Kontinuität im Entwicklungsverlauf zeigen und erst in Verbindung mit stabil ungünstigen interpersonellen Entwicklungsbedingungen zu psychopathologischen Risikofaktoren werden.

Erhöhte Werte junger Erwachsener im Alter von 22 Jahren für Belastung mit Angstsymptomen (SCL-90-R Skalen „Soziale Unsicherheit“ und „Phobische Angst“ und „Ängstlichkeit“) hingen für Jungen mit spezifischen Ängsten im Alter von zwei und Fremdenangst im Alter von vier Jahren, bei Mädchen mit spezifischen Ängsten im Alter von zwei Jahren zusammen (Gavranidou & Butollo 1997).

Esser und Gerhold (1998) berichten von bemerkenswert hohen Partialkorrelationen zwischen der Qualität der Mutter-Kind-Interaktion und der sozial-emotionalen Entwicklung im Alter von 2 bzw. 4,5 Jahren. Der Einfluss der Mutter-Kind-Interaktion war bedeutend höher als die Stabilität früher emotionaler Merkmale und Verhaltensmerkmale des Kindes. Transaktionale Prozesse zwischen sozial-emotionalen Auffälligkeiten und negativem Erziehungsverhalten wurden gefunden. Eine kindliche Störung mit 3 Monaten begünstigte negatives Erziehungsverhalten im Alter von 2 Jahren, was wiederum die Wahrscheinlichkeit für eine sozial-emotionale Störung des Kindes mit 4,5 Jahren erhöhte. Dagegen war die Stabilität der Störung über den Zeitverlauf vergleichsweise gering.

Neben der Rolle der Bindung und der Langzeitentwicklung wurden eine Vielzahl weiterer Aspekte der psychischen Entwicklung im Hinblick auf das Auftreten von Angststörungen untersucht. Dabei stellten sich folgende zusätzliche Faktoren als relevant heraus, wodurch ein Eindruck von der Komplexität des Wirkungsgeflechtes bei der Entstehung von Angststörungen entsteht:

- Life-events vor der Erkrankung
- Familiäre Faktoren
- Elterliche Erziehungsstile
- Kindheitsängste, Trennungsängste, Schulphobie
- Trennungen und Verluste in der Kindheit
- Andere Traumata
- Heredität

5.3 Zusammenfassung des aktuellen Forschungsstandes zur Entwicklungspsychopathologie der Angststörungen

Der aktuelle Forschungsstand zur Entwicklungspsychopathologie der Angststörungen lässt sich wie folgt zusammenfassen:

1. Die Rolle entwicklungspsychologischer Faktoren für die Ätiologie der Angststörungen kann Methoden übergreifend als bestätigt gelten.
2. Die Spezifität bestimmter Entwicklungsbedingungen für die Genese einer Angststörung (z.B. unsicher-ambivalenter Bindungsstil) konnte nur in wenigen Studien belegt werden. Studien mit homogenen Diagnosegruppen und der weitere Verlauf von Entwicklungsstudien sind abzuwarten.
3. Die psychosoziale Entwicklung muss als transaktionaler Prozess zwischen Merkmalen des Kindes und Umwelteinflüssen betrachtet werden. Transaktionsanalysen sprechen im Vorschulalter für einen höheren Einfluss der Umweltvariable auf das Kind als umgekehrt. Auch die Unabhängigkeit der Bindungsbeziehungen von Kleinkindern zu Vater und Mutter (Grossmann et al. 1989) deutet darauf hin.
4. Ergebnisse von Längsschnittstudien zeigen eine hohe Instabilität von Merkmalen des Kindes (psychische Auffälligkeiten und auffällige Temperamentsmerkmale), während die Qualität der Eltern-Kind-Interaktion – als Bindungsstil operationalisiert – einer relativen Kontinuität unterliegt. Daraus lässt sich ebenfalls auf einen vergleichsweise höheren Einfluss der Umweltvariable schließen.
5. Vulnerabilitäten von Patienten mit Angststörungen in Form von defensivem Copingstil, negativem Kognitionsstil und geringer Selbstwirksamkeitserwartung sind dem-

nach mit großer Wahrscheinlichkeit entwicklungspsychologisch *interaktionell* gebahnt. Eine insgesamt reduzierte emotionale Anpassungsfähigkeit infolge unsicherer Bindungsstile kann unter emotional belastenden, unkontrollierbaren Lebensereignissen die bisherige psychische Organisation destabilisieren und zur Entstehung einer psychopathologischen Störung beitragen.

5.4 Aspekte der Beziehungsgestaltung bei Angststörungen – Empirische Befunde

Die Annahme eines Zusammenhangs von Qualität oder Konflikthaftigkeit der Partnerbeziehung mit der Genese bzw. Aufrechterhaltung einer Agoraphobie wurde von vielen Therapeuten favorisiert und bereits früh formuliert. Dem gegenüber gab es von empirischer Seite weder Belege für die Hypothesen einer belasteteren Partnerschaft noch für vermehrte psychologische Probleme bei Partnern von Agoraphobikern im Vergleich zu Kontrollgruppen (z.B. Arrindell & Emmelkamp 1986; McLeod 1994). Übersichten zum Forschungsstand finden sich bei Reinecker (1993).

Das häufige Ausbleiben von empirischen Belegen erstaunt Kliniker wenig, *da Personen mit Phobien typischerweise zu Beginn einer Therapie dem Partner zunächst jede Bedeutung absprechen.* Selbstverständlich ist die Beziehung zwischen einer Panikstörung oder Phobie und einem Partnerkonflikt oft komplexer Art, und es ist nötig, die funktionalen Zusammenhänge zu bestimmen. Man sollte beachten, dass ein Fehlen von Berichten des Klienten über einen Partnerkonflikt nicht unbedingt bedeutet, dass solche Faktoren nicht in die Störung involviert sein können. Erst im Verlauf der Behandlung werden Partnerkonflikte allmählich stärker thematisiert (eine für sich sprechende Verlaufsdokumentation siehe bei Eher et al. 1995). Es gibt auch deutliche empirische Hinweise darauf, dass Selbstaussagen von Angstpatienten zur Qualität ihrer Beziehung nicht als valide gelten können. Eher et al. (1996) erhoben mit dem „Styles of Conflict Inventory" Konfliktlösungsstrategien in Partnerkonflikten bei neun Panikpatienten mit und ohne Agoraphobie im Kontrast zu einer Kontrollgruppe. Neben den aktuellen Merkmalen der Partnerkonflikte wurden auch die erinnerten Merkmale vor Beginn der Erkrankung erfragt. Bezeichnenderweise konnte für den Zeitpunkt des Auftretens der Erkrankung wie bei vielen anderen Studien kaum eine dysfunktionale Beziehung nachgewiesen werden. Unterschiede fanden sich lediglich auf den Skalen Selbstvertrauen und Konfliktverleugnung – letztere Skala ist in anderen Instrumenten nicht enthalten.

Ganz anders aber die Verhältnisse *vor* der Erkrankung: Die Patienten berichten retrospektiv über ein hohes Ausmaß an Konflikthäufigkeit und -heftigkeit und auffällig hohe Aggressionswerte gegenüber dem Partner, die aber *nach* Ausbruch der Angststörung auf nicht-klinische Werte abfallen. Die Konfliktstile Unterwerfung und Verleugnung hingegen nehmen gleichzeitig signifikant zu. Der Partner wird nach Einsetzen der Störung auch als weniger aggressiv und weniger zurückgezogen erlebt. Die Studie stellt erstmals empirisch eine Verbindung zwischen Aggression, Partnerkonflikt und Angst her. Interessanterweise ist der angegebene Trennungswunsch zu allen Zeiten sehr niedrig.

Die Ergebnisse zur Partnerschaft hängen stark von der jeweils verwendeten Methodik ab. Hier herrscht noch Forschungsbedarf. Vermutlich kommt der Qualität der Partnerschaft nur bei einer Teilgruppe der Patienten eine ätiologische Bedeutung zu, bei anderen Patientengruppen ist eher an eine Mitwirkung an der Aufrechterhaltung der Symptomatik zu denken. Dies schließt aber keineswegs die Möglichkeit aus, dass die Patienten auch Ereignisse in einer unauffälligen Partnerschaft negativ interpretieren und dadurch Angst erzeugen.

5.5 Modell

Das von Butollo et al. (1999) entwickelte Modell beinhaltet einen theoretischen Überbau für die oben erwähnten Konzepte.

Das Modell enthält drei Ebenen. Die erste beinhaltet individuelle, größtenteils lerngeschichtlich ausgeformte Dispositionen. Es handelt sich um längerfristig vorgebahnte Bereitschaften und Verhaltensmuster der Person, die im Zusammenspiel mit der aktuellen Lebenssituation den Nährboden der Angststörung bilden. Auf der zweiten Ebene wird der Prozess abgebildet, der zur Auslösung einer akuten Panikattacke führt. Es werden weiter die emotional-kognitive Ebene, die wesentlich an der Entstehung einer Panikstörung beteiligt ist, und die physiologische Ebene unterschieden, die bei der Aufrechterhaltung und Verselbständigung der Symptomatik eine wichtige Rolle spielt.

Das Modell ist so zu verstehen:

Durch Verletzung zentraler Bedürfnisse wird eine Inkonsistenzspannung (Konfliktspannung) erzeugt, und primäre Emotionen und damit verknüpfte Handlungsimpulse werden vorbewusst (implizit) aktiviert. Eine bewusste und der Realität angepasste Umsetzung würde zu einem Abbau der Inkonsistenzspannung führen, und die psychische Balance wäre wieder gewonnen.

Vor dem Hintergrund negativer emotionaler Schemata (ängstliche Vermeidung bestimmter Emotionen) kann es zu einer Ausblendung der primären Emotion (und des entsprechenden Handlungsimpulses) kommen, weil diese lerngeschichtlich mit Gefahr assoziiert ist. Beispielsweise können Abgrenzungsbedürfnisse mit den zugeordneten aggressiven Gefühlen bei Personen mit ambivalentem Bindungsstil oder konfluenten Beziehungen nicht bewusst erlebt und gelebt werden (sind nicht konsistent mit dem Bewusstsein), weil lerngeschichtlich damit das *Gefühl einer Katastrophe* implizit assoziiert ist. Der Konflikt zwischen zwei Bedürfnissen (z.B. zwischen Selbständigkeit und Bindungssicherheit) ist dadurch in der Regel nicht mehr dem Bewusstsein zugänglich – eine diffuse Erregung entsteht, welche die primäre Emotion verdeckt.

Das unflexible Selbstkonzept bietet nur Bewältigung der Erregung (und implizit der assoziierten Gefahr) durch Selbstkontrolle an. Versagt dieser habituelle internale Coping-Mechanismus, kommt es zu einem aversiven Gefühl der emotionalen Verunsicherung und Destabilisierung der Selbstsicherheit.

5.6 Mehrdimensionales Störungsmodell und mehrphasiger Therapieverlauf

Seit Anfang der 80er Jahre gibt es in unserem Institut Bemühungen, eine solche integrative, mehrphasige Therapie der Angst zu entwickeln (Butollo 1984; Butollo & Höfling 1984). In den Jahren davor, Mitte und Anfang der 70er Jahre, haben wir klassische Therapiestudien mit systematischer Variation von Therapietechniken durchgeführt (Butollo & Mittelstaedt 1977; Butollo 1979; Butollo et al. 1978). Die therapeutischen Maßnahmen waren, wie das heute in der Therapieforschung noch üblich ist, im Wesentlichen standardisiert („manualisiert"). So wurden verschiedene Therapieparameter hinsichtlich ihrer Effektivität und auch hinsichtlich der Prozesse, die sie auslösten, miteinander verglichen. Die Treatments, die dabei untersucht wurden, reichten von In-vivo-Konfrontation, Stressimmunisierung und Selbstinstruktionsvermittlung bis zur besseren Bewältigung der Angstsituation.

In einer dieser Studien, die nur im Rahmen einer umfangreicheren Monographie publiziert worden ist, kam es zu einem bedeutsamen Nebenergebnis: Insgesamt nahmen 113 Patientinnen und Patienten an der Studie teil, wobei die Arbeit in Blöcken zu je 13 Sitzungen stattfand (Butollo 1979). Es wurden nacheinander verschiedene Kohorten von Patienten angenommen, bei denen für jede Kohorte 11 Therapeuten (3 Männer, 8 Frauen) zur Verfügung standen. Von Patientenkohorte zu Patientenkohorte wuchs der Druck auf die Projektleiter seitens der Therapeuten, das Therapiemanual so zu erweitern, dass mehr Raum für die Besprechung der Beziehungsprobleme der Patienten geschaffen wurde. Manche der Therapeutinnen drohten mit dem Abbruch ihrer Tätigkeit, da sie am Sinn ihrer Arbeit zweifelten, wenn ihnen diese Möglichkeit nicht gegeben würde.

Wir standen also vor der Wahl, die Manuale quasi zu lockern und Raum für niedrig strukturierte Therapiearbeit zu geben oder unsere Therapeuten zu verlieren. Wir entschieden uns für die erste der beiden Möglichkeiten, mit dem Ergebnis, dass sowohl Patienten wie auch Therapeuten über eine größere Zufriedenheit mit der Therapie berichteten. Allerdings begann das Ausmaß der Konfrontation und auch der sonstigen strukturierten Maßnahmen von Fall zu Fall stärker zu variieren. In späteren Studien (z.B. Schulte 1991) trat dieses Problem wiederum auf, wurde dort dem Anschein nach jedoch auf die zweite Art gelöst: Die Projektleiter bestanden in einer der Therapiegruppen auf der Einhaltung der durch die Manualisierung vorgegebenen Inhalte, verglichen diese jedoch mit einer anderen Gruppe, in der die Therapeuten größere Gestaltungsfreiheit hatten. Der Tendenz nach waren in der manualisierten Gruppe die Ergebnisse etwas besser hinsichtlich der Angst-Summenscores, allerdings war die Fluktuation der Therapeuten erheblich höher. Es mag also zutreffen, dass die Arbeitszufriedenheit unter den Therapeuten, vielleicht auch die Zufriedenheit der Patienten, in der hoch strukturierten, manualisierten Version der Therapie doch geringer war.

Dieses Problem scheint noch nicht voll ausdiskutiert zu sein, es ist jedoch ein weiterer Hinweis darauf, dass *der Verlauf der Therapiemotivation innerhalb einer Therapie gleichsam mehrphasig verläuft und eine Entsprechung im Angebot der Therapie bekommen sollte.* Ein weiteres Argument für eine solche mehrphasige, integrative Therapie sind die zu beobachtenden Rückfälle nach Intensivtherapien. Bereits Anfang der 80er Jahre haben wir die Behandlung von Angststörungen in Intensivblöcken von 10 bis 14 Tagen angeboten (Butollo & Höfling 1984; Butollo 1984). Es zeigte sich, dass die Patienten in diesen „Intensiva" wesentliche Anregungen erhielten und auch dramatische Fortschritte machten. Sie wurden gewissermaßen aus ihrem Alltag heraus gehoben, wobei jedoch manchmal ihre Fähigkeiten überschätzt worden waren, die im Intensivum erreichten Veränderungen in den Alltag einzubringen, vor allem in das Geflecht der Alltags*beziehungen*. Bei der Analyse der auftretenden Rückfälle zeigte sich, dass die Kollision mit Erwartungen der Bezugspersonen ein wesentlicher Auslöser für die Rückfälle gewesen ist. Man kann diese Ergebnisse dahingehend interpretieren, dass in den Intensiva zwar gute Fertigkeiten im Umgang mit Angstreaktionen, etwa die Veränderung eingefahrenen Verhaltens und kognitiver Prozesse erreicht werden konnte, dass jedoch zur Umsetzung dieser Anregungen – als viel mehr kann man ein solches Intensivum von wenigen Tagen auch nicht verstehen – eine längere Begleitung, gerade auch im Hinblick auf die Umsetzung der Erfahrungen im Alltag, notwendig gewesen wäre.

Bei aller Anerkennung der Vorzüge, die durch den Trend zur Manualisierung von Therapien entstanden sind, etwa bessere Kontrolle, Durchdringung und Umsetzung von Wirkfaktoren, vor allem bessere Kontrolle von Therapieparametern in vergleichenden Therapiestudien, bleibt doch Folgendes festzuhalten: In der Ur-Verhaltenstherapie der frühen 60er Jahre, als jeder Einzelfall noch seine ausführliche Verhaltensanalyse erhielt und wirklich 'maßgeschneiderte' Interventionen geplant und überwacht wurden, war ein angemessenerer Ansatz angeboten worden, gerade auch im Hinblick auf Phasenveränderungen im Verlauf der Therapie.

Wenn sich im Zuge der Therapie das Interesse des Patienten hinsichtlich der zu bearbeitenden Inhalte veränderte, dann war es möglich, auf diese Veränderungen einzugehen und so die Motivation des Patienten stärker zu nutzen. Die zum Zwecke besserer Beforschung standardisierte Therapie ist dann zwar im Durchschnitt *besser untersucht,* aber nicht notwendig deshalb auch die *bessere Therapie!*

Natürlich besteht gerade bei der Angsttherapie die Gefahr, dass die Patienten zum Zwecke der Vermeidung der Konfrontation in vivo den Therapeuten mit Beziehungsproblemen 'abfüttern'. Mit der entsprechenden Erfahrung wird der Therapeut diese Motive jedoch erkennen und dem Patienten zurückmelden.

Wir gehen also im Grunde von einem *mehrdimensionalen* Störungsmodell aus, das *mehrphasige* Veränderungsprozesse nach sich zieht und durch entsprechende integrative therapeutische Impulse begleitet und unterstützt werden muss.

Das mehrdimensionale Störungsmodell beinhaltet natürlich zuallererst das Modell der *Angstfixierung durch Vermeidung*. Der zweite Aspekt betont die *soziale Kontrolle* durch die symptomvermittelte, gleichsam erlaubte, persönlich nicht zu vertretende *Abhängigkeit* – in Verbindung mit einer vermutlich biographisch begründbaren Tabuisierung von Abhängigkeitswünschen. Der dritte Aspekt berücksichtigt die Auffälligkeit im *Kontaktverhalten*, bei der eine differenzierte, graduelle Abstufungen beinhaltende Kontaktgestaltung nicht vorkommt. Statt dessen pendeln die Kontaktprozesse zwischen den extremen Polen der Isolation und der Konfluenz hin und her: Die Patienten unterwerfen sich entweder 'mit Haut und Haar' oder sie ziehen sich – teilweise auch mit Hilfe der Angstsymptomatik – von einem befriedigenden Kontakt zurück.

Man kann also die Hypothese formulieren, dass Personen mit Angststörungen neben der manifesten Problematik der *Angstkontrolle*, der *Vermeidung* und der *kognitiven Prozesse* der Angsterwartung auch Defizite im Bereich der *Persönlichkeitsentwicklung* vorweisen, die am ehesten in den Dimensionen Selbstunterstützung, Kontakt zum eigenen Körper und Beziehungskontrolle beschreibbar sind. Letzteres beinhaltet auch Defizite im Kontakt zu anderen Menschen hinsichtlich Wahrnehmung und Ausdruck von Bedürfnissen, Defizite im Bereich der Fähigkeit, Gefühle der Schwäche, der Ohnmacht oder der Hilflosigkeit wahrzunehmen und zu tolerieren, sowie Defizite in der Kontaktgestaltung zwischen Begegnung und Kontrolle.

Es ist auch damit zu rechnen, dass Defizite in der *Fähigkeit zur Gestaltung aber auch Lösung von Bindungen* bestehen. Vor allem aber scheint ein *Abschied*, das heißt eine reife Form der Lösung aus einer Bindung, in der Regel erschwert zu sein.

Desweiteren ist zu beobachten, dass die Fähigkeit vieler Patienten mit Angststörungen (und vermutlich auch anderer), ihre schwächeren Eigenarten anzunehmen, sich so, wie sie sind, *sein* zu lassen, reduziert sein kann.

Als weiterer Aspekt ist *die Dichotomie zwischen Sein* und *Machen* zu berücksichtigen, vor allem auf der Ebene der Kontaktgestaltung. Damit einher geht die zuvor bereits angesprochene These vom Paradoxon des nicht integrierten *Abhängigkeitswunsches* und der *indirekten Installation von Abhängigkeit durch die Symptomatik*.

Im folgenden Abschnitt wird nun das mehrphasige integrative Therapiemodell für die Behandlung von Angststörungen vorgestellt, wobei jeweils die Therapieziele der einzelnen Therapiephasen dargestellt, aber auch die Heuristiken beschrieben werden, die den Einsatz therapeutischer Maßnahmen in den jeweiligen Phasen steuern sollen. Dabei gilt, dass das Umschalten von einer Therapiephase zur anderen im Idealfall vorrangig in der Kontrolle des Patienten liegen sollte: Es wird nicht 'von außen' vorgegeben, wann von einer Phase in die andere überzugehen ist, sondern in Abhängigkeit von der Entwicklung und Bereitschaft des Patienten durch ihn bestimmt.

5.7 Das integrative mehrphasige Therapiekonzept mit gestalttherapeutischem Hintergrund

5.7.1 Kontakt

Die Beobachtungen des Verhaltens der Klienten in der Therapiesituation, aber auch deren Schilderungen über den Kontakt mit ihren wichtigsten Bezugspersonen legen die Hypothese nahe, dass *Defizite in der Kontaktgestaltung zum zentralen Problembereich von Personen mit Angststörungen gehören.* Es geht also in erster Linie darum, diese Defizite im Kontaktbereich zu beschreiben und angesichts des Wissens um die Entwicklung von Kontaktverhalten und Kontaktfertigkeiten Hypothesen darüber zu entwickeln, welche Prozesse die aktuellen Defizite bedingen, welche früheren Erfahrungen zu Fehlentwicklungen Anlass gegeben bzw. eine normale Entwicklung des Kontaktverhaltens verhindert haben.

Ein Grund, wenn auch gewiss nicht der einzige, kann darin liegen, dass in der Entwicklungsgeschichte bestimmte innere Erfahrungszustände, Gefühle und Körperwahrnehmungen, wie sie als angemessene Reaktion auf bestimmte Lebensereignisse normalerweise zustande kommen, aus irgendwelchen Gründen blockiert wurden. Vielleicht waren sie durch Bezugspersonen tabuisiert worden, was heißt, dass keine Sprache und auch keine sonstigen Ausdrucksmittel dafür entwickelt werden konnten. Der andere Extremfall würde vorsehen, dass manche dieser Ausdrucksmittel von Bezugspersonen *exzessiv genutzt* wurden und daher die Patienten als Gegenreaktion eine Abgrenzung gegenüber diesem Verhalten anstreben. Ein konkretes Beispiel dafür wäre die bereits im entwicklungspsychologischen Abschnitt skizzierte Situation, wenn ein Elternteil sich dem Kind gegenüber konfluent, d.h. vereinnahmend, die Selbständigkeit des Kindes missachtend, es als Teil des eigenen Selbst betrachtend, verhalten hat. Dazu 'passt' dann, wenn der andere Elternteil extrem distanziert, abgegrenzt und jeder emotionalen Ausdrucksweise gegenüber ablehnend war.

Wird das als Grundhaltung und im Alltag immer wieder praktiziert, könnte es z.B. dazu führen, dass die späteren Patienten auch nur diese beiden Formen des Kontaktverhaltens entwickeln konnten. Die Grundvoraussetzung für einen befriedigenden Kontakt konnte so nicht entstehen: die Wahrnehmung der Selbständigkeit der anderen Person und der Respekt gegenüber ihren Grenzen, damit auch eine intakte Selbstwahrnehmung und eine Klarheit der eigenen Grenzen. Das führt dazu, dass die Betroffenen sich von den Bezugspersonen nur schwer lösen können, mit denen sie in einem derartig vermischten Beziehungsverhältnis verstrickt sind. Sie haben vor allem das *Procedere des Loslösens* nicht gelernt, wodurch erfolgreich zu leben für sie in gewisser Weise bedeutet, verstrickt zu bleiben – selbst gefesselt, aber auch fesselnd. Personen mit Angststörungen, vor allem des agoraphobischen Formenkreises, sind demnach auch nur selten allein stehend. Sie entwickeln mit ihren Angehörigen häufig ein Verstrickungsszenarium, in dem sie sich jedoch selbst als die Opfer dieser Angst bedingten Abhängigkeit erleben. Ihr Bedürfnis nach Autonomie und Selbständigkeit, das sehr bewusst erlebt wird, 'kann' nicht gelebt werden, weil die durch die Angst installierte Abhängigkeit sie anscheinend daran hindert.

Das psychologische Zusatztheorem wäre, dass ein unerledigtes Bedürfnis nach Abhängigkeit, Zugehörigkeit und Schutz, das sie sich auf dem Hintergrund ihres bewussten erwachsenen Selbstbildes nicht gestatten, auf dem Umweg einer durch das Angstsymptom vermittelten Inszenierung dennoch erreicht wird. Eine Angststörung im agoraphobischen Formenkreis würde demnach die Hypothese nahe legen, dass es sich hierbei auch um Personen handelt, die mit Hilfe der Angst ein Bedürfnis nach Nähe, Schutz und Geborgenheit indirekt befriedigen, gleichzeitig aber ihre Angst vor der damit einhergehenden Abhängigkeit und Gebundenheit durch eine innere Distanzierung der Bezugspersonen und der Sehnsucht nach Unabhängigkeit wettmachen.

Die Inhalte dieser Ängste, auch deren emotionale Dynamik mögen zwischen verschiedenen Formen von Angststörungen variieren, auch können die Schwerpunkte *innerhalb* der einzelnen Symptomgruppen von Fall zu Fall verschieden sein. Grundsätzlich wird jedoch davon ausgegangen, dass die Angststörung dabei behilflich ist, ein im bewussten Selbstkonzept der Person nicht tolerierbares Bedürfnis auf indirekte Weise doch zumindest ansatzweise zu befriedigen, ohne dass dieses Bedürfnis zum Ausdruck gebracht oder gar sich selbst und anderen gegenüber eingestanden werden muss.

Das Ergebnis ist soziale Kontrolle mit Hilfe einer Art von Behinderung, für welche die Betroffenen selbst nicht verantwortlich zu sein scheinen, zumal sie ja das Angstproblem als weit außerhalb ihrer bewussten Kontrolle und jenseits aller Verantwortung ansiedeln. Der Preis, der dafür gezahlt wird, ist eine Rolle im familiären System und dementsprechend auch im Selbstkonzept, in dem die Behinderung und die Unfähigkeit, selbständig zu leben, im Vordergrund stehen. So gesehen, wird die Angststörung also als eine Störung *gesehen*, die wesentlich als eine Beeinträchtigung der Selbstentwicklung verstanden wird.

In der Therapie geht es nun darum, diese Defizite der Selbstentwicklung sichtbar zu machen, Wege aufzuzeigen, wie diese Entwicklung nachgeholt werden kann und wie die in der bisherigen Entwicklung nicht gelernten Fertigkeiten bezüglich Selbstwahrnehmung und Ausdruck der eigenen Gefühle gleichsam nachgelernt werden können. Das sollte zu einer Bereicherung und Differenzierung sowohl der Persönlichkeit wie auch der sozialen Fertigkeiten der Betroffenen führen. Da es sich ja immer auch um ein ganzes Beziehungssystem handelt, in dem sich die Störung eines Patienten entwickelt, wird diese Veränderung auch Druck auf das Verhalten und die Selbst- und Fremdwahrnehmung der

Angehörigen ausüben. Das kann in Einzelfällen sehr wohl dazu führen, dass hierbei erhebliche Widerstände gegenüber der einerseits ersehnten, andererseits jedoch insgeheim befürchteten Veränderung des Patienten entstehen.

5.7.2 Selbstprozesse

Die Überlegungen konzentrieren sich somit auf die ungünstig verlaufende Entwicklung des *Selbst* eines Menschen, und es empfiehlt sich, diesen eher schwammigen Begriff etwas fassbarer zu formulieren. In unserem Kontext wird das Selbst in gewisser Weise synonym mit Selbstprozessen verwendet, das sind jene kognitiven *Vorgänge*, die den Kontakt einer Person mit ihrer sozialen, aber auch physischen Umwelt gestalten. Man kann also mit Perls et al. sagen, dass „(...) *das Selbst (...) das System der ständig neuen Kontakte*" (1979, 17) darstellt. Dazu bedarf es einer *Repräsentation* von bisherigen Interaktionserfahrungen, auf die bei der Gestaltung eines aktuellen Kontaktes zurückgegriffen wird. Desweiteren sind dabei natürlich die äußerst komplexen kognitiven Prozesse der *Antizipation* des Kontaktes involviert – der *Entwurf* des Kontaktverhaltens, die Abstimmung des eigenen Entwurfes mit den Reaktionen des Kontaktpartners, die Zwischenbewertung der Reaktionen des anderen und des eigenen Verhaltens und der Verhaltensentwürfe, sowie die Modifikation der eigenen Verhaltensentwürfe bis zum Umsetzen derselben in das aktuelle Kontaktverhalten.

Das Selbst sollte man sich demnach nicht als ein 'Substrat' vorstellen, weder psychisch noch biologisch-organischer Art, sondern als einen *Lebensvorgang*. Im Kontaktgeschehen wird das Selbst des Menschen aktiviert, dies geschieht bereits in der Vorbereitung des Kontaktes durch die Wahrnehmung der eigenen Bedürfnisse, der eigenen Möglichkeiten und der Entwürfe des Handelns, die zur Befriedigung der Bedürfnisse führen, aber auch durch die Prozesse der Antizipation des Verhaltens des Kontaktpartners. Dann erfolgt die Steuerung und Repräsentation des tatsächlich durchgeführten Kontaktverhaltens, danach die Prozesse der Lösung und Beendigung des Kontaktes und die nachträgliche Bewertung des Kontaktergebnisses. Ist ein Kontakt vollständig abgeschlossen, so schläft buchstäblich das Selbst im Sinne der Selbstprozesse ein bzw. kommt zur Ruhe. *Selbst ist also kein fester Zustand oder kein fester Vorgang*, sondern *ein Geschehen*, das sich als psychischer Vorgang aufbaut, intensiviert und nach erfolgreicher Bewältigung des Kontaktes wieder gleichsam in sich zusammenfällt, bis ein neuer Kontaktvorgang notwendig oder gewünscht wird und die entsprechenden Selbstprozesse wieder zum Einsatz kommen. Diese Selbstprozesse können sich auf den Kontakt mit anderen Menschen, aber auch mit unbelebten Objekten, teilweise auch mit Vorstellungsinhalten konzentrieren.

Ein erheblicher Teil der Selbstprozesse wird somit durch den *Kontakt in der Vorstellung* aktiviert, wenn man einen Dialog in der Phantasie durchgeht, sich auf ein Gespräch vorbereitet oder ein unerledigtes Gefühl gegenüber einer anderen Person in der Vorstellung wieder erlebt und dieser Person gegenüber zum Ausdruck zu bringen versucht. Neben einer Reihe anderer Aspekte sind für diese Selbstprozesse somit die Repräsentationen von bisherigen

Interaktionserfahrungen verantwortlich, und zwar einschließlich der Repräsentation der Interaktionspartner selbst und der Repräsentation der eigenen Person.

Eine interessante Idee dabei ist, dass die Repräsentation der Interaktionspartner selbst *nur* durch deren *repräsentierte Interaktion* möglich wird. Das innere Bild eines Menschen wäre demnach die aggregierte Summe seiner Kontakte. Außerdem sind natürlich die tatsächlichen Kontaktfunktionen notwendig, d.h. alles, was jenseits von Vorstellungen für die Wahrnehmung und für Kontakt bezogenes Handeln erforderlich ist, fällt in diesen Bereich.

5.7.3 Beziehungssignale

Man kann also davon ausgehen, dass im Falle von Menschen mit Angststörungen häufig *Beziehungssignale Auslöser für Angsterregung* werden. Das gilt selbst dann, wenn oberflächlich betrachtet eine Situation wie das Überqueren eines offenen Platzes oder das Fahren in einer geschlossenen U-Bahn zum Auslöser wird. Auf der Beziehungsebene erfolgt dabei doch die Trennung von einer vertrauten, schützenden Person, die als Begleiter nicht zur Verfügung steht. Oder die Angst wird durch die Unfähigkeit ausgelöst, notfalls aus einer geschlossenen Situation flüchten zu können, um einer Bedrohung in dieser geschlossenen Situation zu entgehen. Auch in diesem Falle sind dies Beziehungssignale, die als Auslöser für Angsterregung wirken.

Vor allem aber sind die Gefühle, die dabei auftreten, typisch für Gefühle, wie sie in unerfreulichen Beziehungssituationen auftreten: Gefühle der Demütigung, der Ohnmacht, des Verlassenwerdens, der Trauer oder auch Gefühle des Ärgers, die nicht in angemessener Weise zum Ausdruck gebracht oder in Handlungen umgesetzt werden können.

In vielen dieser Beispiele lässt sich die Angstsituation als Ausdruck eines Konfliktes abbilden, der zwischen Angst vor Trennung und damit Wunsch nach Nähe und Geborgenheit einerseits, aber auch Angst vor Gefangenschaft und Wunsch nach Selbständigkeit und Autonomie andererseits gebildet wird. Immerhin ist es auffallend, dass viele Patienten und Patientinnen mit Angststörungen sich so sehr auf die Kontrolle ihrer Angsterregung konzentrieren, dass andere Gefühle keinen Platz in ihrer Erfahrungswelt zu haben scheinen.

5.7.4 Gefühlsdifferenzierung

Prozesse der Trauer, erlebte Trauergefühle, die gesamte Entwicklung eines Trauerprozesses, stehen bei Personen mit Angststörungen normalerweise nicht im Vordergrund. Sie verfügen auch *de facto* über wenig bis keine Erfahrung im Umgang mit diesen Gefühlen. Das ist um so überraschender, als sie, betrachtet man ihre Biographie, häufig sehr viel Grund hätten, Gefühle der Trauer zu entwickeln. Vielmehr scheinen erhöhte Erregung, Panik und Angst und die damit einhergehende subjektive Verwirrung das differenziertere Gefühl der Trauer zu verhindern, das ja in Verbindung mit einem bewusst akzeptierten inneren Vollzug eines Abschieds einhergeht. Eher 'wählen' die Betroffenen, krank, unfähig, behindert und hilfsbedürftig zu sein bzw. der Umwelt zu erscheinen, um sich so gleichsam mit letzter Kraft gegen das Wahrhaben einer Trennung zu stemmen, die de facto vielleicht schon vollzogen ist.

Die Inhalte der tabuisierten Gefühle mögen bei den unterschiedlichen Angststörungen etwas verschieden sein und natürlich auch die inhaltliche Füllung mit biographischem Material. Was bei allen diesen Menschen jedoch gleich zu sein scheint, ist der Umstand, dass die Angststörung eine Beziehungsstörung kaschiert, in gewisser Weise Defizite der Beziehungsgestaltung überdeckt, um auf diese Weise ein bedrohlicheres Gefühl bzw. eine bedrohlichere Konsequenz für das Selbstkonzept zu verhindern. Der Preis, der dafür bezahlt wird, ist hoch. Das alte Selbstkonzept, die Vorstellung von einem in Beziehungen durch die Angst behinderten Selbst wird aufrechterhalten. Diese Behinderung wird jedoch dem Ich-fremden Phänomen der Angst zugeschrieben, und dafür meinen die Betroffenen, keine Verantwortung übernehmen zu müssen.

5.7.5 Therapeutische Implikationen

Führt die Therapie zu einer erfolgreichen Bewältigung der Angst, so geht damit in der Regel, wenn auch häufig implizit, eine Reduktion von Beziehungsdefiziten einher. Diese Änderung ist jedoch, da nicht fokussiert, oft nicht stabil, und die entsprechenden Prozesse werden therapeutisch, wenn überhaupt, nur *en passant* aufgegriffen. Im Rahmen des hier vorgestellten Therapieansatzes wird dem gegenüber die Beziehungsthematik dieser Patienten nicht nur quasi als Beiwerk der Angsttherapie betrachtet, sondern muss im Zentrum der gesamten therapeutischen Arbeit stehen. Zwar beginnt die Arbeit mit dem Auftrag, den die Patienten in die Therapie bringen, nämlich mit der Arbeit an ihren Angstproblemen. Sobald dies einigermaßen erfolgreich geschieht, wird jedoch die Aufmerksamkeit auf die in diesen Angsterfahrungen zum Ausdruck kommenden Beziehungsdefizite gelenkt, die dann in den Vordergrund der therapeutischen Aufmerksamkeit rücken. Das geschieht zum geringen Teil in interpretierender und zum überwiegenden Teil in *Erlebnis-aktivierender* Weise. Voraussetzung dafür ist, dass die betroffenen Personen ausreichend motiviert sind, sich diesem Problembereich zuzuwenden, d.h. ihnen in anschaulicher, wenn möglich in an Erfahrenen orientierter Weise vermittelt wird, wie ihre Angstthematik mit der Beziehungsthematik zusammenhängt und wie stark das eine das andere bedingt.

Mag sein, dass viele dieser Prozesse in einer primär auf Angstbewältigung ausgerichteten therapeutischen Arbeit inzidentell, d.h. ohne als therapeutisches Ziel absichtlich in den Vordergrund gebracht zu werden, durch das Verhalten des Therapeuten und seine Modellfunktion in gewisser Weise angeregt und in Gang gesetzt werden. Durch die Frustration der eigenen bisherigen Mittel sozialer Kontrolle fördert auch dieses Setting für die Patienten eine Öffnung für neue Beziehungserfahrung, etwa durch ein Therapeutenverhalten, das eine Frustration der bisherigen Beziehungsangebote der Klienten nach sich zieht. Daraus resultiert häufig eine neue Beziehungsqualität.

Die Patienten lernen sich auf diese Weise in ihrem gegenwärtigen Verhalten und hinsichtlich ihrer Geschichte besser kennen und sehen, wie sich ihr psychisches Erleben und ihre Kontaktgestaltung auf den Dimensionen Autonomie/Abhängigkeit und Distanz/Nähe, entfaltet. Sie lernen mit den Konflikten dieser Polaritäten umzugehen, differenziert ihre Bedürfnisse wahrzunehmen, anzuerkennen und in die Gestaltung aktueller Kontakte einzubringen.

Konkret äußert sich die Problematik in der Beziehungsgestaltung. Es kommt häufig vor, dass die Betroffenen heftige Angst erfahren, sobald die Gesprächssituation ihrer Kontrolle entgleitet. Das geschieht etwa, wenn das Gespräch, das bislang in äußerst routinierter Weise und geschickt wiederholend um die Angstthematik kreiste, plötzlich in einer Weise geführt wird, die sich nicht mehr im Beschreiben von körperlichen Symptomen und Vermeidungsverhalten erschöpft und/oder nicht mehr in der Rekonstruktion vergangener Ereignisse verläuft. Wenn also der Gesprächspartner die Aufmerksamkeit auf die Wahrnehmung und den Ausdruck gegenwärtiger Empfindungen, Gefühle, Bedürfnisse und Gedanken lenkt, wird das von den Betroffenen nicht selten wie das Eintreten in einen bodenlosen Abgrund erlebt. Es geht jetzt nicht mehr um die Wiederholung vorgefertigter Klischees, die auf der rein verbalen Ebene vergangene Ereignisse zusammenfassen, sondern darum, eine Sprache für gegenwärtige Lebens- und Kontaktvorgänge zu finden. Dies scheint so bedrohlich und schwierig zu sein, dass die Betroffenen das Eintreten in diese Phase der Unvorhersagbarkeit dessen, was sich eben gerade entwickeln wird, mit allen Mitteln zu vermeiden versuchen und dies auch mit einer Fülle von ablenkenden Manövern in der Regel gut schaffen.

5.7.6 Vertrauen in gestaltbare Gegenwart und Zukunft

Um also in die eher unstrukturierte Gestaltung gegenwärtiger Beziehung eintreten zu können und den scheinbar sicheren Boden retrospektiver Erzählungen zu verlassen, bedarf es offensichtlich eines erheblichen Maßes an Vertrauen in die Gestaltbarkeit der gegenwärtigen Beziehung. Dieses Vertrauen beinhaltet Wissen darum, dass das Gefühl für die Identität der eigenen Person, das Gefühl für die Stabilität des eigenen Selbst in der Strukturlosigkeit der noch nicht gestalteten Kontaktsituation nicht verloren geht. Man muss erfahren haben und wissen, dass man nicht im Anderen aufgeht bzw. nicht den Kontakt mit dem Anderen verliert. Gerade darin scheinen sich Personen mit Angststörungen nicht so sicher zu sein. Manche berichten in diesen Situationen, dass sie das *Gefühl für ihr Selbst verlieren* bzw. den Verlust oder das Nichtvorhandensein dieses Selbstgefühls durch das Ausbleiben strukturierter und routinierter Handlungsabläufe erst so richtig wahrnehmen.

Dieses Beispiel soll veranschaulichen, dass gewisse Defizite in der Kontaktgestaltung, so die Patienten damit konfrontiert werden, Angstgefühle auslösen, die denen der phobischen Ängste und der Panikstörung sehr ähnlich sind. Es ist bereits an dieser Stelle jedoch darauf hinzuweisen, dass diese und ähnliche Defizite nicht grundsätzlich irreversible Beeinträchtigungen der kognitiven Prozesse und der Selbstwahrnehmung sein müssen. Vielmehr sind gerade diese Fähigkeiten erlernbar, wenn es ausreichend Gelegenheit gibt, mit solchen Situationen konfrontiert zu werden. Voraussetzung ist eine allmähliche Hinführung an diese Aufgabe und eine entsprechende Unterstützung bzw. Selbstunterstützung der Betroffenen, aus der heraus sie auch Misserfolge in der Kontaktgestaltung riskieren können. Es ist (vorübergehend) notwendig, auch sehr unangenehme Gefühle wie Einsamkeit, Ohnmacht, Versagen, innere Leere ertragen zu können, um aus diesen Gefühlen heraus, gleichsam im Hier und Jetzt der lebendigen Erfahrung, neue Ausdrucksmittel zu entwickeln. Es ist sehr wohl möglich, dass die Nutzung nicht-verbaler, kreativer Medien hier eine wichtige Brückenfunktion zum Aufbau bisher nicht entwickelter Ausdrucksmöglichkeiten für gegenwärtige Lebendigkeit übernimmt.

Im Kontakt mit Menschen, die diese Schwierigkeiten haben, kann man feststellen, dass sie sich verbal gut ausdrücken und gedanklich ihre Position klar vertreten können. Dennoch ist ihre Gegenwart nicht entspannend. Sie scheinen ständig durch ihr Sprechen und auch ihre Art zu denken bemüht zu sein, keine Leere bzw. keine Pausen im Gespräch auftreten zu lassen, so als würde das Fehlen eines Wortes auch das Fehlen ihrer Lebendigkeit oder ihrer seelischen Stabilität bedeuten. Sie haben offensichtlich eine reduzierte Wahrnehmung von sich selbst, sie *er-leben* sich nicht selbst, sondern erkennen sich auf dem Umweg über ihre Konzepte, die sie sich von sich selbst machen. Diese Konzepte sind zudem meist Idealvorstellungen.

Wenn sie nun eine Störung dieser Idealvorstellung erfahren, entsteht ein für sie bedrohlicher Zustand. Anstatt dies jedoch als Signal für eine andere Stimme, eine andere Seinsweise ihrer Existenz nehmen zu können, betrachten sie diese Erregungs- oder Angsterfahrung als eine ihrem Selbstbild nicht entsprechende Schwäche. Fehlende Selbst-Wahrnehmung, vermutlich Ursache für eine jenseits des gedachten Selbst existierende Unsicherheit, zwingt sie, sich an ihren Worten bzw. Gedanken förmlich festzuhalten. Dies ist für den Gesprächspartner enorm anstrengend, selbst wenn die ausgetauschten Inhalte unverfänglich sind. Es ist schwer, sich in Gegenwart dieser Menschen zu entspannen, man wird förmlich in eine furiose Gedankenjagd hinein gesogen.

Die durch die Störung des Selbstbildes bzw. Selbstideals ausgelöste Unruhe ist jedoch der beste Zugang zu jener anderen Art von Selbsterfahrung, die der Ausgangspunkt für eine Verbesserung der eigenen Gefühls- und Bedürfniswahrnehmung sein kann. Das setzt jedoch etwas Muße und eine Änderung der inneren Blickrichtung voraus. Anstatt die Angsterregung phobisch abzuwehren, gilt es hier, sich ihr in einer *kontaktvollen*, d.h. die Wahrnehmung haltenden, Weise zu nähern. Wer seine Erregung wahrnimmt, nimmt in diesem Augenblick sich wahr, und das ist mehr, als er sonst in der Regel zur Verfügung hat.

In der Therapie geht es also darum, zuerst die Sprache der Klienten aufzunehmen, in der Modalität, in der sie sich sicher fühlen, die Kommunikation mit ihnen herzustellen und auszubauen. Das bedeutet, dass in dieser Phase auch die Wünsche des Patienten nach Veränderung absolute Priorität haben und dass sich in der Anfangsphase der Therapie die Arbeit primär auf die Ziele der Veränderung der Angstreaktion konzentriert. Erst im Verlaufe dieser Arbeit wird eine Veränderung erreicht, wenn eine gewisse Freiheit vom Symptomdruck entstanden ist. Jetzt kann angesichts der anfänglichen Therapiemotivation auch die Frage der Beendigung der Therapie gestellt werden: Erfolgreiche Angstreduktion bedeutet schließlich das Ende jener Arbeit, die sich in Angstreduktion erschöpft. Nun wird es wahrscheinlich, dass seitens der Klienten andere Defizitbereiche überhaupt erst wahrgenommen und als Problem erkannt werden. Das kann bei unterschiedlichen Patienten unterschiedlich lang dauern. Daher ist es notwendig, die einzelnen Bausteine eines mehrphasigen integrativen Therapieansatzes nicht an festen Zeitvorgaben bzw. an der Sitzungshäufigkeit zu orientieren, sondern ausschließlich an der Entwicklung des Patienten und seiner Therapiemotivation. Der Anspruch der bedingungslosen Prozessorientierung der Arbeit, wie er etwa in der Gestalttherapie zu Grunde gelegt wird (vgl. Staemmler & Bock 1998), kann so immerhin angepeilt, wenn auch nicht völlig erreicht werden.

Gerade der Abschluss der Phase der Angstbewältigung ist eine hervorragende Gelegenheit, Art und Qualität der therapeutischen Beziehung in den Vordergrund zu stellen. Den Gefühlen, die bei einer eventuell bevorstehenden Trennung seitens des Patienten entstehen, sollte erhöhte Aufmerksamkeit gewidmet werden. Anhand dieses drohenden Abschiedes werden die Muster der Trennung, wie sie bisher für den Patienten Gültigkeit hatten, deutlicher sichtbar und vom Therapeuten zu thematisieren sein. Die Rolle der Trennung, in gewisser Weise die Konstanz des inneren Bildes der Bezugsperson, auch jenseits des physisch gegenwärtigen Kontaktes, wird bearbeitet. Anhand bisheriger Trennungserfahrungen aus der Biographie der Patienten kann herausgearbeitet werden, ob und in welcher Weise diese Konstanz überhaupt entwickelt werden konnte bzw. ob eine solche Konstanz des inneren Bildes für den Patienten unerträgliche Gefühle des Verlassenseins und der Einsamkeit nach sich zog und zieht, wenn etwa die wichtige Bezugsperson physisch nicht verfügbar ist.

5.8 Münchner Integrative Mehrphasige Behandlung von Angststörungen (MIMBA)

Die Grundprinzipien des mehrphasigen integrativen Therapieansatzes lassen sich in etwa wie folgt kurz zusammenfassen:

5.8.1 Verhandlung über Therapieschritte

Die einzelnen Therapiephasen bzw. Therapiebausteine richten sich hinsichtlich ihres Einsatzes ausschließlich nach den Fähigkeiten und Bedürfnissen der Patienten und auch deren Motivation, bestimmte Ebenen kognitiver und emotionaler Defizite zu bearbeiten. Dasselbe gilt für die Bearbeitung der Defizite in der Kontaktgestaltung, beim Verhalten in Angstsituationen. Ziel ist also das Prinzip, den Patient gleichsam dort 'abzuholen', wo er sich befindet, und ihm nicht Aufgaben zu stellen, die jenseits seines Interesses, seiner Motivation und seinen gegenwärtigen Fähigkeiten liegen. Durch die Arbeit am Ist-Zustand des Patienten, mit den für ihn selbst vordergründigen Themen, werden die weiteren Phasen des Therapieprozesses praktisch vorbereitet. Gleichzeitig wird der Patient jedoch mit der Notwendigkeit konfrontiert, bisherige Lösungsstrategien zu erweitern und vor allem mit kontra-phobischer Exposition zu experimentieren. Implizit wird dabei die Konfluenzneigung deutlich gemacht und die Verantwortung für Veränderung dem Patienten zurück gegeben. Der Tanz zwischen 'patientischer' Hilflosigkeit, Idealisierung und Eigenverantwortung kann beginnen.

5.8.2 Beziehungsarbeit und Symptomdruck

Beziehungsarbeit setzt in gewisser Weise eine zumindest teilweise Lockerung des Symptomdruckes und des durch die Störung bedingten Stresses seitens des Patienten voraus. Es ist durchaus möglich, dass mit manchen Patienten über dieses Stadium erst sehr spät, wenn überhaupt, hinausgegangen werden kann. So kann etwa eine Person mit extremen Vermeidungsritualen so sehr unter der Problematik leiden, dass sie für differenziertere, unter hohem Stress vielleicht gar nicht wahrnehmbare psychische Prozesse keine Aufmerksamkeit zur Verfügung hat. Dann macht es wenig Sinn, diese Phase der Arbeit zu forcieren. Das schließt nicht aus, dass die Patienten mit der Frage konfrontiert werden, ob die Aufrechterhaltung eines intensiven Symptomstresses für sie auch einen heimlichen Schutz darstellt, der sie vor Konfrontation mit vielleicht beängstigenden Einsichten verschont. Sie sollten nicht in die Beziehungsarbeit gedrängt werden, wenn die Symptomarbeit noch unzureichend bewältigt ist.

5.8.3 Sukzessiver Übergang von hoch strukturierter zu niedrig strukturierter Therapie

Während in der Phase der Arbeit an einer Verbesserung der Angstkontrolle und des Vermeidungsverhaltens natürlich hoch strukturiert vorgegangen wird, ist für das Fördern einer klischeefreien Beziehungsarbeit eine möglichst wenig strukturierte Organisation der Therapiesitzungen zu wählen. Der Übergang sollte nach Möglichkeit graduell erfolgen, um dem Patienten die Möglichkeit zu geben, schrittweise an neue Erfahrungen herangeführt zu werden.

5.8.4 Gefühle

Die Arbeit an den Gefühlen der Patienten, so sie nicht einfach in verbal-kognitiver, also retrospektiver Form erfolgt, setzt voraus, dass eine gewisse Selbst- und Körperwahrnehmung gefördert wird. Voraussetzung dafür ist, dass die Patienten die Erfahrung gemacht haben, dass sie sich nicht in einer Art Prüfungssituation befinden, sondern dass sie gemeinsam mit dem Therapeuten ihren Erfahrungsbereich besser ausloten lernen und eine Erweiterung der Sprache zum Ausdruck dieser Erfahrungsinhalte entwickeln. Das scheint die Voraussetzung dafür zu sein, dass das nächste Prinzip zum Einsatz kommen kann.

5.8.5 Erfahrensorientierte Arbeit

Erlebnis-aktivierendes Aufsuchen konflikthafter oder Kontaktdefizite aktivierender Schlüsselszenen aus der Biographie der Patienten werden erst zu einem Zeitpunkt angeregt und durchgeführt, wenn die Patienten (a) eine deutliche Erleichterung des Symptomdruckes erfahren haben und (b) Selbstwahrnehmung und Ausdrucksmöglichkeit so entwickelt werden konnten, dass im Wiederaufsuchen alter, vermutlich zuvor traumatisierender Schlüsselszenen nicht eine Retraumatisierung erfolgt. Statt dessen können neue Formen des Umganges mit damals nur unflexibel oder gar nicht zu bewältigenden Beziehungstraumata zum Einsatz kommen.

Im Folgenden werden nun die einzelnen Therapiephasen im Überblick dargestellt.

5.9 Die Ziele der mehrphasigen integrativen Therapie im Überblick

Die Ziele in den verschiedenen Phasen der Therapie lassen sich wie folgt zusammenfassen: In der ersten Phase wird eine bessere Kenntnis der eigenen Körperfunktionen vor allem als *erfahrbare Körpervorgänge* angestrebt. Diese bessere Erfahrung des eigenen Körpers soll diejenigen Prozesse identifizieren und verändern helfen, die das Angstgeschehen in unangemessener Weise verstärken und fixieren. Insbesondere geht es dabei um die bessere Wahrnehmung chronischer Anspannung und die Entwicklung der Möglichkeit, diese Anspannung durch gezielt eingesetzte Entspannung zu lösen.

Ein weiteres Therapieziel ist die Identifikation von *Vermeidungsmaßnahmen*, die eine Löschung bzw. Gewöhnung an aversive körperliche Zustände verhindern oder verzögern. Eine besondere Bedeutung dabei erlangt die Identifikation *kognitiver Prozesse:* der Aufbau von *Angsterwartung*, die das Angstgeschehen *begleitenden* Gedanken und Vorstellungen sowie diejenigen gedanklichen Vorgänge, die auf eine Angstattacke *folgen*. Das bessere Kennen und Beachten dieser gedanklichen Vorgänge, vor allem der quasi automatisierten selbstdestruktiven Gedanken, sollte die Veränderung dieser Prozesse vorbereiten und stabilisieren.

Ein wesentliches Therapieziel ist zudem die Verbesserung der *Gefühlswahrnehmung* jenseits der Angsterregung. Dazu gehört, quasi als Vorbereitung, die Verbesserung der Wahrnehmung und der Kontrolle der eigenen Atmungsvorgänge, der Einsatz der Atmung zur Vertiefung der Entspannung und eine Zunahme der Sicherheit im Ausdruck verschiedener Gefühlserfahrungen. Anstatt also Angst, Ärger oder Anspannung, um nur die vordergründigsten Gefühle zu nennen, zu verstecken, gilt es, diese inneren Zustände und Erlebnisqualitäten wahrzunehmen und zu lernen, sie zum Ausdruck zu bringen.

Diese Prozesse sind bereits Teil der Therapie der Beziehungsgestaltung. Zuvor geht es in der Regel jedoch noch darum, *kontraphobische Bewältigungsfertigkeiten* zu entwickeln. Die Patienten lernen, sich systematisch an phobische Situationen anzunähern, dabei auftretende Erregungszustände wahrzunehmen, sie zuzulassen, sich durch sie nicht in Vermeidungs- oder Fluchtverhalten zwingen zu lassen. Auf diese Weise wird die Angstkonfrontation zunehmend selbst gesteuert und allmählich in die Selbstkontrolle übernommen.

Auf der Ebene der *Beziehungsgestaltung* lassen sich die Therapieziele in etwa wie folgt zusammenfassen: Einzeln und in Gruppen sollen die Patienten lernen, sich auch in Gegenwart anderer selbst wahrzunehmen, ihre Bedürfnisse zu erkennen, diese zum Ausdruck zu bringen und sich so über unmittelbar und persönlich Erfahrenes auszutauschen. Sie sollen auch lernen, sich in Gegenwart anderer mit den Bedingungen der Entstehung der eigenen Schwierigkeiten auseinanderzusetzen. Gleichzeitig wird die Fähigkeit gefördert, sich trotz eigener Probleme auch für die Entwicklungsgeschichte anderer Menschen zu interessieren. Das fördert die Abgrenzung des eigenen Erlebens, der eigenen Werthaltungen und auch der eigenen Geschichte gegenüber den Belastungen, den Gefühlen, den Einschätzungen und Werthaltungen, aber auch den Bedürfnissen und Hoffnungen anderer.

Diese Fertigkeiten sollten helfen, so etwas wie eine Stärkung des eigenen Ichs und seiner Grenzen zu bewirken. Die Patienten sollen lernen, ihre Anfälligkeiten für bestimmte Ängste und Vermeidungen aufgrund ihrer biographischen Erfahrungen zu erkennen und sich von daher darum zu bemühen, diese in gewisser Weise zu 'erledigen' bzw. zu verarbeiten. Das heißt, dass sie Frieden mit destruktiven oder ungünstigen Erfahrungen in ihrer bisherigen Entwicklung schließen können, ohne sich dabei selbst zu sehr zurückzunehmen. Die bessere Integration bisher nicht gut verarbeiteter oder verkrafteter traumatischer Erfahrungen sollte zu einer Stabilisierung der Persönlichkeit beitragen und die Anfälligkeit für Angstprozesse reduzieren. Die Betroffenen erlernen in gewisser Weise differenziertere Formen, sich mit Kränkungen oder Verletzungen auseinanderzusetzen, sich auch gegenüber unangemessenen Übergriffen zu schützen, ohne auf Krankheit oder Symptome zurückgreifen zu müssen.

Ein weiteres Therapieziel hinsichtlich der Beziehungsgestaltung ist die Entwicklung der Fähigkeit, sich auch schwierigeren Gefühlen stellen zu können. Auf diese Weise gilt es, mehr Freiraum zu schaffen, was durch die Stärkung der Fähigkeit geschieht, Gefühle erfahren und zulassen zu können. Aus dem Zwang zur Vermeidung dieser Gefühle, der eine

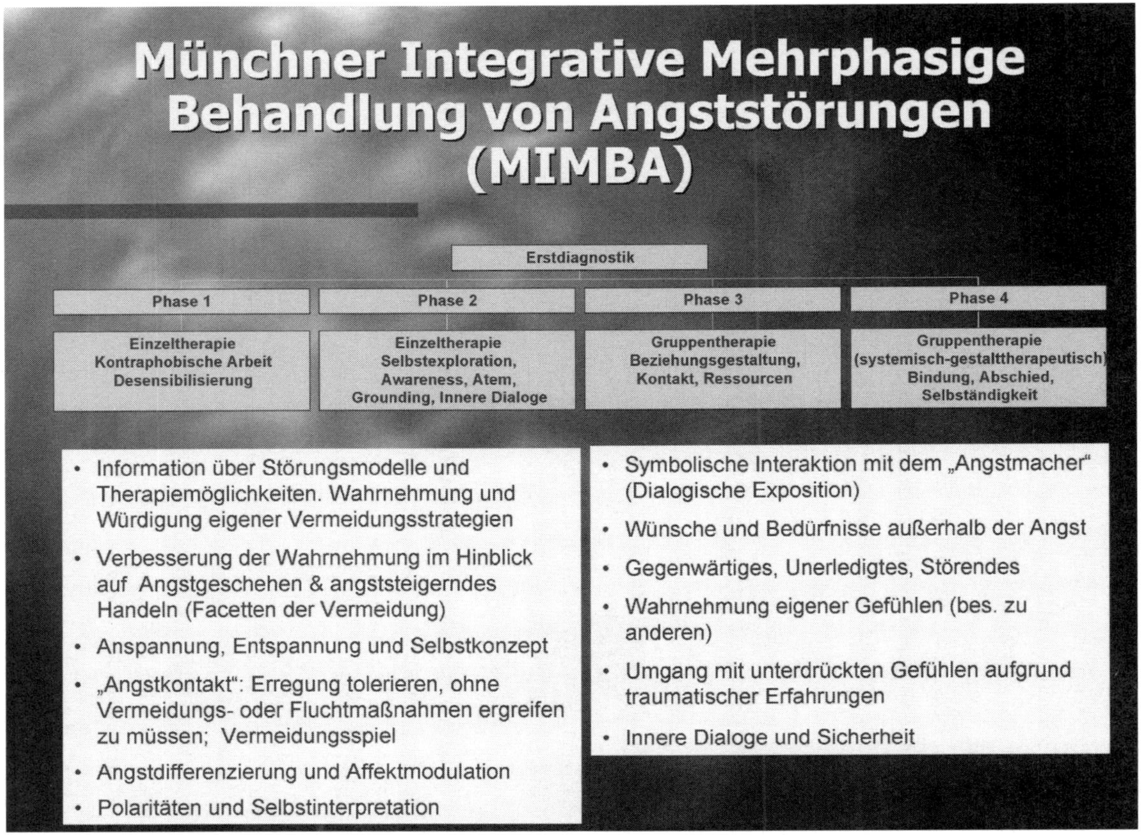

Abbildung 1: Die verschiedenen Phasen der integrativen mehrphasigen Angsttherapie; je Phase ist mindestens ein Block von 10 Sitzungen vorgesehen, die auf Wunsch der PatientInnen wiederholt werden können.

erhebliche Einschränkung im Beziehungsleben bewirken konnte, wird so mehr emotionale Freiheit. Im vordergründigsten Fall gilt das für die Angst. Wer in der Lage ist, seine Angstgefühle zu tolerieren, braucht nicht mehr wie unter Zwang etwas zu unternehmen, um diese Angstgefühle nicht auftreten zu lassen.

Grundsätzlich gilt jedoch, dass in unserer Arbeitsweise für diese Therapiephasen zwar ein Rahmen vorgegeben wird, der jedoch nicht zu einem starr festgelegten Umfang (Sitzungszahl etc.) führt. Vielmehr werden die Häufigkeit der Kontakte, gegebenenfalls auch Wiederholungen einzelner Therapiephasen, von der Entwicklung der Patienten und natürlich auch in Abhängigkeit von deren Wünschen angeboten. Oberster Grundsatz dabei ist, dass die Motivation der Patienten, nämlich der Wunsch nach Veränderung, ernst zu nehmen ist, und sie erst dann reif für den Übergang in die nächste Therapiephase sind, wenn bei ihnen selbst das Interesse an diesen Entwicklungsschritten bzw. Behandlungsangeboten gewachsen ist.

5.10 Einige Thesen zur integrativen Angsttherapie

1. Psychische Prozesse sind grundsätzlich interaktioneller Natur, d.h. sie transportieren Erfahrungsinhalte, die an jemanden gerichtet sind oder von jemandem empfangen werden. Angst ist eine mögliche „Selbst-Antwort“: Sie gilt es, bewusst zu erfahren, zu verstärken, nach alternativen Ausdrucksformen zu suchen und damit das Spektrum der „Selbst-Antwort“ zu erweitern.

2. Eine Angststörung ist u.a. die Folge einer unvollständigen oder einseitigen Repräsentation von primären Interaktions-Erfahrungen. Sie kaschiert aber auch vermeintlich gefährliche Bedürfnisse: Ein Beispiel dafür ist der Wunsch nach Abhängigkeit, der, wenn er nicht in die Persönlichkeit integriert ist, zur dependenten Persönlichkeit und im Extremfall zur Persönlichkeitsstörung führen kann.

3. Therapieziel ist grundsätzlich die Wiederherstellung der Dialogfähigkeit. Voraussetzung dafür ist die auf der Basis von Erfahrungen vermittelte Reorganisation von
   - Selbst- und Fremdwahrnehmung,
   - eigenverantwortlichem Handeln,
   - Kontaktgestaltung und
   - Sicherheit förderndem Denken.

4. Mit der Wiederherstellung der Dialogfähigkeit schwindet die irrationale Angstfixierung. Mit erfolgreicher Angstreduktion werden die zuvor kaschierten Bedürfnisse, etwa nach Dependenz und/oder Autonomie deutlicher sicht- und so therapierbar.

5. Die Angsttherapie muss mit der Motivation des Klienten gehen, ohne das langfristige Ziel aus den Augen zu verlieren: Der Therapieverlauf ist daher lose nach Phasen geordnet:

- *Phase 1:* Angstreduktionsmethoden (10 Einzelsitzungen)
- *Phase 2:* Verbesserung der Selbstwahrnehmung (10 Einzelsitzungen): Wahrnehmung, Ausdruck, Atmung, Gefühle
- *Phase 3:* Arbeit an inneren und äußeren Dialogen: Gestaltgruppen ohne vorgegebene Begrenzung der Sitzungszahl
- *Phase 4:* Beziehungsgestaltung, unerledigte Kränkungen, Erweiterung der Kontakt-skills

In den Gruppensitzungen wird besonders geachtet auf die Aktivierung von Awareness, Support, Kontakt, Austausch, Neugier und Interesse.

5.11 Dialogische Exposition in sukzessiven Annäherungen

„Störungsfälle" der Selbstprozesse bei Personen mit Angststörungen – und natürlich nicht nur bei ihnen – bedeuten stets auch eine Imbalance zwischen Selbst und Nicht-Selbst. Dialogische Exposition kann diese Balance wieder herstellen helfen.

Einige Schritte dahin in Stichworten:

- Expliziter Aboutism (object oriented contact): Die Klienten werden eingeladen, über die Person, mit der ein unerledigter Konflikt besteht, zu reden, zu denken und sie auf diese Weise vertrauter werden zu lassen, sie ‚ins Visier' zu bekommen.
- Triadische Interaktion: Klienten führen symbolische und reale Dialoge mit einer unterstützenden Person (Therapeutin) *über* die Angst auslösende Person.
- Direkte Anrede, ohne Rollentausch (ausschließlich selbst-expressiv), gerichtet an die Angst auslösende Person.
- Konfrontative dialogische Interaktion: Kritik an der Angst auslösenden Person, Vorhaltungen und Forderungen.
- Dialogische Interaktion mit Rollentausch („Sei der/die Angstmacher!").

5.12 Eine Therapiestudie im Überblick

Abschließend soll im Überblick über eine Studie berichtet werden, in der die Wirkungen unseres mehrphasigen Modells untersucht wurden.

Insgesamt nahmen bisher 138 Personen mit verschiedenen Angststörungen an der Therapiestudie teil. Die ersten beiden der vier Therapieabschnitte erfolgten als Einzel-, die restlichen als Gruppentherapie. Vor, zwischen und nach den Abschnitten wurden diverse psychometrische Daten erhoben, u.a. die klinischen Skalen SCL 90-R von Derogatis (1986).

Ein Auszug der bisherigen Auswertung ist in den folgenden Diagrammen zusammengefasst.

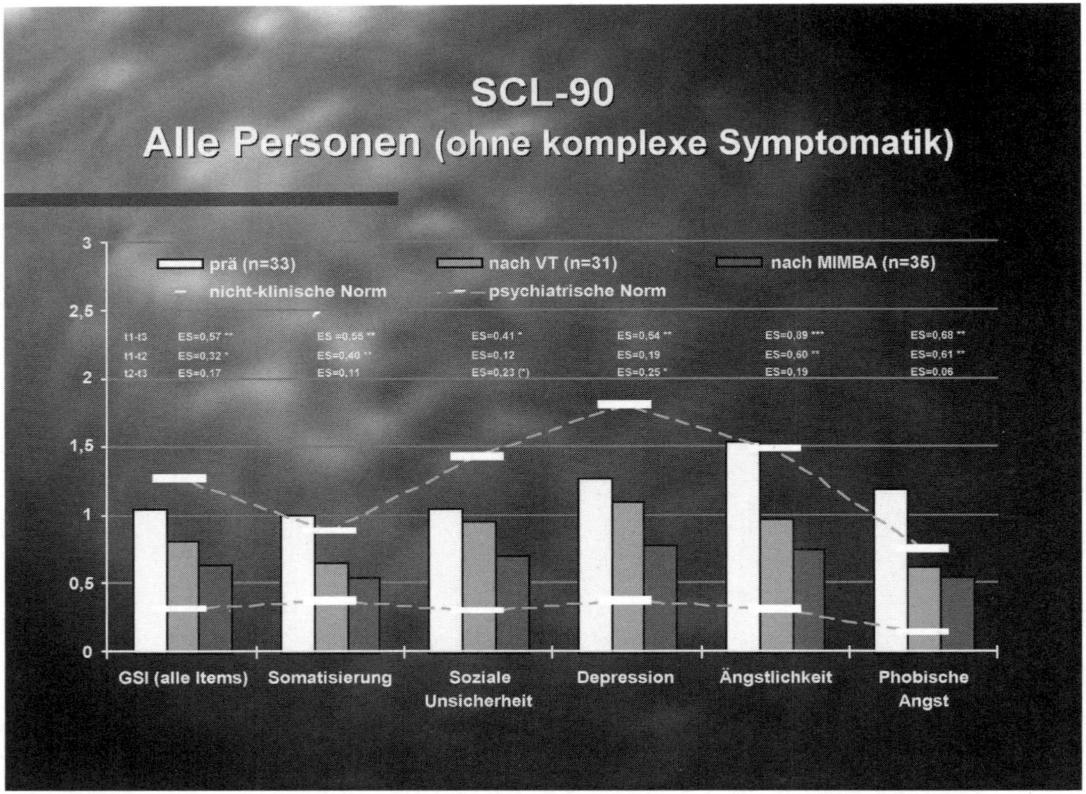

Abbildung 2: Aus der Gesamtstichprobe von 137 Patientinnen und Patienten wurden diejenigen mit eindeutigen Diagnosen („reine Angststörungen") seperat ausgewrtet und für die wichtigsten Skalen des SCL 90-R (Selbsteinschätzungen) dargestellt – der jeweils erste Block zeigt die Durchschnittswerte vor Beginn der Therapie, der jeweils mittlere Block diese Werte nach Ende der Einzeltherapie und vor Beginn der Gruppe, der jeweils letzte Block zeigt diese Werte nach dem Ende der Gruppentherapie.

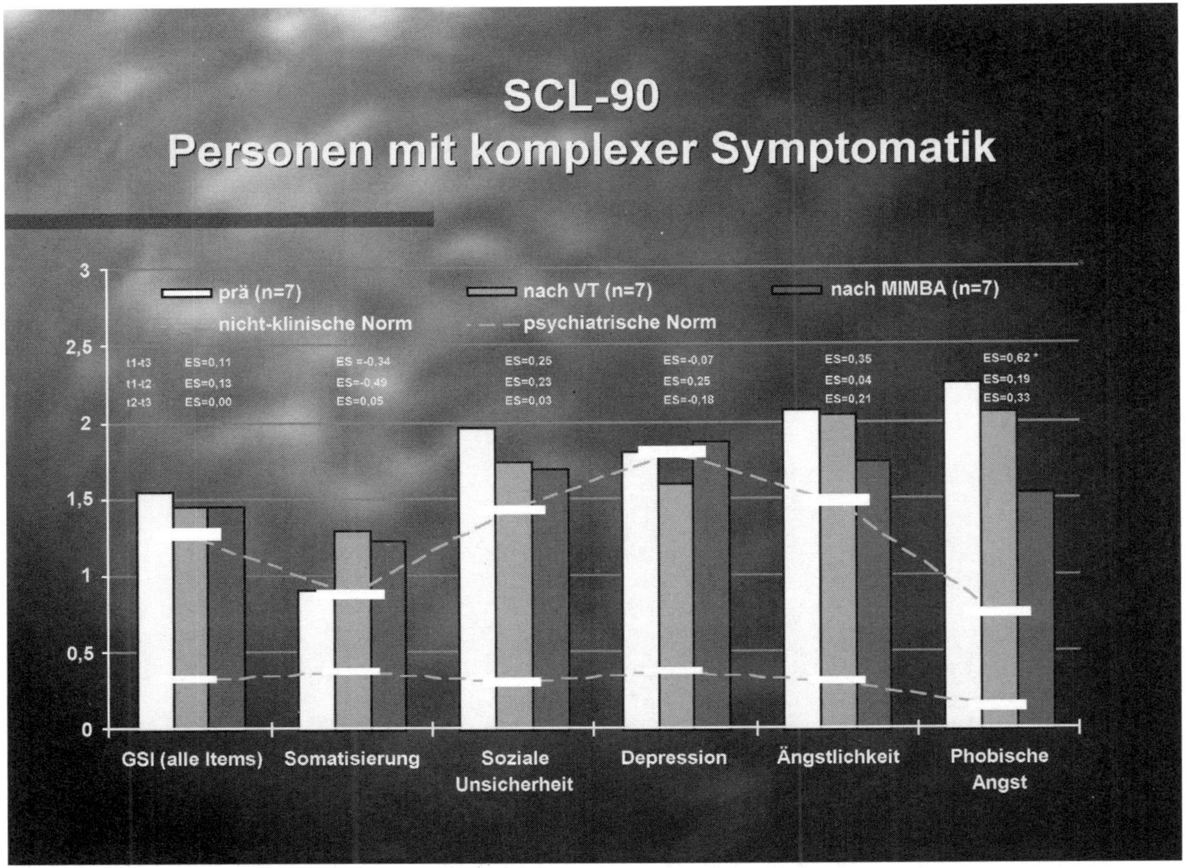

Abbildung 3: Hier sind nur die Durchschnittswerte für die PatientInnen mit komplexer Problematik gezeigt (starker Anteil an Persönlichkeitsstörungen).

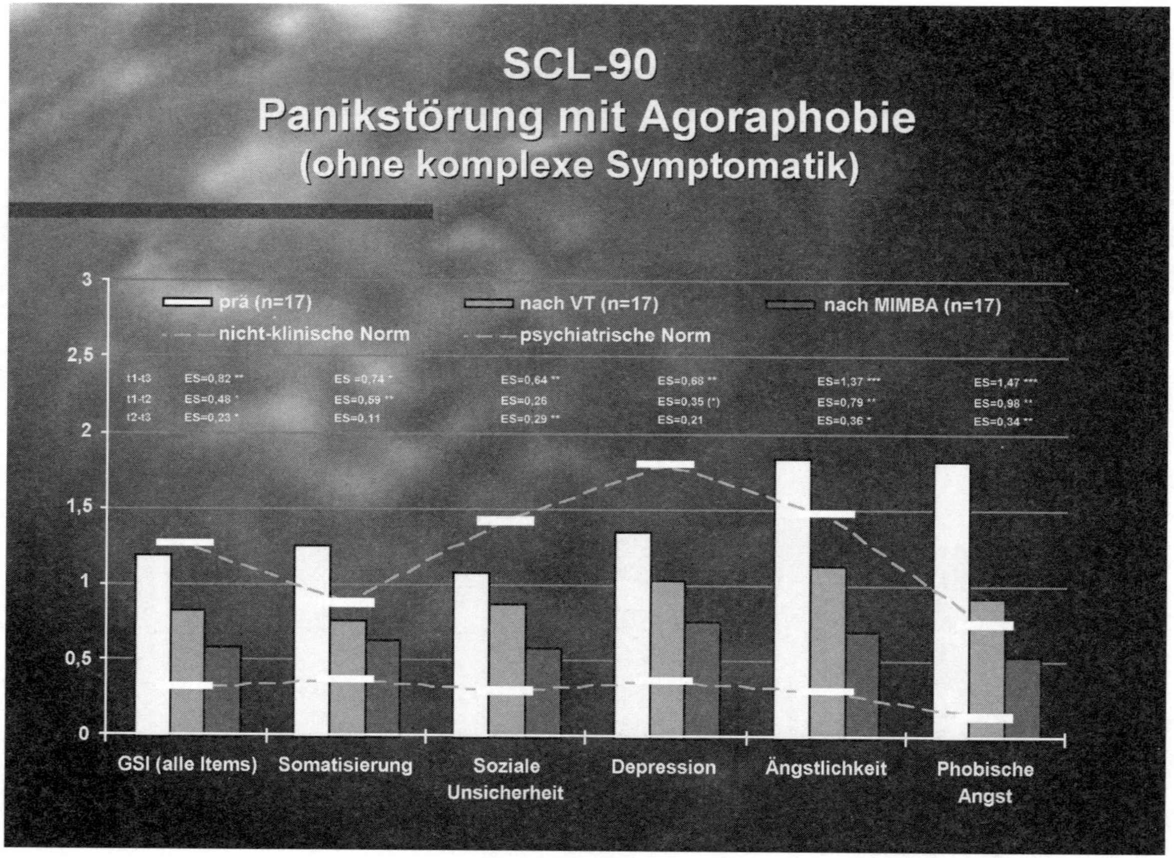

Abbildung 4: Dieselben Skalen wie zuvor, jedoch jetzt für die Untergruppe der Patientinnen mit Panikstörung und Agoraphobie, jedoch ohne die Fälle mit komplexer Symptomatik.

Es wird deutlich, dass in den verschiedenen klinischen Skalen substanzielle Verbesserungen sowohl nach der Einzel- wie auch nach der Gruppentherapie stattfanden – im Durchschnitt (Abb. 2). Dabei sind die Personen mit komplexer Problematik, die weit über den Rahmen einer 'simplen' Phobie hinausreicht, aus der Auswertung vorläufig heraus gefiltert, um sie dann noch einmal getrennt zu betrachten (siehe die Abbildungen 3 und 4 im Vergleich). Betrachtet man nur die Personen mit komplexer Problematik, erkennt man, dass die Fortschritte erheblich dürftiger ausfallen als in der Abbildung davor. Das gilt vor allem für die durchschnittlichen Werte nach der Gruppentherapie. Das bedeutet, dass in der Summe die Personen mit komplexeren Störungen zwar in einigen Skalen bessere Werte erzielen, insgesamt jedoch für sie der Gewinn aus der Therapie wenig befriedigend ausfällt – ausgenommen in den Skalen „phobische Angst“ und „Ängstlichkeit“, in denen die Veränderungen nach der Gruppe sehr positiv waren.

Betrachtet man jedoch die Personen mit der relativ zu den komplexen Fällen eindeutigen Diagnose „Panikstörung mit Agoraphobie“, so zeigt sich dabei eine recht deutliche Verbesserung, und das sowohl nach der Einzel- wie auch nach der Gruppentherapie in allen klinischen Skalen.

Abschließend lässt sich festhalten, dass ein komplexer Therapieansatz, der die verschiedenen Phasen der Veränderung durch methodisch darauf abgestimmte Interventionsinhalte und -formen berücksichtigt, zu einem auch statistisch nachweisbaren positiven Resultat führt, und das hinsichtlich verschiedener Ebenen der Störung.

Der gestalttherapeutische Bezug dieser Arbeit hat sich somit über die individuelle Einschätzung der Therapieerfolge hinaus auch im Gruppenvergleich bewährt. Ein Ergebnis, das für Personen mit komplexeren Störungen jedoch nur mit Einschränkungen gilt.

Literatur

Arrindell, W.A. & Emmelkamp, P.M. (1986). Marital adjustment, intimacy and needs in female agoraphobics and their partners: A controlled study. *British Journal of Psychiatry, 146*, 592–602.

Bowlby, J. (1994). *Verlust, Trauer und Depression.* Frankfurt: Fischer.

Butollo, W. (1979). *Chronische Angst: Theorie und Praxis der Konfrontationstherapie. Fortschritte der Klinischen Psychologie, Bd. 19.* München: Urban & Schwarzenberg.

Butollo, W. (1984). Angsttheorien in Verhaltenstherapie und erfahrungsorientierten Therapieformen. In P. Götze (Hrsg.), *Leitsymptom Angst* (S. 117–126). Berlin: Springer.

Butollo, W., Burkhardt, P., Müller, M. & Himmler, C. (1978). *Mehrdimensionale Verhaltenstherapie bei chronischen körperbezogenen Angstreaktionen.* Unveröffentlichtes Vortragsmanuskript, Symposium des Deutschen Kommitees für Psychosomatische Medizin, Köln.

Butollo, W. & Höfling, S. (1984). *Behandlung chronischer Ängste und Phobien. Erfahrensorientiertes Lernen, systematische Konfrontation, kognitive Verhaltenstherapie.* Stuttgart: Enke.

Butollo, W. & Mittelstaedt, L. (1977). Angst in der Infarktrehabilitation. Eine Vorstudie über die Kombination von psychologischer und medikamentöser Betreuung (Beta-Rezeptoren-Blocker). In L.J. Pongratz (Hrsg.), *Handbuch der Psychologie*, Bd. 8/2. Göttingen: Hogrefe.

Butollo, W., Rosner, R. & Wentzel, A. (1999) *Integrative Psychotherapie bei Angststörungen.* Bern: Huber.

Derogatis, L.R. (1986). Symptom-Check-Liste (SCL-90-R). In Collegium Internationale Psychiatriae Scalarum (Hrsg.). *Internationale Skalen für Psychiatrie.* Weinheim: Beltz.

De Ruiter, C. & Van Ijzendoorn, M.H. (1992). Agoraphobia and anxious-ambilvalent attachment: An integrative review. *Journal of Anxiety Disorders, 6 (4),* 365–381.

Eher, R., Binter, G., Scholze, M., Serim, M., Aigner, M. & Lenz, G. (1995). *Konfliktstil, Aggression und Angst: Die Partnerbeziehung während Entstehung, Verlauf und Therapie der Panikstörung/Agoraphobie.* Posterbeitrag zum Internationalen Kongress Klinische Psychotherapie – Psychotherapie in der Psychiatrie, Oktober 1995 in Graz.

Eher, R., Aigner, M., Demal, U., Serim, M., Binter, G. & Lenz, G. (1996). Partnerkonflikt bei Patienten mit Panikstörung/Agoraphobie: Eine Pilotstudie mit dem „Styles of Conflict Inventory" (SCI). *Verhaltenstherapie, 6 (1),* 14–20.

Engfer, A. & Gavranidou, M. (1987). Antecedents and consequences of maternal sensitivity: A longitudinal study. In H. Rauh & H. Steinhausen (Eds.), *Psychobiology and early development. Advances in psychology, No. 46,* (S. 71–99). Amsterdam: North-Holland.

Esser, G., & Gerhold, M. (1998). Entwicklungspsychopathologie. In F. Petermann, M. Kusch & K. Niebank (Hrsg.), *Entwicklungspsychopathologie* (S. 615–646). Weinhein: Belz & Psychologie Verlags Union.

Esser, G., Schmidt, M.H., Blanz, B., Fätkenheuer, B., Fritz, A., Koppe, T., Laucht, M., Rensch, B. & Rothenberger, W. (1992). Prävalenz und Verlauf psychischer Störungen im Kindes- und Jugendalter. *Zeitschrift für Kinder- und Jugendpsychiatrie, 20,* 232–242.

Esser, G., Schmidt, M.H. & Blanz, B. (1993). Der Einfluß von Zeitpunkt und Chronizität von Stressoren auf die seelische Entwicklung von Kindern und Jugendlichen. *Zeitschrift für Kinder- und Jugendpsychiatrie, 21,* 82–89.

Fonagy, P., Leigh, T., Steele, M., Steele, H., Kennedy, R., Mattoon, G., Taget, M. & Gerber, A. (1996). The relation of attachment status, psychiatric classification, and response to psychotherapy. *Journal of Consulting and Clinical Psychology, 64 (1),* 22–31.

Garfield, S.L. (1992). Eclectic Psychotherapy: A common factors approach. In J.C. Norcross & M.R. Goldfried (Eds.), *Handbook of Psychotherapy Integration* (S. 169–201). New York: Basic Books.

Gavranidou, M. (1997). *Geschlecht und Psychopathologie: Geschlechtstypische Verhaltensauffälligkeiten im Vorschulalter als Vorläufer geschlechtstypischer psychischer Störungen des Erwachsenenalters.* Paderborn: Inaugural Dissertation.

Gavranidou, M. & Butollo, W. (1997). *Frühkindliche Ängste als Vorläufer von Ängstlichkeit und Angststörungen im Erwachsenenalter – Eine Nachuntersuchung.* Posterbeitrag zur 13. Tagung für Entwicklungspsychologie, September 1997 in Wien.

Grossmann, K.E., Fremmer-Bombik, E., Friedl, A., Grossmann, K., Spangler, G. & Suess, G. (1989). Die Ontogenese emotionaler Integrität und Kohärenz. In E. Roth, *Denken und Fühlen. Aspekte kognitiv-emotionaler Wechselwirkung* (S.36–55). Berlin-Springer.

Kagan, I., Reznick, J.S. & Sniderman, N. (1990). The temperamental qualities of inhibition and lack of inhibition. In M. Lewis & S. Miller (Eds.), *Handbook of Developmental Psychology,* (S.219–226). New York: Plenum.

Laucht, M., Esser, G. & Schmidt, M.H. (1992). Verhaltensauffälligkeiten bei Säuglingen und Kleinkindern: Ein Beitrag zu einer Psychopathologie der frühen Kindheit. *Zeitschrift für Kinder- und Jugendpsychiatrie, 20,* 22–33.

Laucht, M., Esser, G. & Schmidt, M.H. (1998). Risiko- und Schutzfaktoren der frühkindlichen Entwicklung: Empirische Befunde. *Zeitschrift für Kinder- und Jugendpsychiatrie, 26,* 6–20.

Maragkos, M. (2002). *Angststörungen und Partnerschaft. Partnerschaftliche Bindung, Zufriedenheit und Konflikte.* Inaugural Dissertation, LMU München.

McLeod, J. (1994). Anxiety disorders and marital quality. *Journal of Abnormal Psychology, 103*, 767–776.

Perls, F.S., Hefferline, R.F. & Goodman, P. (1979). *Gestalt-Therapie – Wiederbelebung des Selbst.* Stuttgart: Klett-Cotta.

Petzold, H.G. (2001). *Integrative Therapie.* Paderborn: Junfermann.

Prochaska, J.O., Di Clemente, C.C. & Norcross, J.C. (1992). In search of how people change: Applications to addictive behaviours. *American Psychologist*, 47, 1102–1114.

Reinecker, H. (1993). *Phobien, Agoraphobien, soziale und spezifische Phobien.* Göttingen: Hogrefe.

Schulte, D. (Hrsg.) (1991). *Therapeutische Entscheidungen.* Göttingen: Hogrefe.

Staemmler, F.-M. & Bock, W. (1998). *Ganzheitliche Veränderung in der Gestalttherapie* – Neuausgabe. Wuppertal: Hammer.

Van Ijzendoorn, M.H. & Bakermans, K.M.J. (1996). Attachment representations in mothers, fathers, adolescents, and clinical groups: A meta-analytic search for normative data. *Journal of Consulting and Clinical Psychology, 64(1)*, 8-21.

Warren, S., Huston, L., Egeland, B. & Sroufe, L. (1997). Child and adolescent anxiety disorders and early attachment. *Journal of the American Academy of Child and Adolescent Psychiatry*, 36 (5), 637–644.

Wolfe, B.E. (1992). Integrative psychotherapy of the anxiety disorders. In J. C. Norcross & M. R. Goldfried (Eds.), *Handbook of psychotherapy integration* (S. 373–401). New York: Basic Books.

6. Diagnose und differenzielle Therapie der Angststörungen in einem multimodalen, stationären Ansatz

Jürgen Klingelhöfer, Robert Mestel

6.1 Das multimodale stationäre Setting

Angst gehört als existenzielle Grundbefindlichkeit zum Dasein des Menschen. Angststörungen sind aus humanistisch-anthropologischer Sicht Ausdruck fehlgeschlagener Integrationsversuche schwieriger Daseinsaspekte in den eigenen Lebensentwurf. Die Therapie beinhaltet methodenübergreifend zunächst ein verbessertes Angstcoping, um den betroffenen Menschen die Freiheit des Fühlens, Denkens und Handelns zurückzugeben. Dies ist vorrangiges Therapieziel. Humanistisch integrativ orientierte Therapeuten ermuntern ihre Angstpatienten darüber hinaus, dem tieferen Sinn ihrer ängstlichen Gehemmtheit nachzugehen, um das erreichte Coping im Lebensentwurf zu verankern.

In der psychosomatischen Rehabilitationsklinik Bad Grönenbach werden Angststörungen unter dem humanistischen Leitbild behandelt. Die Auswirkungen auf Diagnose und Therapie werden im Folgenden beschrieben und die Ergebnisse anhand einer kleinen Datenstichprobe referiert.

Im Indikationsspektrum der Klinik ist die Angststörung mit 6% Anteil bei den Hauptdiagnosen vertreten. Wesentlich häufiger wird sie als Co-Diagnose aufgeführt. Weitere Hauptdiagnosen sind: Depressionen 35%, Borderline-Störungen 11%, andere Persönlichkeitsstörungen 16%, Essstörungen 12%, PTBS 6% und somatoforme Störung 6%. Im Durchschnitt werden 3,4 Co-Diagnosen vergeben. Der Schweregrad der Angststörung beträgt im Mittel 7,2 im BSS (Summenwert). Dies entspricht einer ausgeprägten beeinträchtigenden Störung und markiert eine klare Indikation für eine stationäre Behandlung.

Die deskriptive Diagnostik erfolgt nach ICD 10 – F (Forschungskriterien, zu etwa 50% nach Checklisten). Durch diese exakte Erhebung erklärt sich eventuell auch die im Klinikvergleich hohe Zahl von 3,4 Co-Diagnosen. Aus der computergestützten Testdiagnostik (PTM-BaDo / Psy-BaDo, allgemeine und störungsspezifische Testverfahren prä/post) sind die SCL-90-R-Skalen „phobische Angst" und „allgemeine Ängstlichkeit", die Selbsteinschätzung der sozialen Kompetenz im IIP und der BDI für Angsterkrankungen bedeutsam. Bei klinisch relevanten Phobien wird zusätzlich ein spezifischer Angstfragebogen vergeben.

Die Erfassung psychodynamisch relevanter Konflikte und des Strukturniveaus der Persönlichkeitsorganisation sowie der repetitiven dysfunktionalen Beziehungsmuster erfolgt unter Bezug auf die OPD (Operationalisierte Psychodynamische Diagnostik) und unter Zuhilfenahme der SASB-Skalen Introjekt und Eltern (Kurzform).

Da die Klinik Bad Grönenbach eine Rehabilitationsklinik ist, kommen bevorzugt Menschen mit komplexen chronifizierten Angststörungen zur Therapie. Die rehaspezifische Diagnostik erfasst (im Sinne der ICIDH) neben der Schädigung (der Angstsymptomatik) die daraus resultierende Funktionsstörung (Einengung in Denken, Fühlen und Verhalten) und die soziale Beeinträchtigung (bei Phobien z.B. das Ausmaß des Vermeidungsverhaltens, insgesamt die Schwächung der sozial kommunikativen Kompetenz bis hin zur sozialen Isolation oder zum Arbeitsplatzverlust).

Je nach Typ der Angststörung, der Komorbidität und der Motivation bzw. der Ansprechbarkeit für spezielle Therapieverfahren erfolgt dann die Zuweisung zu verschiedenen Settingvarianten der Therapie. Diese sind unterlegt durch eine für die gesamte Klinik gültige Basistherapie: Eine klare Tagesstruktur mit verschiedenen Frühsportvarianten, für alle geforderte Suchtmittelfreiheit, ein stringentes milieutherapeutisches Setting, das als soziales Trainingsfeld definiert ist, Angebote zur beruflichen Rehabilitation sowie spirituelle meditative Angebote.

Die indikativen Settingvarianten, in denen Menschen mit Angststörungen bei uns behandelt werden, sind – gemäß den heute üblichen Therapieempfehlungen (vgl. Fehm et al. 2000)

1. eine übend und stützend ausgerichtete Gruppe, in der Selbstsicherheitstraining und das Erlernen von Konfliktlösungsstrategien im Vordergrund stehen. Hinzu kommt die sozialtherapeutische Hilfestellung bei sozialen und beruflichen Problemen. Hier werden neben anderen Indikationen Patienten mit leichteren Angststörungen ohne ausgeprägte Phobie bei gutem bis mäßigen Strukturniveau (nach Operationalisierter Psychodynamischer Diagnostik-Arbeitskreis OPD, 1996) und eher geringer Psychotherapiemotivation behandelt;

2. indikativ gemischte psychodynamische Gruppen, die konfliktzentriert aufdeckend arbeiten, aber zusätzlich verhaltensmodifizierende Elemente aufweisen, bezogen auf Angststörungen z.B. Vertragsarbeit zum Abbau von Vermeidungsverhalten. Indikationen sind die generalisierte Angststörung, die soziale Phobie und leichtere Formen anderer

phobischer Störungen bei überwiegend mäßigem Strukturniveau und guter Motivation für Psychodynamische Therapie;

3. die eben beschriebene psychodynamische Therapie kombiniert mit Verhaltenstherapie (VT) bei klinisch relevanter Agoraphobie mit/ohne Panikstörung und spezifischer Phobie. Inwieweit es sich hierbei um eine additive Verhaltenstherapie handelt oder um eine Integration von VT-Techniken in ein psychodynamisches Grundsetting im Sinne von Hoffmann et al. (1998), kann man sicher diskutieren. Wir orientieren uns eher an dem idealtypischen integrativen Modell der Angstbehandlung von Butollo et al. (1999; vgl. auch Butollo, dieses Buch), das unserem gesamten Therapiekonzept am ehesten entspricht.

Angststörungen auf mäßig bis geringem Strukturniveau (z.B. Panikstörung oder GAS) mit Komorbidität schwere Persönlichkeitsstörung oder PTBS werden in speziellen Settings für diese Störungsbilder behandelt. Die Konzepte kann ich hier nicht im einzelnen erörtern (vgl. Votsmeier 1998).

Eine medikamentöse Behandlung ist nach unseren Erfahrungen in dem beschriebenen Setting nur selten notwendig und wenn, dann bei der Panikstörung. In diesen Fällen verwenden wir die heute üblichen SSRI aus der Gruppe der Antidepressiva.

Die psychodynamische Therapie ist nahezu immer kombiniert mit verhaltensmodifizierenden Elementen. Im Arbeitsbündnis mit dem Patienten wird das repetitive dysfunktionale Beziehungsmuster in den Mittelpunkt gestellt. Der dem Patienten bewusste Anteil des psychodynamisch interpersonellen Fokusses wird regelmäßig als so genannter Wochenfokus im Gruppensetting auf das aktuelle Verhalten bezogen und unter Umständen mit Übungsaufgaben verknüpft, z.B. Abbau von Vermeidungsverhalten. Je nach Komorbidität wird Vertragsarbeit vereinbart, z.B. bei Suizidalität oder bei einem Suchtproblem.

Die Therapie erfolgt schwerpunktmäßig in Kleingruppen zu acht bis zwölf Teilnehmern und arbeitet mit Hilfe der Leitmethoden Gestalttherapie und Psychodrama im Sinne des Prozesserfahrungsansatzes szenisch ausdrucksorientiert. Hierbei wird unter der Klärungsperspektive (Grawe 1995) zunächst der intrapsychische Dialog zwischen bewusstem Konzept und unbewusstem Erleben angeregt mit dem Ziel der Einsichtsvermittlung in konfliktbedingte Ambivalenzen – auch im szenischen Aktualbezug zur Gruppe. Unter der Bewältigungsperspektive können dann durch Probehandeln im szenischen Dialog bedürfnisbefriedigende Beziehungswahrnehmungen möglich werden. Schließlich wird die kognitive Integration und die Verankerung im alltäglichen Handeln durch Übungsaufgaben angestrebt. Ich beschreibe hier natürlich nur die kognitive Matrix therapeutischen Handelns. Im konkreten Alltag sind wir mit wenigen Teilschritten sehr zufrieden.

Die verhaltenstherapeutische Behandlung findet einzeln und in der Gruppe statt. Die so genannte Angstbewältigungsgruppe enthält fünf Module:

1. Aufklärung über die Erkrankung, Ortung der Auslöser, Erstellung einer Angsthierarchie und Absprache über Therapieziele;

2. das Erlernen eines gezielten Umgangs mit Atmung und Hyperventilation und das Erlernen von Möglichkeiten, den Panikaufschaukelungsprozess zu stoppen;
3. kognitive Umstrukturierung und Körpersymptomexperimente;
4. Arbeit am Vermeidungsverhalten.;
5. prozessuale Aktivierung, also Exposition und Selbstverstärkung.

Die Einzeltherapie arbeitet individualisiert und manualgeleitet (in Anlehnung an Schneider & Margraf, 1998), bei der Panikstörung mit Erstellung eines Angsttagebuchs, Hyperventilationstest und Erarbeitung des Angstkreislaufs sowie mit Reizkonfrontation bei allen phobischen Störungen. Hier wird möglichst flooding angestrebt; falls dies nicht gewollt wird, erfolgt graduierte Reizkonfrontation.

6.2 Fallbeispiel

Herr F., 22 Jahre alt, kommt in stationäre Behandlung wegen zahlreicher funktioneller Körperbeschwerden, massiver, teils phobisch fixierter (Höhenangst), teils panikartig verdichteter Ängste, gepaart mit hypochondrischen Befürchtungen (Angst vor Schlaganfall und Herzinfarkt). Er vermeidet exponierte Stellen an Gebäuden oder in der Natur aus Angst, ohnmächtig zu werden und dann herunterzufallen.

Herr F. ist im Auftreten betont freundlich und zuvorkommend, wirkt dabei etwas schüchtern und gefühlsmäßig wenig spürbar. Er ist erheblich verunsichert bezüglich seines eigenen Selbstbildes und Selbstwertes. Er wuchs als jüngstes Kind in einem intellektuell leistungsbetonten Pfarrhaushalt auf und betont, dass das Verhältnis zu beiden Eltern wunderbar und insbesondere zum Vater von Liebe geprägt sei. Die seit der Pubertät bestehenden Ängste verdichteten sich vor drei Jahren nach zwei kurz aufeinander folgenden Herzinfarkten des Vaters. Wir diagnostizieren nach ICD-10 eine spezifische Phobie, eine Panikstörung, eine somatoforme autonome Funktionsstörung sowie eine mittelgradige depressive Episode, differentialdiagnostisch eine hypochondrische Störung. Psychodynamisch scheinen uns bei mittlerem Strukturniveau Selbstwertkonflikte und Kontroll-/Unterwerfungskonflikte neben einer ungelösten Abhängigkeitsproblematik im Vordergrund zu stehen.

Der Patient ist für eine psychodynamische Behandlung geeignet und ausreichend motiviert. Aufgrund der phobischen Störung nehmen wir ihn zusätzlich in die verhaltenstherapeutisch geführte Angstbewältigungsgruppe und schließlich auch in die gezielte Expositionsbehandlung. In der psychodynamischen Therapie wird Herr F. von seiner Therapeutin als bemüht erlebt und begierig nach schnellen praktischen Lösungen suchend. Sie tut sich schwer, persönlichen Zugang zu ihm zu finden, und schildert ihn als nur begrenzt fähig, gewonnene Einsichten als Lernerfahrung ins eigene Selbst aufzunehmen. In zwei Situationen, die erlebnisorientiert szenisch gestaltet sind, ist er allerdings durchaus in der Lage gewesen, die eigene Rolle emotional wahrzunehmen und zu reflektieren. Die Angstbewältigungsgruppe erlebt Herr F. als hilfreich, auch die Expositionsbehandlung seiner Höhenangst: Nachdem er zunächst in therapeutischer Begleitung das Ulmer Münster erstiegen hat, setzt er sich danach in Absprache wiederholt in Eigenregie ähnlichen Situationen aus und erlebt eine deutliche Angstminderung.

Klinisch und testpsychologisch haben sich Angst und Depression zurückgebildet, die hypochondrischen Befürchtungen haben sich kaum verändert, die soziale Kompetenz und die Fähigkeit, interpersonelle Probleme zu lösen, sind verbessert, das Bindungsmuster hat sich von anklammernd verstrickt tendenziell in den Bereich der sicheren Bindung entwickelt.

Diese für den kurzen Aufenthalt (acht Wochen) recht positive Prä-/Postentwicklung erklärt sich sicher nicht nur durch die psychodynamische und die Verhaltenstherapie. Im stationären Rahmen entsteht schnell ein familienähnliches Klima, das gerade auf ängstliche und depressive Patienten entlastend wirkt. Herr F. hat vielleicht einige positive, ihn stärkende Beziehungserfahrungen machen können und auch verständnisvolle Aufnahme bei ihn belastenden Themen in der Gruppe gefunden. Die psychodynamische Konfliktebene ist damit natürlich nicht gelöst. Die verselbstständigten Ängste und ihre Vermeidungsmuster sind allerdings zunächst einmal konstruktiv gestoppt.

6.3 Erfolgskontrolle

Wir haben den Therapieerfolg bei AngstpatientInnen in den verschiedenen Behandlungssettings in einem naturalistischen Design (keine zufällige Zuweisung zu den beiden Therapiebedingungen) untersucht (Mestel et al., 2001b). Dabei wollten wir wissen:

Welcher (Prä-/Post-Katamnese) Therapieerfolg lässt sich bei PatientInnen mit Angststörungen nach kombiniert psychodynamischer und verhaltenstherapeutischer Psychotherapie belegen?

Gibt es Unterschiede im Therapieerfolg zwischen der kombinierten Behandlung im Gegensatz zur psychodynamischen Standardbehandlung?

Verglichen wurde das Standardverfahren (wie oben unter 2. beschrieben) mit einer Kombination aus Standardverfahren und VT (wie oben unter 3. beschrieben).

6.3.1 Methoden

6.3.1.1 Einschlusskriterien

- Diagnose einer Agoraphobie nach ICD-10 mit oder ohne Panikstörung und/oder eine spezifische Phobie;
- reguläre Therapiebeendigung;
- vollständige prä-post Datensätze;
- Behandlung in der Standardtherapie (psychodynamisch-integrativ) oder in der Standardtherapie kombiniert mit VT-Sitzungen.

6.3.1.2 Ausschlusskriterien

- Borderline Diagnose;
- *Reine* generalisierte Angststörung, *reine* Zwangsstörung oder *reine* soziale Phobie.

6.3.1.3 Stichprobencharakteristika

Fast 80% der Patienten waren weiblich, das Durchschnittsalter lag bei etwa 37 Jahren, fast die Hälfte hatte Abitur, etwa 45% der Behandlungen liefen über die BfA als Kostenträger (vgl. Tab. 1). In der Kombinationsbehandlung hatten mehr Patienten eine Angststörung als Hauptdiagnose (38,5%) im Vergleich zur rein psychodynamischen Behandlung (17,9%; p<.05). Patienten, die keine Angststörung als Hauptdiagnose aufwiesen, hatten eine Angststörung als Nebendiagnose (siehe Einschluss- und Ausschlusskriterien weiter oben). Die ICD-10 Diagnosensumme betrug etwa 3,7, der durchschnittliche Beeinträchtigungs-Schwere-Score lag bei 6,9, die OPD-Gesamtstruktur (Achse IV) im Mittel bei 2

Variable	Behandlungsbedingungen		p
	nur psychodyn. N= 39	Kombination mit VT N= 59	
Geschlecht: weiblich	79,5 %	76,3 %	ns
Durchschnittliches Alter	36,7 (SD: 8)	36,8 (SD: 9,4)	ns
Abiturient	46,2 %	49,1 %	ns
Kostenträger BfA	43,2 %	48,2 %	ns
Hauptdiagnose: Angststörung	17,9 %	38,5 %	*
Hauptdiagnose: Depression	38,5 %	36,5 %	ns
Hauptdiagnose: Persönlichkeitsstörung	15,4 %	9,6 %	ns
ICD-10 Diagnosensumme	4 (SD: 1,4)	3,4 (SD: 1,8)	ns
BSS-Summe (Beeinträchtigung)	7 (SD: 1,1)	6,81 (SD: 1)	ns
OPD-Gesamtstruktur (1 = hoch, 2 = mäßig, 3 = gering)	2 (SD: 0,3)	2,06 (SD: 0,32)	ns
Chronifizierung Hauptdiagnose in Jahren	8,9 (SD: 7,1)	7,48 (SD: 6,5)	ns
Mittlere Behandlungsdauer	72,1 (SD: 23)	67,9 (SD: 17,3)	ns

ns: nicht signifikant * p< .05

Tabelle 1: Darstellung und Vergleich der Stichprobencharakteristika der psychodynamischen und der Kombinationsbehandlung (mäßig) und die Chronifizierung der Hauptdiagnose betrug etwa 8,2 Jahre. Die mittlere Behandlungsdauer betrug etwa 70 Tage, wobei hier berücksichtigt werden muss, dass nur reguläre Therapiebeender in die Studie eingeschlossen wurden.

Auf allen übrigen explorativ geprüften etwa 200 Variablen zu Therapiebeginn (Tests; Basisdokumentation) ergaben sich nur sechs signifikante Unterschiede (was per Zufall zu erwarten war). Danach gab die reine psychodynamisch behandelte Gruppe mehr Selbsthilfegruppenbesuche im Vorfeld an, sie erhielten häufiger die Diagnose „Schädlicher Gebrauch von Substanzen“ und „posttraumatische Belastungsstörung“, waren unzufriedener mit ihrer Freizeit und hatten häufiger den OPD-Konflikt „Kontrolle-Unterwerfung“. Die rein psychodynamisch behandelte Gruppe unterschied sich fast nicht von der Kombinationsbehandlungsgruppe!

6.3.1.4 Instrumente

Folgende psychometrische Instrumente wurden eingesetzt (vgl. Tabelle 2 auf der nächsten Seite): Gießen-Test (GT – Beckmann et al. 1991); Strukturale Analyse sozialen Verhaltens (SASB, Introjektfragebogen, Instruktion „Wie gehe ich mit mir im Normalfall um?“ – Tscheulin & Glossner 1993); Symptom Checkliste (SCL-90-R – Franke 1995); Beck Depressions Inventar (BDI – Hautzinger et al. 1995); Inventar interpersoneller Probleme (IIP – Horowitz et al. 1993); Veränderungsfragebogen des Erlebens und Verhaltens (VEV – Zielke & Kopf-Mehnert 1979); VEV-K (Kriebel et al. 2001) und der Bindungsstilfragebogen Relationship Questionaire dimensional (Griffin & Bartholomew 1994). Daneben wurden die OPD-Achse IV nach der Version des ersten OPD-Manuals (OPD Arbeitskreis, 1996) beurteilt und für die Kombinationsbehandlung die AKV-Skalen (ACQ, BSQ, MI-A, MI-B; Ehlers & Margraf 1993). Es wurde eine mit der PSY-BaDo (Heuft & Senf 1998) kompatible Basisdokumentation (PSY-BaDo-PTM; von Heymann et al., in Vorb.) eingesetzt, welche alle therapeutenseitig beurteilten Variablen (wie ICD-10-Diagnosen; Motivation der Patienten; BSS-Ratings (Schepank 1995); Art der Therapiebeendigung) enthält. Nähere Informationen zum Qualitätssicherungssystem der Klinik finden sich bei Mestel et al. (2001a) oder im Internet unter www.kliniken-groenenbach.de.

6.3.2 Ergebnisse

Es ergab sich für alle berechneten ca. 200 prä-post Vergleiche nur ein einziger signifikanter Unterschied (p<.05): Patienten aus der Kombinations-Behandlung profitierten mehr im Bereich „Selbstunterstützung“ (SASB; Effektstärke des Gruppenunterschiedes über die Zeit: d=.37; für Erläuterungen zum Effektstärkenbegriff vgl. Hartmann & Herzog 1995 oder Mestel et al. 2000). Da ein signifikanter Befund bei so vielen Prüfungen per Zufall zu erwarten ist, liegt die Interpretation nahe, dass sich während dem Zeitraum der Therapie überhaupt keine unterschiedlichen Therapieeffekte für beide Gruppen ergaben.

	Nur psy.dyn.			Kombination		
	prä	post	kat	prä	post	kat
Symptom-Checkliste (SCL-90-R) Skalen: Phobische Angst (7), Ängstlichkeit (5), Gesamtwert (10)	✔	✔	✔	✔	✔	✔
Beck Depressions Inventar (BDI)	✔	✔	✔	✔	✔	✔
Inventar Interpersoneller Probleme (IIP) Gesamtwert; zu unterwürfig	✔	✔	✔	✔	✔	✔
Strukturale Analyse Sozialen Verhaltens (SASB); Skala: Selbstakzeptanz, Selbstliebe	✔	✔	✔	✔	✔	✔
Giessen-Test: Skalen: soziale Resonanz (1), Grundstimmung (4), Durchlässigkeit (5), soziale Potenz (6)	✔	✔	✔	✔	✔	✔
Veränderungsfragebogen des Erlebens und Verhaltens (VEV-K)		✔	✔		✔	✔
Globales Therapeutenurteil der Veränderung		✔			✔	
PSY-BaDo-PTM (Basisdokument.)	✔	✔	✔	✔	✔	✔
STAI (Angst als Trait)				✔	✔	✔
ACQ (Agoraphobie)				✔	✔	✔
BSQ (Body Sensation Questionaire)				✔	✔	✔
MI-A und MI-B (Vermeidungsverhalten)				✔	✔	✔
Goal Attainment Scaling					✔	

Anmerkungen: kat: Ein- oder Zwei-Jahres-Katamnese

Tabelle 2: Überblick über die zu drei Messzeitpunkten eingesetzten Instrumente

6.3.2.1 Direkte pauschale Veränderungseinschätzung bei Therapieende

Im Schnitt fand eine aus Patientensicht über beide Gruppen gleich starke Zunahme von Entspannung, Optimismus und Gelassenheit gemessen mit dem VEV statt (psychodynamische Gruppe: M: 208,7 [SD: 46,6]; Kombinationsbedingung: M: 210,7 [SD: 36,8]). Auch aus Therapeutensicht ergaben sich genau gleich starke Verbesserungen im Bereich der seelischen und körperlichen Befindlichkeit (vgl. Abbildung 1). Das körperliche Befinden hatte sich durchschnittlich etwas gebessert, das seelische Befinden etwas bis deutlich gebessert.

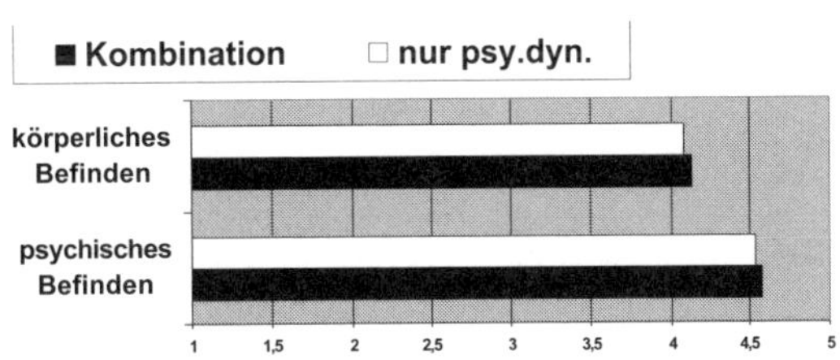

Abbildung 1: Veränderung des seelischen oder körperlichen Befindens aus Therapeutensicht für die beiden Behandlungsbedingungen (Messzeitpunkt: Therapieende; aus PSY-BaDo-PTM)

6.3.2.2 Indirekte (prä-post oder prä-Katamnese) Veränderungsmessung aus Patientensicht

Wie erwähnt ergaben sich gleich hohe Effektstärken im prä-post-Vergleich zwischen den beiden Behandlungsbedingungen für die Instrumente SASB, IIP, GT, BDI und den RQ-2 (vgl. Abbildung 2).

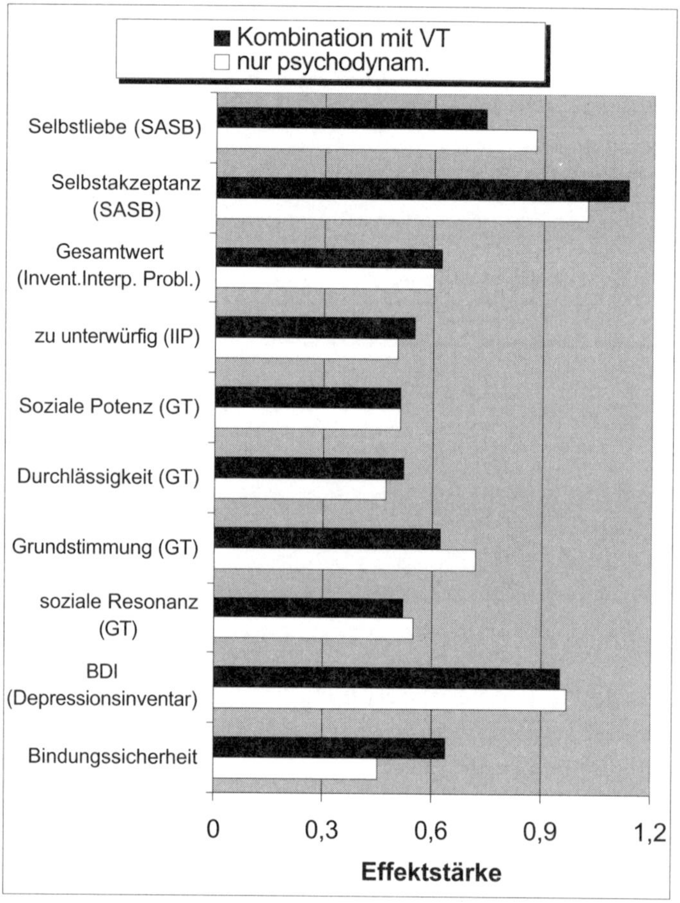

Anmerkung: > .9 großer Effekt; >.6 mittlerer Effekt; > .3 kleiner Effekt

Abbildung 2: Prä-Post Effektstärken für beide Behandlungsbedingungen auf allgemeinen psychometrischen Testskalen (unspezifisch für Angststörungen)

Es ergab sich ein großer Effekt im erwünschten Sinn für Selbstakzeptanz (SASB). Mittlere Effekte zeigten sich im Bereich einen Zuwachses an Selbstliebe und einer Abnahme an Depressivität und interpersoneller Probleme. Auf den übrigen Skalen zeigten sich kleine Effekte.

Bezogen auf ausgewählte Skalen der SCL-90-R (Angstskalen und Globalwert GSI) ergaben sich keinerlei Gruppenunterschiede im prä-post-Vergleich (kleine bis mittlere Effektstärken; vgl. Abbildung 3), aber es deutet sich nach der Auswertung der ersten Kohorte der 1-Jahreskatamnese an (Achtung: n=8 in der psychodynamischen Gruppe; n=11 in der Kombinationsbehandlung), dass Patienten in der Kombinationsbehandlung mehr profitierten.

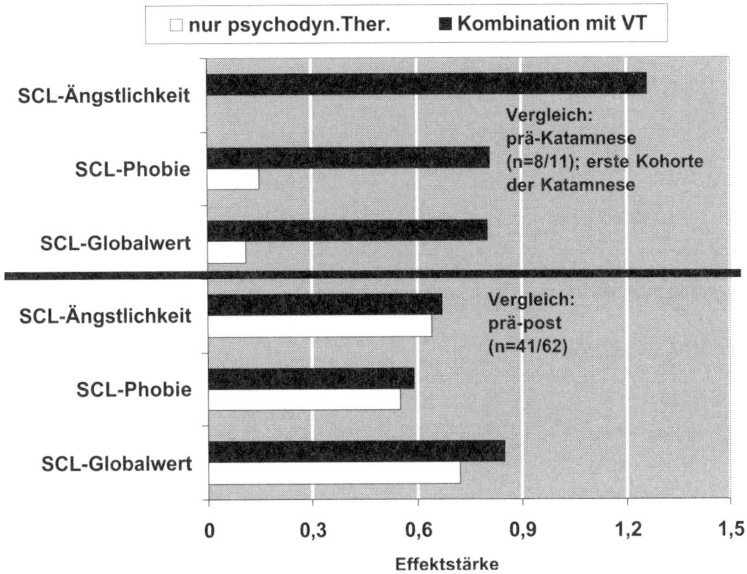

Abbildung 3: Effektstärken für den prä-post und Prä-Katamnesevergleich der beiden Gruppen für SCL-90-Skalen

Die Ergebnisse bei den störungsspezifischen AKV-Angstskalen, welche ausschließlich den Patienten der Kombinationsbehandlung gegeben wurden, weisen im prä-post und im prä-Katamnese-Vergleich kleine bis mittlere Effekte auf (vgl. Abbildung 4). Diese eher mäßigen Befunde sind auch darauf zurückzuführen, dass die „prä"-Messung dieser Instrumente im Schnitt erst in der dritten Behandlungswoche erfolgte, also nach Zuweisung zur VT-Behandlung. Es kann davon ausgegangen werden, dass die Patienten bei einer echten prä-Messung am Aufnahmetag höhere Werte auf den Angstskalen aufgewiesen hätten, was zu erhöhten prä-post (bzw. prä-Katamnese) -Differenzen, also auch zu höheren Effektstärken geführt hätte. Dieser methodische Schwachpunkt wird ab 2002 an der Klinik dadurch verbessert, dass mit den einschlägigen Angstskalen eine echte prä-Messung vorgenommen wird.

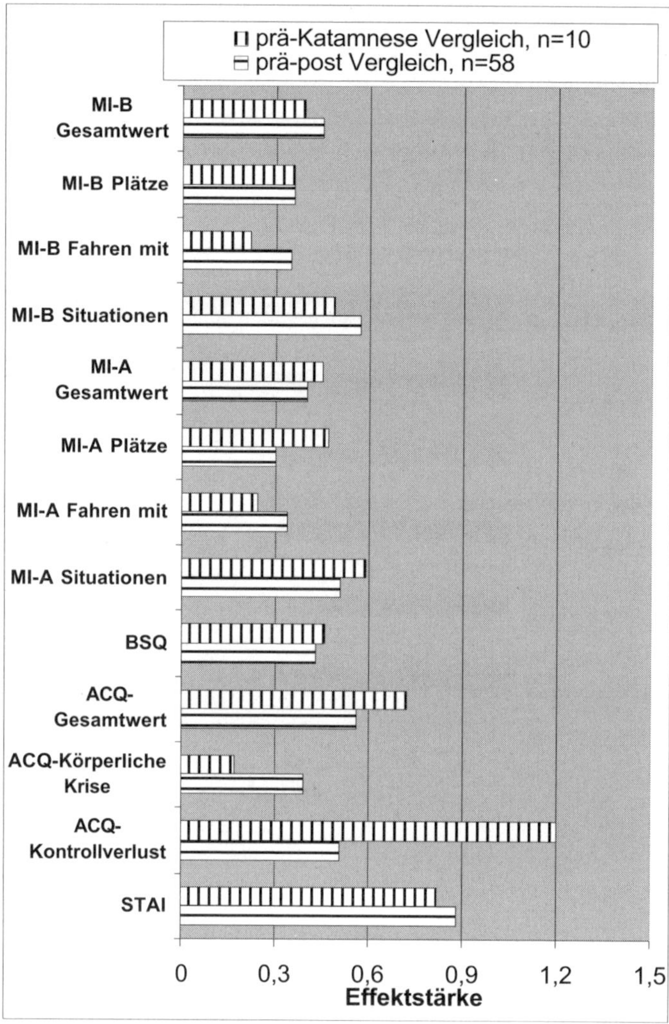

Abbildung 4: Effektstärken auf Angstskalen nur für die Kombinationsbehandlung (prä-post/Prä-Katamnese-Vergleich)

6.3.3 Diskussion der Ergebnisse

Diese kleine klinikinterne Studie lässt sich natürlich in keiner Weise vergleichen mit z.B. der Mainzer Studie (Hoffman et al., 1998), die ja deutliche Unterschiede zwischen den beiden Behandlungssettings erbracht hat. Der Befund, dass bei uns keine Unterschiede (prä/post) zwischen der Kombination versus reiner psychodynamischer Behandlung gefunden wurde, könnte erklärt werden mit

- zu unspezifischen Messinstrumenten (AKV wurden nur in der Kombinationsgruppe eingesetzt; es wurde kein Fremdrating der Ängstlichkeit oder Vermeidung, also verhaltensbezogener Indikatoren, durch unabhängige Beurteiler durchgeführt);
- zu starken unspezifischen Wirkfaktoren in stationärer Psychotherapie (so genanntes „Rauschen“);
- zu geringer „Dosis“ der bisherigen Verhaltenstherapie;
- zu spätem Beginn der Verhaltenstherapie (nach 3 Wochen);
- zu wenig massierter Reizkonfrontation en bloc;
- der Annahme, dass sich die Überlegenheit der Kombination erst katamnestisch zeigt (Hierzu gibt es in der ersten Katamnesekohorte de facto erste Hinweise in erwarteter Richtung!);
- einer fehlenden Randomisierung; in 'Wahrheit' sind in den beiden Gruppen doch unterschiedliche Patienten (was jedoch nicht gemessen wurde);
- semispezifischen VT-Elementen auch in der 'reinen' psychodynamisch-humanistischen Therapie (vgl. Einleitung oben).

Wir hatten weiter oben ausgeführt, dass die stationäre psychodynamisch integrative Therapie in Bad Grönenbach immer auch verhaltensmodifizierende Übungsaufgaben und damit VT-Elemente enthält. Durch den integrativen Ansatz des gesamten Therapiesettings wird natürlich das von der VT normalerweise beanspruchte Wirkfeld mit betreten. Möglicherweise können die erhobenen Befunde nur als Ausdruck des gesamten integrativen Behandlungsansatzes angemessen interpretiert werden. Zumindest zeigt sich insgesamt eine ausreichende Wirksamkeit des mehrdimensionalen Vorgehens. Die Kombination von psychodynamischer und verhaltenstherapeutischer Behandlung bei Patienten mit Angststörungen hat sich klinisch in den meisten Fällen bewährt.

Ab Anfang 2001 wird die Verhaltenstherapie auch aus ökonomischen Gründen neben dem Einzelsetting vermehrt in Gruppen durchgeführt. Unterschiede im Therapieerfolg werden ab 2002 untersucht. Angestrebt wird im Rahmen verhaltenstherapeutischer Interventionen in verstärktem Maße bei motivierten Patienten ein massiertes flooding im Gegensatz zu einem graduierten Vorgehen. Geplant ist weiterhin, die Evaluation für alle Angstpatienten standardisiert mit den zentralen weltweit verbreiteten Angstskalen nach Chambless durchzuführen (AKV-Skalen; Ehlers & Margraf 1993), da die Validität der bisherigen Breitbandinstrumente für Angststörungen unzureichend ist.

Literatur

Arbeitskreis OPD (1996). *Operationalisierte Psychodynamische Diagnostik. 1. Auflage.* Bern: Hans Huber Verlag.

Beckmann, D., Brähler, E. & Richter, H.-E. (1991). *Der Gießen-Test (GT) – Handbuch, vierte überarbeitete Auflage mit Neustandardisierung.* Bern: Huber.

Butollo, W., Rosner, R. & Wentzel, A. (1999). *Integrative Psychotherapie bei Angststörungen.* Bern: Huber.

Ehlers, A. & Margraf, J. (1993). *AKV-Fragebogen zu körperbezogenen Ängsten, Kognitionen und Vermeidung.* Weinheim: Beltz Test.

Fehm, L., Margraf, J. & Senf W. (Hg.) (2000). *Symptomatik, Diagnostik, Klassifikation, Therapie von Angstkrankheiten. Praxis der Psychotherapie.* Stuttgart: Thieme.

Franke, G.H. (1995). *SCL-90-R. Die Symptom-Checkliste von Derogatis* – Deutsche Version. Manual. Göttingen: Beltz.

Grawe, K. (1995). Grundriss der allgemeinen Psychotherapie. *Psychotherapeut 40*, 130–145.

Griffin, D. & Bartholomew, K. (1994). The metaphysics of measurement: The case of adult attachment. *Advances in Personal Relationships 5*, 17–52.

Hartmann, A. & Herzog, T. (1995). Varianten der Effektstärkenberechnung in Meta-Analysen: Kommt es zu variablen Ergebnissen? *Zeitschrift für klinische Psychologie, 24/4*, 337–343.

Hautzinger, M., Bailer, M., Worall, H. & Keller, F. (1995). *Beck-Depressions-Inventar (BDI). Testhandbuch (2. Überarbeitete Auflage).* Bern: Huber.

Heuft, G. & Senf, W. (1998). *Praxis der Qualitätssicherung in der Psychotherapie: Das Manual zur PSY-BaDo.* Stuttgart: Thieme.

Hoffmann, S.O., Egle, U.T., Bassler, M., Nickel, R., Petrak, F. & Porsch, U. (1998). Psychotherapeutische Kombinationsbehandlung. *Psychotherapeut 43*, 282–287.

Horowitz, L.M., Strauß, B. & Kordy, H. (1993). *Inventar zur Erfassung interpersonaler Probleme.* Deutsche Version (IIP-D). Weinheim: Beltz.

Kriebel, R., Paar, G.H., Schmitz-Buhl, M. & Raatz, U. (2001). Veränderungsmessung mit dem Veränderungsfragebogen (VEV): Entwicklung einer Kurzform und deren Anwendung in der Psychosomatischen Rehabilitation. *Praxis Klinische Verhaltensmedizin und Rehabilitation 53*, 20–32.

Mestel, R., Neeb, K., Hauke, B., Klingelhöfer, J. & Stauss, K. (2000). Zusammenhänge zwischen der Therapiezeitverkürzung und dem Therapieerfolg bei depressiven Patienten. In Bassler, M. (Hg.), *Wirkfaktoren von stationärer Psychotherapie. Mainzer Werkstatt über empirische Forschung von stationärer Psychotherapie 1998* (S. 98–146). Gießen: Psychosozial.

Mestel, R., Vogler, J. & Klingelhöfer, J. (2001a). Rückmeldung der testpsychologisch ermittelten Ergebnisqualität in der stationären Psychosomatik. In Bassler, M. (Hg.), *Störungsspezifische Therapieansätze in der Psychosomatik* (S. 147–167). Gießen: Psychosozial.

Mestel, R., Vogler, J. & Klingelhöfer, J. (2001b). *Therapieerfolg bei Angst-PatientInnen nach kombiniert psychodynamisch-verhaltenstherapeutischer stationärer Psychotherapie.* Poster auf der 14. Mainzer Werkstatt 23./24.11.2001.

Schepank, H. (1995). *Der Beeinträchtigungs-Schwere-Score.* Testmanual. Göttingen: Hogrefe.

Schneider, S. & Margraf, J. (1998). *Agoraphobie und Panikstörung.* Göttingen: Hogrefe

Tscheulin, D. & Glossner, A. (1993). Die deutsche Übertragung der INTREX „Longform Questionaires": Validität und Auswertungsgrundlagen der SASB-Fragebogenmethode. In Tress, W. (Hg.), *Die Strukturale Analyse Sozialen Verhaltens – SASB. Ein Arbeitsbuch für Forschung und Ausbildung in der Psychotherapie* (S. 123–155). Heidelberg: Asanger.

Von Heymann, F., Tritt, K. & Zaudig, M. (in Vorb.). Die diagnosebezogene Behandlungsdauer: Eine homogene Größe? Erste Ergebnisse der Multicenter-Basisdokumentation (PSY-BaDo-PTM) als Grundlage qualitätssichernder Maßnahmen in der stationären Psychosomatik.

Votsmeier, A. (1998). Stationäre Therapie von Borderline-Störungen nach einem psychodynamisch-integrativen Ansatz. Das Grönenbacher Modell. *Psychotherapie in Psychiatrie, Psychotherapeutischer Medizin und Klinischer Psychologie 1*, 24–39.

Zielke, M. & Kopf-Mehnert, C. (1979). *Veränderungsfragebogen des Erlebens und Verhaltens.* Weinheim: Beltz Test.

7. Selbsthilfegruppen bei Angststörungen: Das Konzept der Münchner AngstHilfe und -Selbsthilfe MASH

Margit Waterloo-Köhler

„Empowerment-Geschichten sind Geschichten der Stärke in Zeiten des Mangels" (W. Stark).

7.1 Selbsthilfe als Teil des Gesundheitswesens

Wenn man die Bedeutung von Selbsthilfe heutzutage darstellen möchte, kann dies nicht mehr ausschließlich aus dem Blickwinkel der jeweiligen Betroffenheit heraus geschehen, sondern man muss daneben sowohl den gesellschaftspolitischen als auch den wirtschaftlichen Aspekt hervorheben. Selbsthilfe gilt inzwischen als anerkannte „vierte Säule des Gesundheitswesens" (Matzat 2001, 129). Die neuesten Veröffentlichungen zur Verbreitung und Bedeutung von Selbsthilfe gehen bundesweit von über 70.000 Selbsthilfegruppen mit mehr als 3 Millionen Mitgliedern aus. Davon entfallen ca. 40.000 auf Gruppen, die im Gesundheitsbereich angesiedelt sind und an denen rund 2,5 Millionen Menschen teilnehmen. Mit 100 DM, die als Fördermittel für Selbsthilfe im Gesundheitsbereich eingesetzt werden, kann eine Wertschöpfung von über 570 DM erzielt werden! Der volkswirtschaftliche Nutzen der ehrenamtlichen Tätigkeit im Selbsthilfebereich wird damit auf 4 bis 7 Milliarden DM geschätzt (Kösters 1999, 77).

Einen weiteren deutlichen Hinweis auf die gesellschaftliche Anerkennung und Etablierung von Selbsthilfe im Gesundheitswesen gibt die im Rahmen der Gesundheitsreform 2000 erfolgte Neufassung des §20 SGB V. Hier wird verpflichtend formuliert, dass Krankenkassen Selbsthilfefördergelder von 1 DM pro Versichertem bereitstellen müssen und Vertreter der Selbsthilfe an der Ausarbeitung entsprechender Förderrichtlinien zu beteiligen sind.

7.2 Was ist Selbsthilfe?

Mit Selbsthilfe werden überwiegend Gesprächsgemeinschaften von Menschen bezeichnet, die in vergleichbarer Weise von einem Problem oder einer Krankheit betroffen sind und die sich gegenseitig austauschen, stärken und anregen wollen. Selbsthilfegruppen sind immer freiwillige Zusammenschlüsse von Betroffenen, die gleichberechtigt und selbst verantwortlich den Ablauf der Gruppenarbeit bestimmen. Entscheidende gemeinsame Merkmale aller Selbsthilfegruppen sind Selbstbetroffenheit und Handeln in eigener Sache.

Selbsthilfegruppen bilden sich oft im Umkreis von Minoritäten. Sie stellen soziale Netzwerke dar, die wichtige Ressourcen für Menschen in Notsituationen zur Verfügung stellen. Innerhalb der Gruppen findet gegenseitige Beratung statt. Die Teilnehmer unterstützen einander dabei, selbst wieder aktiv zu werden, um ihre Probleme zu lösen oder zu vermindern. Selbsthilfegruppen fördern ihre Mitglieder dabei, wieder zu Gestaltern ihrer eigenen Umwelt zu werden. Die Erfahrung, trotz eigener Notlage selbst aktiv Einfluss nehmen zu können, stärkt den Selbstwert und motiviert zum Gesundwerden. Indem die Mitglieder von Selbsthilfegruppen anderen helfen, helfen sie sich auch selbst. Diese gegenseitige „Hilfe zur Selbsthilfe" wird dem menschlichen Bedürfnis gerecht, sowohl zu geben als auch zu nehmen. Selbsthilfe integriert somit Menschen sozial und unterstützt beim Einzelnen Selbstverantwortung und Eigeninitiative.

7.3 Verschiedene Arten von Selbsthilfe

Man unterscheidet verschiedene Arten von Selbsthilfegruppen. Dazu zählen u.a. Frauengruppen, Gruppen der Friedensbewegung, Umweltgruppen, lebensgestaltende Selbsthilfegruppen wie z.B. Wohngemeinschaften, arbeitsorientierte oder ausbildungsorientierte Selbsthilfegruppen, aber auch politische Selbsthilfegruppen, zu denen im engeren Sinn auch Bürgerinitiativen gerechnet werden. Im Gesundheitsbereich sind besonders Selbsthilfeorganisationen, Selbsthilfegruppen und regelmäßige Gesprächsgemeinschaften vertreten, die sich folgendermaßen unterscheiden lassen:

- Der Schwerpunkt der Arbeit von *Selbsthilfeorganisationen* liegt auf der Informationsvermittlung sowohl für Betroffene als auch im Bereich der Öffentlichkeitsarbeit. Selbsthilfeorganisationen leisten PatientInnenaufklärung und nehmen als Interessenverbände ihrer Teilnehmer Einfluss auf die Gesundheits- und Sozialpolitik.
- *Selbsthilfegruppen* sind dagegen weniger bürokratisch organisiert und arbeiten überwiegend lokal bzw. regional. Sie sind meist spontan auf Einzelinitiativen hin entstanden. Hier steht das Aufbrechen der Isolation im Vordergrund. Schwerpunktmäßig werden gesellige Treffen oder gemeinsame Aktivitäten organisiert.

- Die *regelmäßigen Gesprächsgemeinschaften* stellen eine besondere Form der Selbsthilfegruppen dar. Diese Gruppen arbeiten nach einer relativ klar festgelegten Gruppenstruktur über einen längeren Zeitraum hinweg, jedoch ohne externen Gruppenleiter oder Therapeuten.

7.4 Geschichte der Selbsthilfe in Deutschland

Die Entwicklung der Selbsthilfegruppen in der Bundesrepublik Deutschland begann nach dem Zweiten Weltkrieg. Die ersten Gruppen übernahmen Programme der psychosozialen Selbsthilfegruppen aus den USA (1935 entstanden dort die „Anonymen Alkoholiker"). In den 70er Jahren gründeten sich mit Unterstützung der psychosomatischen Universitätsklinik Gießen die ersten psychologisch-therapeutischen Gesprächs-Selbsthilfegruppen, die nicht nach dem amerikanischen Modell arbeiteten.

Jürgen Matzat bezeichnet die Entwicklung der Selbsthilfe in Deutschland als „Erfolgsgeschichte" (2001, 129), da Selbsthilfe trotz eines immer perfekter ausgebauten Gesundheitssystems inzwischen zur alltäglichen Realität geworden ist. Ihre Bedeutung hat seit dem Ende der 70er Jahre gerade im Bereich der Gesundheitsförderung und der Unterstützung bei der Bewältigung psychischer und psychosomatischer Erkrankungen ein nie zuvor gekanntes Ausmaß erreicht.

Einige gesellschaftliche Entwicklungen lassen sich als Ursachen hierfür besonders hervorheben:

- Der hohe Aufwand an Medizintechnik in einer High-Tech-Medizin lässt den Faktor „Mitmenschlichkeit" außer Acht. Diesem medizinischen System wird besonders im Umgang mit chronischen Erkrankungen „therapeutische Unfähigkeit" vorgeworfen („3-Minuten-Medizin", „Apparate-Medizin"). Chronisch kranke Menschen suchen und benötigen häufig längerfristige mitmenschliche Unterstützung und Erfahrungskompetenz, die aus eigener Betroffenheit heraus erwachsen ist.

- Gerade in der heutigen Zeit, in der natürliche soziale Netzwerke einen großen Teil ihrer Tragfähigkeit verloren haben, ist dieser Verlust durch Professionalität alleine nicht zu ersetzen. Diese zunehmende Funktionsunfähigkeit traditioneller sozialer Netze führt zu vermehrter Isolation und Vereinzelung von Menschen besonders in Krisensituationen. Selbsthilfegruppen stellen einen kreativen Versuch dar, dies zu kompensieren und schaffen ein neues tragfähiges Netzwerk menschlicher Bindungen.

- Eine oft geäußerte Kritik am professionellen Versorgungssystem besteht darin, dass sich Betroffene zunehmend durch Experten-Urteile „entmündigt" fühlen, da keinerlei Raum für Selbstbestimmung zur Verfügung steht. Diese Kritik hat zu einem Wertewandel in der Grundhaltung bei den PatientInnen geführt. Die Folge davon ist u.a. der

Wunsch, die eigene „Betroffenenkompetenz" in den Vordergrund zu rücken und selbstbestimmt auch in einer Problemsituation Verantwortung zu übernehmen. Selbsthilfegruppen unterstützen den Weg zum „mündigen Patienten", zur „mündigen Patientin".

- Selbsthilfe übernimmt eine wichtige gesellschaftliche Funktion, indem sie auf Missstände hinweist und die Interessen von Betroffenen vertritt.

7.5 Wirkungsweise von Selbsthilfe-Gesprächsgruppen

Nach empirisch gesicherten Untersuchungen von Michael Lukas Moeller (1991) gleichen die Resultate von Selbsthilfe-Gesprächsgruppen denen von ambulanten psychoanalytisch orientierten Gruppentherapien. Das therapeutische Potential der Selbsthilfegruppen liegt dabei vor allem in der Geborgenheit, die die Gruppe bietet, sowie in der starken wechselseitigen Aktivierung durch die Mitglieder selbst.

Als entscheidendes Erfolgskriterium wird die große Vermehrung und Weiterentwicklung von Selbsthilfegruppen gesehen. Da die Gruppen nach dem Prinzip der Selbstregulierung arbeiten, d.h. freie Entscheidung über die Teilnahme sowie keine „Überweisung" durch Arzt oder Psychologen, kann man davon ausgehen, dass das Fortbestehen einer Gruppe an sich schon als Beweis für den „Behandlungserfolg" gewertet werden kann. Gruppen, die ihren Mitgliedern nichts bedeuten, zerfallen von selbst.

Die Gruppenselbstbehandlung, die in der Selbsthilfe stattfindet, erfolgt nicht nach statischen Programmen, sondern sie stellt eine ständige Entwicklung dar. Das Erleben, die Erfahrung und das Handeln in der Gruppe sind dabei auf das gemeinsame Ziel der einzelnen Teilnehmer ausgerichtet, das im Bearbeiten der eigenen Konflikte liegt. Der Selbsthilfegruppen-Teilnehmer nimmt also sich selbst zum Ziel der Veränderung, nicht den anderen. Die Gruppenselbstregulation in Selbsthilfegruppen basiert auf Wertvorstellungen, die den von allen Teilnehmern geteilten und angestrebten Idealen entsprechen. Zentralen Stellenwert nehmen hier Selbstbestimmung, Echtheit, Offenheit, Hoffnung und Solidarisierung in einer Gemeinschaft ein. Moeller bezeichnet diese Ideale „(...) als Säulen des unausgesprochenen therapeutischen Konzeptes der Gruppenselbstbehandlung (...)" (1991, 75).

Bei der Zusammenarbeit von Selbsthilfegruppen und professionellen Helfern muss besonders die Eigenständigkeit und Selbstverantwortlichkeit der Gruppen berücksichtigt werden. Im Gegensatz zum traditionellen Abhängigkeitsverhältnis zwischen Patient und Experten steht hier die freiwillige Beziehung im Vordergrund. Der professionelle Helfer soll nicht in erster Linie die Gruppen beraten, sondern er soll *mit* ihnen beraten. Professionelle Unterstützung und Begleitung von Selbsthilfegruppen muss nach Moeller im Wesentlichen durch drei Aspekte gekennzeichnet sein: „So wenig wie möglich, so einfach wie möglich, so weit wie möglich aus der Erfahrung der Teilnehmer stammend" (1991, 82). Die Eigenständigkeit der Selbsthilfearbeit muss besonders von Seiten der professionellen Mitarbeiter immer wieder sorgfältig überdacht und respektiert werden, da sonst die Gefahr besteht, dass Selbsthilfe in traditionelle Konzepte psychosozialer Arbeit integriert wird, die häufig gekennzeichnet sind durch ihre Orientierung am „Notwendigsten“ und am Defizit.

7.6 Angst-Selbsthilfe in Deutschland

Das erste Angst-Selbsthilfeprojekt Deutschlands wurde 1987 in Berlin von drei Psychologinnen initiiert. Das Berliner Projekt „Agoraphobie e.V.“ wurde speziell für Menschen mit dieser Form der Angststörung gegründet. Die Gründerinnen gingen in ihrem Konzept davon aus, dass bei Betroffenen mit dem Leitsymptom Angst zunächst professionelle Unterstützungsangebote erforderlich sind, die eine Initialwirkung hinsichtlich der Selbsthilfearbeit beinhalten. Als Grund hierfür wird angegeben, dass Betroffene in Angst-Selbsthilfegruppen nicht nur wegen, sondern *mit* ihrer Angst in die Selbsthilfegruppe kommen.

Um ein anschauliches Bild von einer Selbsthilfe-Organisation zu geben, stelle ich im Folgenden die Münchner AngstHilfe und -Selbsthilfe MASH vor.

7.6.1 Münchner AngstHilfe und -Selbsthilfe MASH

7.6.1.1 Selbsthilfeansatz

MASH wurde 1989 als erste reine Betroffenen-Initiative gegründet. Heute ist MASH eine professionelle Selbsthilfe-Organisation mit Kontakt- und Beratungsstelle für Menschen, die von Angststörungen und deren psychosozialen Folgeerscheinungen betroffen sind. Den Schwerpunkt der Arbeit bilden Aufbau, Unterstützung und Begleitung der Selbsthilfegruppen, die alle von ehemals selbst Betroffenen geleitet werden. Daneben ist die Öffentlichkeitsarbeit der MASH von besonderer Bedeutung. Angst als Krankheit zum Thema in den Medien zu machen, ist ein wichtiges Anliegen der Organisation. Je mehr öffentlich über Angst gesprochen wird, desto größer sind die Chancen für Betroffene, rechtzeitig adäquate Hilfe in Anspruch nehmen zu können.

MASH hat einen integrativen Selbsthilfeansatz entwickelt, der die Empowerment-Idee in sich trägt und professionelle Behandlungsansätze mit Selbsthilfe vernetzt. Die Einrichtung versteht sich nicht als Alternative zur Therapie, sondern als sinnvolle und notwendige Ergänzung. Für die Zusammenarbeit von Selbsthilfe mit dem etablierten professionellen Behandlungssystem hat MASH Modellcharakter. Die Kompetenz des professionellen Behandlungssystems und die Kompetenz der Betroffenen ergänzen einander hier zum Wohl der Menschen, die unter Angststörungen leiden. Eine Verbesserung der Heilungschancen und eine Aktivierung der Kranken im Sinne von Eigenverantwortlichkeit für die Wiederherstellung der Gesundheit sind in dieser Form des „Therapieverbundes“ notwendig und zukunftweisend.

7.6.1.2 Gründung

Die MASH wurde 1989 von Gerhard Schick, der die MASH heute leitet, über eine Annonce in der Münchner Stadtzeitung gegründet. Es fanden sich zunächst acht Betroffene zusammen, die sich anfangs privat, dann in den Räumen des Selbsthilfezentrums München trafen. Durch weitere Annoncen, durch Mund-zu-Mund-Propaganda, besonders aber auch dadurch, dass die Medien das Thema Angst immer häufiger aufgriffen, wuchs die Selbsthilfegruppe sehr schnell, und es wurden weitere Gruppen eröffnet. 1992 konnte MASH eigene Gruppenräume und ein eigenes Büro anmieten.

7.6.1.3 Struktur

Die Vereinsgründung erfolgte 1990. Der Trägerverein „AngstHilfe e.V. München" unterstützt heute zwei Projekte:

- DASH (Deutsche Angststörungen Hilfe) als bundesweites Projekt ist eine Kontakt- und Informationsstelle für AngstpatientInnen in ganz Deutschland. Sie unterstützt den Aufbau von Selbsthilfegruppen außerhalb von München und fördert deren Vernetzung. Die DASH ist darüber hinaus Herausgeberin der ersten „Deutschen Angstzeitschrift" (daz), von der es bislang 19 Hefte mit unterschiedlichen Schwerpunktthemen gibt.
- MASH (Münchner AngstHilfe und -Selbsthilfe) ist eine Selbsthilfeorganisation mit Kontakt- und Beratungsstelle für Münchner Bürger und Bürgerinnen. Die Finanzierung der MASH erfolgt über die Regelförderung der ambulanten psychiatrischen Versorgung der Landeshauptstadt München. Ein zu erwirtschaftender Eigenanteil wird über Teilnehmerbeiträge finanziert. Im Jahr 2001 waren ein Mitarbeiter hauptamtlich, eine Dipl.-Sozialpädagogin und eine Verwaltungskraft jeweils mit halber Stelle beschäftigt. MASH implementiert gegenwärtig eine Qualitätssicherungssystematik, die vom Gesundheitsreferat München in Zusammenarbeit mit dem Bezirk Oberbayern erstellt wurde.

7.6.1.4 Aktueller Stand

Derzeit bietet MASH 16 Selbsthilfe-Gesprächsgruppen an, die alle von ehemals selbst Betroffenen angeleitet werden. Darunter sind eine Gruppe speziell für Jugendliche bzw. junge Erwachsene (16 bis 24 Jahre), eine Gruppe speziell für Menschen mit sozialer Angst und eine Ehemaligen-Gruppe, die ohne Anleitung arbeitet. Darüber hinaus findet z.Zt. eine Selbsterfahrungsgruppe statt, die nach einem speziellen Übungsprogramm arbeitet und begleitend extern supervidiert wird. Seit ca. zwei Jahren gibt es zusätzlich eine MASH-Außenstelle in Holzkirchen mit einer angeleiteten Gruppe.

Alle MASH-Gruppen treffen sich einmal wöchentlich für zwei Stunden in eigenen Gruppenräumen. Es nehmen ca. 180 TeilnehmerInnen regelmäßig wöchentlich teil. Bei Bedarf, wenn die Nachfrage das freie Gruppenplatz-Angebot übersteigt (1999 mehr als 2.250 Erstkontakte!), bietet MASH zusätzliche Einführungsgruppen an.

Die MASH-GruppenleiterInnen erhalten regelmäßig Fall-Supervision. Zusätzlich werden Fortbildungsveranstaltungen mit externen Referenten angeboten. Schwerpunktthemen der Fortbildungen 2001 waren „Suchterkrankungen“, „Gruppendynamik“ sowie „Medikamentöse Behandlung von Angststörungen“.

Seit drei Jahren bilden die hauptamtlichen MitarbeiterInnen der MASH in fortlaufenden Schulungsgruppen ehemalige GruppenteilnehmerInnen als zukünftige MASH-GruppenleiterInnen aus. Eine Schulung der MitarbeiterInnen für die MASH-Telefonsprechzeit ist geplant und wird demnächst beginnen. Zentrale Elemente bei beiden Schulungen sind die Vermittlung professionellen Wissens einerseits und dessen Reflexion auf der Grundlage des jeweils persönlichen Erfahrungswissens der TeilnehmerInnen andererseits. Ziel ist dabei, Handlungswissen zur Verfügung zu stellen, ohne das Potential der Selbsthilfe zu verfremden. Die Tätigkeit der professionellen Mitarbeiter bei MASH ist damit gekennzeichnet vom Ausbalancieren von beruflicher Zuständigkeit und professionellem Expertenwissen auf der einen Seite und einem „Sich-überflüssig-machen“ im Sinne des Empowerment-Konzeptes auf der anderen Seite. Als Grundhaltung ist damit der Respekt vor der Selbstverantwortlichkeit der Betroffenen und ein sensibles Umgehen mit den Grenzen der eigenen professionellen Verantwortlichkeit notwendig.

7.6.1.5 Kontaktaufnahme, Informationsmaterial

Die Kontaktaufnahme zu MASH erfolgt normalerweise während der zweimal wöchentlich stattfindenden Telefonsprechzeit, die von einer bzw. einem ehemals Betroffenen übernommen wird. So können Anrufer gleich mit jemandem ins Gespräch kommen, der Angst aus eigener Erfahrung kennt, Perspektiven auf der Grundlage seiner persönlichen Erfahrungen bei MASH anbieten kann und somit Hoffnung und Zuversicht vermittelt.

Jeder, der sich an MASH wendet (telefonisch, per Post, e-mail oder persönlich), erhält Informationsmaterial. Die MASH-Erstinformationen klären über Angst als Krankheit auf, informieren über pharmakologische und therapeutische Behandlungsmöglichkeiten sowie über unterschiedliche Therapieansätze. Das Informationspaket enthält außerdem Adressen von Hilfsangeboten speziell für Menschen mit Angststörungen, weiterführende Literaturhinweise und Informationen über die Arbeit der MASH.

Die Vermittlung von Informationen über Angst als Krankheit ist ein wichtiger Aspekt der Arbeit, da sie die Betroffenen entlastet und das Gefühl des individuellen Versagens relativiert. Durch verbessertes Wissen über Angst als Krankheit und über Behandlungsmöglichkeiten eröffnen sich neue Chancen und Perspektiven, so dass die Motivation zum Gesundwerden steigt. Das Informiertsein führt auch dazu, dass Menschen mit Angststörungen zu kritischeren, selbstbewußteren PatientInnen werden und professionelle Hilfsangebote besser und effektiver genutzt werden können.

7.6.1.6 Zugang zu den MASH-Gruppen

Bevor eine Gruppenteilnahme möglich ist, wird entweder bei dem monatlichen Informationsabend oder bei einem Einzelvorgespräch durch die hauptamtlichen MitarbeiterInnen der MASH abgeklärt, ob es sich bei der jeweiligen Problematik um eine Angststörung im diagnostischen Sinn handelt. Selbsthilfe durch gegenseitige Unterstützung kann nur gelingen, wenn das gemeinsame Problem verbindet, so dass eine Atmosphäre der Empathie und des Verstehens entsteht. Wenn bei einem Vorgespräch deutlich wird, dass es sich um eine anders gelagerte Problematik bzw. Symptomatik handelt und MASH nicht die geeignete Ansprechpartnerin ist, wird an andere Einrichtungen oder Selbsthilfegruppen weiter vermittelt.

Beim Informationsabend erhalten alle Betroffenen das Angebot, sich bei auftretenden Schwierigkeiten oder Krisen jederzeit an die hauptamtlichen Mitarbeiter wenden zu können. Bei speziellen Problemen im Einzelfall oder zur Überbrückung bis zu einer Therapie können Einzelberatungsstunden bei der Sozialpädagogin in Anspruch genommen werden.

7.6.1.7 Wirkungsweise der MASH-Selbsthilfegeprächsgruppen

Die MASH-Gruppen sind im Gegensatz zu anonymen Gruppen als feste Gruppen mit zwölf Mitgliedern angelegt. Da sie fortlaufend arbeiten, treffen neue TeilnehmerInnen in jeder Gruppe auf solche, die bereits Erfolge in ihrer Angstbewältigung erzielt haben. Alle Gruppen werden von ehemals selbst Betroffenen angeleitet und treffen sich wöchentlich für zwei Stunden in den Gruppenräumen der MASH. Die Kontinuität der Gruppenarbeit in der annähernd gleich bleibenden Zusammensetzung macht es möglich, dass sich ein „Wir-Gefühl" in der Gruppe entwickelt und Vertrauen aufgebaut werden kann. Vertrauen und Offenheit in der Gruppenarbeit bedingen sich gegenseitig. Je mehr sich die TeilnehmerInnen in ihrer Gruppe wirklich verstanden fühlen, desto mehr Vertrauen kann entwickelt werden. Wenn eine Vertrauensbasis vorhanden ist, gelingt es den TeilnehmerInnen immer besser, sich zu öffnen, so dass sie immer persönlichere Rückmeldungen über sich als unmittelbares Feedback erhalten. Durch die dadurch angeregte Metakommunikation über das eigene Rollenverhalten wird die individuelle Bedeutung der Angst in der eigenen Lebensgeschichte sichtbar.

In den Gruppen werden die körperliche, gedankliche und die Verhaltensebene der Ängste der TeilnehmerInnen angesprochen. Darüber hinaus ist eine weitere Ebene, auf der sich Angst zeigt, in der Gruppenarbeit unmittelbar erlebbar, die Beziehungsebene. Diese Ebene berührt einerseits das Verhältnis zu sich selbst (Was bedeutet meine Angst in meinem Leben? Welcher Sinn könnte darin für mich enthalten sein? Wovor schützt mich die Angst?

usw.) und andererseits den Kontakt mit anderen Menschen (systemische Aspekte der Angst, Übernehmen bzw. Vermeiden von Verantwortung, Selbsteinschätzung und Fremdeinschätzung usw.). In der unmittelbaren persönlichen Begegnung zwischen den GruppenteilnehmerInnen werden Beziehungsmuster, die im Zusammenhang mit der jeweiligen Angstproblematik stehen, deutlich. Angstimpulse, die automatisch Handlung leitend waren, können in der Gruppe mit einer gewissen Distanz reflektiert und korrigiert werden. Die sich daraus entwickelnde Idee einer Handlungsalternative kann in der Gruppe im geschützten Rahmen ausprobiert und umgesetzt werden. Die dabei gemachten Erfahrungen werden unmittelbar der eigenen Person zugeschrieben, was zu einer Erweiterung der Verhaltensmöglichkeiten führt und als persönliche Erfahrung im Sinne einer Selbstaktualisierung und Weiterentwicklung bewertet werden kann.

Das meist sehr negative Selbstbild von Menschen, die unter Angststörungen leiden, kann durch das Feedback in der Gruppe relativiert und korrigiert werden, so dass der häufig mit Angstkrankheiten verknüpfte soziale Rückzug unterbrochen werden kann und soziale Kompetenzen tatsächlich verbessert werden. Menschen, die unter Angststörungen leiden, bezweifeln oft die eigene Normalität, was den Weg in die Isolation bereitet. Durch die unmittelbaren Rückmeldungen der anderen GruppenteilnehmerInnen werden die Eigenwahrnehmung verbessert und das negative Selbstbild relativiert und korrigiert. Die Gruppe stellt somit ein Experimentierfeld im geschützten Rahmen dar und steht zwischen Therapie und Alltag.

In den MASH-Gruppen treffen Menschen mit verschiedenen Formen der Angst zusammen. Dies reduziert die Fixierung auf das eigene Defizit. Im Austausch mit anderen Betroffenen wird die Aufmerksamkeit weg vom eigenen Leiden hin zu Themen anderer Gruppenmitglieder gelenkt. Im Gruppengespräch kann so den TeilnehmerInnen deutlich werden, dass es bei jedem Einzelnen auch Lebensbereiche gibt, die nicht mit Angst besetzt sind, sondern persönliche Stärken und Fähigkeiten bergen. Erst wenn diese Stärken wahrgenommen werden, können sie als Ressourcen zur eigenen Angstbewältigung eingesetzt werden. Die Gruppenmitglieder erleben sich so nicht nur in der Rolle der Hilfe Suchenden, sondern können auch die Erfahrung machen, dass sie trotz der persönlichen Angstsymptomatik in der Lage sind, anderen Hilfe und Unterstützung zu geben. Die Betroffenen wechseln hierbei deutlich von der Position der Schwäche zu einer Position der Stärke.

Die MASH-Gruppen arbeiten nach Regeln, die den Gruppenregeln der Themenzentrierten Interaktion nach R. Cohn (TZI) angelehnt sind. Der Gruppenleiter hat entsprechend dieser Regeln die Aufgabe, Rahmenbedingungen in der Gruppe zu schaffen, die soziales Lernen ermöglichen. Diese Grundlagen der MASH-Gruppenarbeit verhindern, dass die Angstsymptomatik durch die Gruppe lediglich verfestigt wird oder sich die Betroffenen gegenseitig sogar noch mehr ängstigen. Die Gruppenregeln tragen als „Interaktionsstruktur“ der Gruppenarbeit dazu bei, dass die Verantwortung dafür, wie gut oder schlecht eine Gruppensitzung für die einzelnen Teilnehmenden wird, so weit wie möglich bei ihnen selbst verbleibt. Betroffene werden durch die Gruppenregeln dabei unterstützt, im Sinne von Gestaltungsmacht immer stärker aktiv mitzugestalten und parallel dazu auch immer mehr Verantwortung für das eigene Handeln zu übernehmen.

In jeder Selbsthilfegruppe gibt es eine Adressenliste, um Kontakt auch außerhalb der Gruppensitzungen anzuregen. Diese Liste ermöglicht und fördert eine Auflockerung des häufig mit der Angst verbundenen sozialen Rückzugs, da die Betroffenen gemeinsam etwas unternehmen oder sich auch am Telefon gegenseitig unterstützen können.

Der Erfahrungsaustausch in der Gruppe unterstützt das Lernen am Modell und wirkt gegen Vermeidungsverhalten. Die Gruppe spricht Vermeidungsstrategien der TeilnehmerInnen an und thematisiert das Üben von mit Angst besetzten Situationen. Die Erfolge anderer machen Mut und motivieren, sich auch selbst den Angst auslösenden Situationen auszusetzen. Teilweise unterstützen sich Gruppenmitglieder gegenseitig beim Üben wie z.B. beim gemeinsamen Benutzen öffentlicher Verkehrsmittel auf dem Weg zu MASH oder bei einem gemeinsamen Lokalbesuch im Anschluss an eine Gruppensitzung. Erfolge bei der individuellen Angstbewältigung werden in der Gruppe wirklich anerkannt und entsprechend wertgeschätzt und gewürdigt. Dies stärkt das Selbstbewusstsein der Betroffenen und erhöht die Motivation zum Gesundwerden. Die Gruppe wirkt hier als positiver Verstärker.

Die Lernerfahrungen einer Gruppenteilnehmerin bzw. eines Gruppenteilnehmers haben zudem eine stabilisierende Wirkung für die jeweilige Gruppe. Die Person, die im Rahmen der Gruppenarbeit neue Erfahrungen machen kann, wird für andere Gruppenmitglieder „sichtbarer“, wodurch Gruppenprozesse transparenter werden und sich das Vertrauen in die Gruppenarbeit vergrößert. Dadurch, dass andere an Entwicklungsprozessen teilhaben können, werden Lernerfahrungen „geteilt“, nicht nur mitgeteilt. Man bezeichnet die Folge solcher Prozesse als „learned hopefullness“ (vgl. Stark 1996, 128).

Häufig entwickelt sich im Zusammenhang mit länger anhaltenden Angststörungen eine Tabletten- bzw. Alkoholabhängigkeit. Die Gruppe thematisiert diese Gefahren. Bereits bestehender Missbrauch wird durch die Selbsthilfegruppe häufig frühzeitig erkannt und offen angesprochen. Missbrauch muss in der Selbsthilfe nicht tabuisiert werden, so dass sich deutlich verbesserte Chancen der Heilung ergeben.

7.6.1.8 Weitere Arbeitsfelder

Neben den sozialpädagogischen Anteilen der MASH-Arbeit wie Einzelberatung, Krisenintervention, Öffentlichkeitsarbeit und Gruppenleiter-Schulung bildet die Selbsthilfe-Unterstützung einen weiteren Schwerpunkt. Dazu zählen insbesondere der Neuaufbau von Gruppen bzw. Projekten, die Koordinierung sowie die Begleitung und Unterstützung der bestehenden Selbsthilfe-Gesprächsgruppen.

Durch weitere Veranstaltungen bietet MASH den von Angst betroffenen Menschen zusätzliche Kontakt- und Übungsmöglichkeiten an. Dies sind vor allem Freizeitaktivitäten, die in einem Arbeitskreis zusammen mit Betroffenen gemeinsam geplant und organisiert werden, Möglichkeiten zur Arbeitserprobung im MASH-Büro, Sonntags-Brunches, an denen auch Angehörige und Freunde teilnehmen können, sowie Feste, Wanderungen oder Kinobesuche. Diese Angebote tragen durch die Möglichkeit zu sozialem Kontakt und durch das dabei wieder gewonnene Vertrauen in die eigenen Fähigkeiten dazu bei, dass sich von Angst betroffene Menschen emotional wieder stabilisieren. Gleichzeitig werden diese Veranstaltungen als Übungsmöglichkeit für mit Angst besetzte Situationen genutzt.

Um Berührungsängste zur Therapie abzubauen bzw. ein Kennenlernen von therapeutischer Arbeit zu ermöglichen, bietet MASH Vorträge oder Wochenendseminare der verschiedenen therapeutischen Richtungen an.

Neben Prävention (Öffentlichkeitsarbeit, Informationsmaterial, Veranstaltungen in Kliniken oder anderen sozialen Einrichtungen) hat MASH einen wichtigen Stellenwert im Bereich der Nachsorge. Nach Beendigung einer ambulanten Psychotherapie oder nach dem Aufenthalt in einer Psychosomatischen Klinik ist die Teilnahme an einer Selbsthilfe-Gesprächsgruppe ein wesentlicher Wirkfaktor, um die erreichten Erfolge im Alltag zu stabilisieren und Rückfälle aufzufangen bzw. diesen vorzubeugen.

Ziel der MASH ist es, die unter Angst leidenden Menschen dabei zu unterstützen, ihre eigenen Stärken, Fähigkeiten und Möglichkeiten, die trotz der Angst vorhanden, aber oft verschüttet sind, wieder zu entdecken und zu lernen, diese als Ressource zur Angstbewältigung einzusetzen. Selbsthilfe soll nach dem Verständnis der MASH einen Ort anbieten, an dem sich Betroffene mit ihrer Angst angenommen und verstanden fühlen. Sie können von ihren Schwierigkeiten erzählen und erhalten Verständnis und Unterstützung, ohne sich erklären oder rechtfertigen zu müssen. Dabei ist jedoch für die MitarbeiterInnen der MASH ein wichtiger Grundsatz, dass Selbsthilfe nicht darin erschöpfen darf, dass sich Betroffene lediglich gegenseitig bedauern oder nur „Tips“ ausgetauscht werden, wie das Leben mit der Angst besser zu ertragen ist. Dies hätte lediglich ein Verfestigen der Symptomatik zur Folge und würde einen Missbrauch der Selbsthilfe bedeuten. Das Angebot der MASH zielt darauf ab, betroffene Menschen zu unterstützen, ihre Angst bzw. die Symptome der Angst so zu verstehen, dass Potentiale zu Veränderung und Entwicklung sichtbar werden. Um dies zu erreichen, stellt MASH die unterschiedlichsten Partizipations- und Mitgestaltungsmöglichkeiten zur Verfügung. Diese Rahmenbedingungen ermöglichen es, Selbsthilfekräfte zu reaktivieren bzw. zu stärken, damit ein deutlich eigenverantwortlicherer Umgang mit der Erkrankung möglich wird.

Im Gegensatz zum Suchtbereich, der eine vergleichbar hohe Zahl von Betroffenen aufweist, ist die Versorgungssituation immer noch äußerst schwierig für Menschen, die unter Angststörungen leiden. Neben der ambulanten Therapie gibt es im außerklinischen Bereich kaum Angebote oder Kontaktstellen, die die angesichts der hohen Betroffenenzahlen dringend erforderliche Spezialisierung aufweisen. Aus diesem Grund versteht sich die MASH als Multiplikator und trägt die aus eigener Betroffenheit erwachsene Kompetenz weiter. Dies geschieht einerseits durch eine professionelle sozialpädagogische Selbsthilfe-Unterstützung und andererseits durch den Selbsthilfeansatz der MASH mit Selbsthilfe-Gesprächsgruppen, die durch ehemals selbst Betroffene angeleitet werden. Die verschiedenen Angebote der MASH werden zusammen mit den Betroffenen kontinuierlich reflektiert und dem jeweiligen aktuellen Bedarf angepasst.

7.6.1.9 Empowerment im Selbsthilfeansatz der MASH

Der Selbsthilfe-Ansatz der MASH basiert auf einem humanistischen Menschenbild. Wir glauben an die Kompetenzen und die Fähigkeiten zur Selbstbestimmung der Betroffenen und respektieren diese, um sie dadurch zu stärken. Wir trauen Menschen, die unter Angststörungen leiden, Fähigkeiten und Potentiale zu; diese können sich nur entwickeln und entfalten, wenn sie auf Zutrauen und Ermutigung treffen. Diese Haltung ermöglicht einen Blickwinkel, der nicht in erster Linie und nicht ausschließlich auf die Symptome der Angst-Krankheit gerichtet ist, sondern auf die individuellen Möglichkeiten zu ihrer Bewältigung.

Im Sinne des Empowerment-Konzepts (Stark 1996) sind Eigenverantwortlichkeit, Selbstbestimmung und aktive Beteiligung der betroffenen Menschen zentrales Merkmal des MASH-Angebotes. Wenn Menschen sozial eingebunden sind, können sie vorhandene Ressourcen (innerhalb der eigenen Person, soziales Umfeld, professionelle therapeutische Angebote) effektiver nutzen und wieder zum autonomen Gestalter des eigenen Lebens werden. MASH will individuelle Prozesse der Angstbewältigung anstoßen und begleiten, ohne jedoch diese Prozesse zu kontrollieren. Die Arbeit in und mit Selbsthilfegruppen benötigt ein Konzept der psychosozialen Arbeit zur Förderung von Selbstorganisation. Die Methode des Empowerment ist gekennzeichnet durch das Vertrauen in die Kräfte von Menschen, ihre Angelegenheiten auch in schwierigen Situationen selbst regeln zu können. Das Empowerment stellt damit ein zentrales Arbeitsprinzip für die Unterstützung von Selbsthilfe-Initiativen und -Gruppen dar und kann als Grundlage professionellen psychosozialen Handelns verstanden werden.

Empowerment beschreibt die Einmischung Betroffener in Entscheidungsprozesse, die ihre persönliche Lebensgestaltung betreffen und auch die Einmischung in Prozesse der weiteren sozialen und politischen Umwelt. Es geht dabei weiter um eine faktische Mitwirkung Betroffener bei der Gestaltung der in der Gesellschaft vorherrschenden Bedingungen, die Angst zum Thema unserer Zeit werden ließen. Empowerment bietet die Chance, die verschiedenen Stärken und Ressourcen von Betroffenen und von Professionellen zusammenzuführen, damit sich diese gegenseitig ergänzen und so eine Erweiterung und Öffnung der Perspektiven im Umgang mit Angststörungen entstehen kann.

MASH bemüht sich, das „Doppelgesicht der Angst" sichtbar zu machen: Angst ist nicht nur furchtbar, sie ist auch fruchtbar! Die Gruppe kann Hoffnung machen und dazu motivieren, den *fruchtbaren persönlichen Aspekt der Angst* zu finden. „Empowermentprozesse erzählen Geschichten von Menschen und ihren Zusammenschlüssen, denen es gelungen ist, ihre eigenen Ressourcen und Stärken zu erkennen und diese in soziale Handlungen umzusetzen" (Stark 2001, 4).

Literatur

Kösters, W. (1999). Selbsthilfegruppen und Kommunalpolitik – Wenn das Handlungswissen fehlt. In Deutsche Arbeitsgemeinschaft Selbsthilfegruppen e.V., *Selbsthilfegruppenjahrbuch 1999* (S. 74–82). Gießen: Psychosozial.

Matrat, J. (2001). Die Selbsthilfebewegung im Gesundheitswesen. In *Forschungsjournal Neue Soziale Bewegungen, 14/1*, 129–133.

Moeller, M.L. (1991). Selbsthilfegruppen – Hoffnung auf eine persönliche Medizin? In H.G. Petzold & R. Schobert (Hg.), *Selbsthilfe und Psychosomatik – Anleitung zu wechselseitiger Hilfe* (S. 51–94). Paderborn: Junfermann.

Stark, W. (1996). *Empowerment – Neue Handlungskompetenzen in der psychosozialen Praxis.* Freiburg: Lambertus.

Stark, W. (2001). Die Vielfalt der Empowermentperspektive – Für eine neue Kultur der Sozialen Arbeit. *Sozial Aktuell, 17*, 2–7.

Zimmermann, M. A. (1990). Toward a theory of learned hopefullness: a structural model analysis of participation and empowerment. *Journal of Research in Personality, 24*, 71–86.

IV

Philosophische, religionswissenschaftliche und kulturkritische Aspekte

8. Angst zwischen Leib und Ichangst

Hermann Schmitz

8.1 Einführung

Angst wird als Seelenzustand, als psychisch, angesehen, als Gegenstand der Psychotherapie, wörtlich übersetzt: der Seelenpflege. Diese Einordnung beruht auf dem alten, zuerst (nach Maßgabe der uns verfügbaren Überlieferung) von Isokrates und Platon formulierten und danach zur gängigen Münze gewordenen Vorurteil, der Mensch bestehe aus Körper und Seele. Dieses Vorurteil entsprang dem Paradigmenwechsel der europäischen Intellektualkultur in der zweiten Hälfte des fünften vorchristlichen Jahrhunderts, als für jedes Individuum sein gesamtes Erleben in einer privaten Innenwelt abgeschlossen und der persönlichen Regie des Betreffenden unterstellt wurde, während die nach Abzug aller privaten Innenwelten verbleibende empirische Außenwelt bis auf einige bequem identifizierbare, quantifizierbare und selektiv variierbare Merkmalsarten abgeschliffen und der ganze Abfall der Abschleifung in den privaten Innenwelten abgeladen wurde.

Bei dieser Introjektion, die sich ausdrücklich auf die spezifischen Sinnesqualitäten erstreckte, hat man die wichtigsten Massen der normalen Lebenserfahrung schlicht vergessen; ich nenne den spürbaren Leib und die leibliche Kommunikation, die überpersönlichen, in spezifischer Weise räumlichen Atmosphären des Gefühls und die Situationen, die beliebige Bestände durch eine binnendiffuse Bedeutsamkeit, bestehend aus nicht sämtlich einzelnen Sachverhalten, Programmen und Problemen, ganzheitlich zusammenhalten, darunter als Teilmenge die viel sagenden Eindrücke, die das sind, was wir in erster Linie wahrnehmen, woraus wir abstraktere Gegenstände herausschälen.

Ich habe mir die Aufgabe gestellt, diese in der Abstraktionsbasis der dominanten europäischen Intellektualkultur ausgelassenen Massen normaler Lebenserfahrung wieder an das Licht der Besinnung und des Begreifens zu ziehen, und diese Aufgabe so ausführlich behandelt[1], dass ich nicht in mäßiger Zeit zum Thema käme, wenn ich jetzt in eingehender Zusammenfassung darauf zurückkommen wollte. Dennoch muss ich mit einer lakonischen Skizze meiner einschlägigen Ergebnisse beginnen, damit überhaupt klar wird, in welcher Perspektive und mit welchen gedanklichen Mitteln ich an die Angst, wenn sie schon kein Seelenzustand sein soll, herangehe.

8.2 Vorüberlegungen: Skizze einschlägiger Ergebnisse

Die normale Orientierung des wachen, besonnenen Menschen ist in fünf bipolare Dimensionen entfaltet: das Hier und die Weite, das Jetzt und die Dauer, Sein und Nichtsein, Identität und Verschiedenheit, das Eigene und das Fremde. Im engenden Einbruch des Plötzlichen, das Dauer zerreißt und die besonnene Person die Fassung verlieren lässt, sinken diese fünf Dimensionen auf ihre ersten Pole ein, die miteinander verschmelzen, zur primitiven Gegenwart, die ich mit einer Kurzformel als Hier-Jetzt-Sein-Dieses-Ich bezeichne. Sie ist das unbestimmte Eindeutige, die einzige Stelle unserer Lebenserfahrung, wo Identität rein vorkommt, nämlich (nach Verlust der orientierenden Fassung) ohne Bestimmtheit als etwas und daher ohne Einzelheit.

Von der primitiven Gegenwart aus entfaltet sich das Leben in zwei Richtungen, als leibliches Leben in primitiver Gegenwart und als personales Leben in entfalteter Gegenwart. Für das Leben in primitiver Gegenwart, das aus gleitender Dauer, sie zerreißender primitiver Gegenwart, leiblicher Dynamik und leiblicher Kommunikation besteht und das Erleben der Tiere, Säuglinge und Idioten ganz ausfüllt, im Erleben der Personen aber gleichsam den *basso continuo* bildet, ist die primitive Gegenwart der Engepol, in dem der aus konkurrierenden Tendenzen der Engung und Weitung bestehende vitale Antrieb, die Achse leiblicher Dynamik, gleichsam verankert ist, als sei dieses Extrem leiblicher Engung darin stets vorgezeichnet, auch wenn es nicht ausbricht. Wenn im vitalen Antrieb – gleichsam dem Dampf, unter dem ein Mensch oder Tier wie ein Kessel steht – die Engung aus dem Verband mit der Weitung gleichsam aushakt, wie im heftigen Schreck, ist der Antrieb erlahmt, und wenn die Weitung sich von der Engung löst und gleichsam ausleiert, wie bei entspannter Müdigkeit und im Einschlafen, ist er erschlafft; so kann man sich überzeugen, dass er von der Konkurrenz zwischen Engung und Weitung, die ich in diesem ihrem Verband als Spannung bzw. Schwellung bezeichne, abhängt.

Die leibliche Kommunikation entsteht dadurch, dass der vitale Antrieb über den einzelnen Leib hinausgeht und diesen mit Partnern verstrickt, die nicht selbst leiblich, aber minde-

1 Mein Hauptwerk (Schmitz, 1964–1980) ist in einer auf den zehnten Teil gekürzter Zusammenfassung repetiert in Schmitz, 1990, woraus hier die Kapitel 2 und 3 (Ontologie, Anthropologie) einschlägig sind. Über die wichtigen seither erarbeiteten Verbesserungen geben Aufschluss Schmitz, 1998, und Schmitz, 1999. Brauchbar für die Thematik der Angst ist ferner Schmitz, 1992.

stens durch leibnahe Brückenqualitäten leiblicher Kommunikation (wie Bewegungssuggestionen und synästhetische Charaktere) leibverwandt sein müssen. Nahe liegende Beispiele solcher leiblichen Kommunikation, die die Grundform der Wahrnehmung und aller sozialen Kontakte ist, liefern der Blickwechsel und die geschickten unwillkürlichen Ausweichbewegungen. Charakteristisch ist für solche leibliche Kommunikation, dass man am eigenen Leib etwas spürt, das aber nicht zu ihm gehört, und sich davon führen lässt oder Widerstand dagegen leistet; ein Beispiel ist die reißende Schwere, wenn man stürzt oder sich gerade noch fängt, indem man mit einer abwärts reißenden Macht kämpft, die keinen Sitz in einem äußerlich wahrnehmbaren Gegenstand hat, aber doch als Überfall, als leibfremder Eingriff, gespürt wird. Andere Beispiele liefern der Wind, der elektrische Schlag, das schwüle oder frösteln machende Wetter, die Atmosphären ergreifender Gefühle. So auch wird man von einem Blick getroffen oder von der Bewegungssuggestion einer heranbrausenden Masse, der man unwillkürlich ausweicht. Durch diese Wahrnehmung mit verkehrten Fronten, am eigenen Leib und nur an ihm etwas zu spüren, das nicht zu ihm gehört, unterläuft die leibliche Kommunikation die Gegenüberstellung von Subjekt und Objekt.

Die andere Linie, auf der primitive Gegenwart sich entwickelt, ist ihre Entfaltung in die fünf bipolaren Dimensionen mit fünffacher Emanzipation ihrer Momente, die sich voneinander lösen und den engen Horizont des Lebens in primitiver Gegenwart sprengen. Nun werden einzelne Bedeutungen, d.h. einzelne Sachverhalte, Programme und Probleme, aus der binnendiffusen Ganzheit der Situationen frei; der Weltstoff nimmt die Weltform als Feld der freien Einzelheit an, wozu die Durchformung der Zeit mit lauter vergangenen und künftigen Gegenwarten und die Durchformung der Weite mit lauter relativen, durch Lagen und Abstände sich gegenseitig bestimmenden Orten gehört.

Dazu kommt die Entfaltung des Ich-Momentes, der Subjektivität, die im Leben in primitiver Gegenwart das affektive, leibliche Betroffensein ist, das zwar schon Selbstbewusstsein enthält, aber noch nicht Selbstzuschreibung. Selbstzuschreibung besteht darin, sich für etwas oder etwas für sich zu halten. Zum affektiven Betroffensein bedarf es keiner Selbstzuschreibung. Man kann z.B. Schmerzen haben, ohne einen Schmerzbehafteten zu finden, den man für sich selbst hält. Sogar den Schmerz als Gegenstand erfahre (beispielshalber) ich, wenn es weh tut, nicht so unmittelbar wie die Tatsache, dass ich leide. Das ist eine für mich subjektive Tatsache. Man ist sonst geneigt, alle Tatsachen für neutral oder objektiv zu halten, d.h. für solche, die jeder aussagen kann, wenn er genug weiß und gut genug sprechen kann.

Tatsachen meines affektiven Betroffenseins sind nicht von dieser Art. Wenn ich z.B. traurig bin, kann ich mich in das, was ein Anderer von dieser Tatsache aussagen kann, nur mühsam und mit Verrenkung hineindenken, indem ich mir etwa vorspreche „Hermann Schmitz ist traurig“ und aus dem Sachverhalt, den dieser Ausspruch darstellt, willkürlich die mir bekannte Tatsache fernhalte, dass ich Hermann Schmitz bin. Was verloren gegangen ist, das ist dann mein affektives Betroffensein, meine ganz persönliche Ergriffenheit von Trauer, dass sie mir nahe geht; dies wird nicht mehr mit beschrieben, anders als in meinem eigenen Ausspruch „Ich bin traurig". Subjektive Tatsachen sind solche, die höchstens *einer* im eigenen Namen aussagen kann.

Zur Erfahrung für mich subjektiver Tatsachen gehört eine Art von Selbstbewusstsein, nämlich mein Spüren, dass es um mich selbst geht, aber keine Selbstzuschreibung. Solches Selbstbewusstsein kommt sogar bei Selbstvergessenheit, d.h. in Abwesenheit aller Selbstzuschreibung vor, etwa wenn jemand in panischer Angst oder loderndem Zorn sich selbst vergisst oder bei hyperkinetischer Ekstase in Diskotheken oder auf Techno-Festivals, beim Soldaten im Eifer des Gefechts, oder umgekehrt, wenn jemand in sprachloser dumpfer Trauer oder Depression versunken ist. Die Subjektivität beim Leben in primitiver Gegenwart entbehrt noch der Selbstzuschreibung, besitzt aber schon Selbstbewusstsein im Innesein subjektiver Tatsachen des affektiven Betroffenseins.

Erst die personale Emanzipation des Ich-Moments der primitiven Gegenwart erzeugt die Person, d.h. den Bewussthaber mit Fähigkeit zur Selbstzuschreibung. Die personale Emanzipation besteht darin, dass von einem Teil der erlebten Tatsachen die Subjektivität abfällt, einzeln oder in ganzen Massen, so dass es neutrale, objektive Tatsachen werden. Entsprechendes geschieht dann mit einem Teil der übrigen Bedeutungen aus der Bedeutsamkeit erlebter Situationen, also der untatsächlichen Sachverhalte, der Programme und Probleme. Subjektive Programme – im selben Sinn des Wortes „subjektiv" – sind z.B. Wünsche, subjektive Probleme und Sorgen. Die Subjektivität kann von ihnen z.B. durch Überraschungen und Enttäuschungen abfallen. Damit entfaltet sich das Ich-Moment der primitiven Gegenwart zur Dimension des Eigenen und Fremden.

Im Eigenen bildet sich eine persönliche Situation als Domäne der Person aus, Situation im vorhin definierten Sinn eines durch binnendiffuse Bedeutsamkeit ganzheitlich zusammengehaltenen Vorrats unzähliger partieller Situationen, zu denen u.a. Kristallisationskerne der Erinnerung, Standpunke, Interessen, Lebenstechnik, die Gesinnung, der Entwurf, die Wunsch-, Leit- und Scheckbilder gehören; es handelt sich ungefähr um das, was man sonst die Persönlichkeit einer Person nennt. Wie sie unzählige Situationen in sich trägt, ist sie auch in unzählige überpersönliche Situationen eingeschlossen. Die persönliche Situation ist sowohl Hülle als auch Partner der Person, ein Partner, mit dem diese sich abfinden muss, z.B. durch Kneten des Für und Wider, bis sich herausstellt, was zu ihm passt, bei schwierigen Lebensentscheidungen; aber schon jedes gewöhnliche Wollen ist in erster Linie ein Sich-zurecht-finden der Person in der eigenen persönlichen Situation, unter den mehr oder weniger in ihr sich reibenden partiellen Situationen, und in diesem Sinn ein Wissen, was man will.

Ferner ist die Person in ihrer persönlichen Situation nicht eingeschlossen, sondern reicht unter diese hinab in das Leben in primitiver Gegenwart. Man kann nämlich zeigen, dass Bewussthaber mit endlicher Kapazität für Identifizierungen, wie Menschen sind, der

Selbstzuschreibung nur fähig sein können, wenn diese ambivalent vereinigt ist mit Selbstbewusstsein ohne Selbstzuschreibung in affektivem Betroffensein. Daher bedarf die Person, um als solche bestehen zu können, ebenso wie personaler Emanzipation auch personaler Regression, d.h. der Rückkehr in das Leben in primitiver Gegenwart, sogar der engenden personalen Regression in Richtung auf die primitive Gegenwart selbst, z.B. in Erschütterung, Bestürzung, Schreck, Angst, Schmerz, Beklommenheit, um für das, was sie für sich selber hält, die Gewissheit zu schöpfen, dass dies tatsächlich sie selber ist, dass es sich um einen selbst handelt.

Die Objektivierung der Bedeutungen in personaler Emanzipation führt die Person nämlich nicht zu einer scharfen Trennung des Eigenen und Fremden, sondern auch in Grauzonen halber Versachlichung, wo unklar wird, ob man mit dem, was man für sich selber hält, ganz einig, ob man selbst „ganz dabei" ist. Die Zurücknahme des Eigenen aus den Grauzonen, die Resubjektivierung halbwegs neutralisierter Bedeutungen, ist die Quelle der Selbstzuschreibung, und dazu bedarf es personaler Regression, durch die einem etwas ganz persönlich nahe geht. Damit zugleich gerät man in die – ohnehin für jede Selbstzuschreibung erforderliche – präpersonale Existenz des affektiv betroffenen, leiblichen Lebens in primitiver Gegenwart. Dieses ist aber durch leibliche Kommunikation offen für Begegnendes ohne Subjekt-Objekt-Scheidung. Daher ist die Person mit ihrem gesamten Erleben in ihrer persönlichen Situation nicht abgeschlossen wie in einer privaten Innenwelt, einer Seele.

In dieser Weise offen ist die Person besonders für das stets leibliche, durch Spüren am eigenen Leib vermittelte Ergriffensein von Gefühlen, die räumlich ergossene Atmosphären und leiblich ergreifende Mächte sind. Die gängige Raumvorstellung ist von der Geometrie und später von der Naturwissenschaft einseitig verengt worden. Die Folge ist, dass wir uns den Raum gewöhnlich als Form der Anordnung von Körpern, die dreidimensional und durch Oberflächen figürlich begrenzt sind, nach Lagen und Abständen vorstellen. Dabei ist doch schon der Raum des Schalls, in den wir, ohne zu sehen, hineinhören, flächenlos und dennoch von hörbarem Volumen (z.B. weit ausladender oder schrill-spitzer Klänge und Geräusche) erfüllt, einem offenbar nicht dreidimensionalen Volumen, da die Dreidimensionalität nur über die Zweidimensionalität der Fläche zu erreichen wäre.

Ähnlich prädimensionales, flächenloses Volumen hat das Wasser für den Schwimmer, der nicht auf die Oberfläche blickt, die spürbare Leibesinsel in der Brustgegend für den aufmerksam Einatmenden und die einprägsame, z.B. feierliche oder brütende, Stille. Ganz frei von Metrik, Figur und Dimensionszahl ist das Wetter, wenn man es so versteht, wie es tatsächlich erlebt wird, nicht so, wie die Physik es konstruiert. Man denke etwa an das, was man erlebt, wenn man aus dumpfer, schwüler Stubenluft ins Freie tritt und mit einem tiefen Atemzug von einem frischen Element aufgenommen wird, das man am eigenen Leibe spürt, obwohl es ohne alle Abmessungen über ihn hinausgeht, so dass er darin gleichsam eintauchen kann.

So wie das Wetter sind Gefühle als Atmosphären räumlich. Ich zeige das gern am Beispiel der Freude. Der Frohe schwebt in Seligkeit, wie man sagt; er neigt zum Hüpfen und Springen, als sei die Schwerkraft kein Hemmnis mehr. Das liegt nicht immer an einem von der Freude inspirierten Kraftgefühl, denn man kann sich auch in sie fallen lassen, z.B. bei Befreiung von einer schweren Sorge, und trotz dieser leiblich spürbaren Bewegungssuggestion des Fallens fühlt man sich gehoben, schwebt in Seligkeit und möchte hüpfen. Das kann nur das Werk der levitierenden Atmosphäre des Gefühls sein, die den Frohen leiblich ergreift und trägt, natürlich ohne jede Änderung der Schwerkraft im physikalischen Sinn. Die ergreifende Macht der Gefühle liegt gänzlich außerhalb der Reichweite der Physik und ihrer Naturgesetze; das braucht nicht zu verwundern, da diese auf der reduktionistisch verschmälerten Abstraktionsbasis der dominanten europäischen Intellektualkultur konstruiert sind.

Gefühle sind Halbdinge wie der Blick, die Stimme, die reißende Schwere, der Wind, Melodien, manche Geräusche, die Nacht und die Zeit, wenn sie in Langeweile oder gespannter Erwartung unerträglich aufdringlich wird. Halbdinge unterscheiden sich von Dingen durch inkonstante Dauer und unmittelbare Kausalität. Sie kommen und gehen, ohne dass es Sinn hat zu fragen, wie sie die Zwischenzeit verbracht haben, und sie wirken als die Einwirkung selbst, ohne die für Dinge charakteristische mittelbare, dreigliedrige Kausalität aus Ursache, Einwirkung und Effekt (z.B. Stein – Stoß – Zertrümmerung oder Verschiebung des gestoßenen Gegenstandes).

Von bloßen Sinnesqualitäten unterscheiden sie sich durch einen im Wechsel ihrer Gesichter beharrenden Charakter: Die Schallfolge wächst, die Stimme nicht. Durch ihre unmittelbare Kausalität haben Halbdinge eine spontane Zudringlichkeit, die sie von den gegenständlich distanzierbaren Dingen unterscheidet und die sich vorzugsweise zur leiblichen Kommunikation anbietet, wobei die Gegenüberstellung von Subjekt und Objekt unterlaufen wird. So ergreifen Gefühle den spürbaren Leib, darin ähnlich der vorhin kurz besprochenen reißenden Schwere, aber auch dem Wetter an einem schwülen Sommertag oder nasskalten Novembertag, der einprägsamen Stille und den optisch-klimatischen Atmosphären der Tageszeiten. Wie diese können Gefühle allerdings auch bloß wahrgenommen werden, ohne zu ergreifen. So nimmt der ernsthafte Betrachter eines Festes die darin, als die die Feiernden ergreifende Atmosphäre, ergossene alberne Fröhlichkeit wahr, ohne im Mindesten albern fröhlich zu werden. Man muss also zwei Bedeutungen von „Fühlen" unterscheiden: bloßes Wahrnehmen des Gefühls und Ergriffensein von ihm.

8.3 Angst als leibliche Regung

Erst jetzt kann ich die Einleitung abschließen, die nötig war, um verständlich zu machen, wie ich die Angst einordne, da ich sie nicht als Seelenzustand gelten lassen will. Diese Vorbereitung hat aber auch schon die Angst selbst berührt und durch Aufspannung des gedanklichen Hintergrundes deren nähere Charakterisierung wesentlich erleichtert. Angst, wie ich sie verstehe, ist durch und durch eine leibliche Regung, gehört ins präpersonale Leben in primitiver Gegenwart und ist daher schon den Tieren vertraut. Genauer handelt es sich bei ihr um eine bestimmte Konstellation des vitalen Antriebs aus Spannung und Schwellung mit Übergewicht der Spannung. Die Konkurrenz beider Tendenzen zeigt sich bei der Angst als Hinderung eines expansiven Dranges, den ich anschaulicher als Hemmung eines Impulses „Weg!" beschreibe.

Wovon aber will der Geängstigte weg? Nicht unbedingt von seinem relativen, durch Lage und Abstand in einem System solcher Orte bestimmten Ort; keineswegs ist jede Angst mit Fluchtdrang verbunden. Der Geängstigte will weg von seinem absoluten Ort. Für den spürbaren Leib, im Gegensatz zum sicht- und tastbaren Körper, ist die Lokalisierung an einem absoluten Ort charakteristisch, der auch schon unabhängig von Lagen und Abständen – allenfalls zusätzlich relativierend auch noch durch diese – bestimmt ist; es gibt sowohl einen absoluten Ort des ganzen Leibes, der mit ganzheitlichen leiblichen Regungen wie Frische und Mattigkeit besetzt ist, als auch absolute Orte der einzelnen Leibesinseln, die darin ein verschwommenes Gewoge bilden.[2]

Von der absoluten Örtlichkeit einzelner Leibesinseln kann man sich leicht durch folgendes Beispiel überzeugen: Bei einem wirklich oder vermeintlich erlittenen Insektenstich fährt die dominante Hand sofort und zielsicher an die gereizte Stelle, eine frisch aufzuckende, noch gar nicht in das nach Lagen und Abständen orientierte perzeptive Körperschema eingetragene Leibesinsel; sie selbst, die Hand, braucht keineswegs aufgesucht, der Lage und dem Abstand nach mit dem Zielort verglichen zu werden, um prompt dort anzukommen. Wenn dagegen ein solcher Ort nur gezeigt werden soll, ist Orientierung in einem Netz relativer Orte erforderlich, und dann kann es länger dauern. Der Geängstigte will also weg von seinem absoluten Ganzort; bei lähmender Angst ist die Hemmung dieses Impulses so stark, dass er zurückgehalten wird und sich staut, aber mindestens, außer durch Zittern und Beben, an der ruckartigen, keuchenden Atemkurve sich verrät: Der expansive Impuls bricht an hemmender Spannung ab und setzt wieder ein.

Unter diesem Gesichtspunkt ist es interessant, die Angst mit dem Schmerz zu vergleichen: Niemand keucht vor Schmerz. Dem Schmerz ist der fluktuierende Wechsel des Übergewichtes von Spannung und Schwellung (bei insgesamt dominierender Spannung) fremd; beide Tendenzen hängen bei Schmerz kompakt, bei Angst aber rhythmisch zusammen. Dabei sind Angst und Schmerz einander nah verwandt als Gestaltungen eines Konfliktes im vitalen Antrieb, der dadurch eintritt, dass ein schwellender Impuls „Weg!" (vom absoluten Ort) von übermächtiger Spannung abgefangen wird; im Fall des Schmerzes ist der Konflikt sogar noch ausgeprägter, weil der Schmerz ein Halbding in paradoxer Doppelrolle ist,

2 Vgl. dazu auch Schmitz, 1964–1980, Band II (1966), Teil 2: Der Leib im Spiegel der Kunst, S. 11–18.

zugleich eigener Zustand und eindringender Widersacher, mit dem man sich auseinandersetzen muss, während man in der Angst aufgehen kann.

Der expansive Drang erweist sich im Ausbruchsversuch, bei der Angst durch eventuell panische Flucht, die sich an der immer noch dominanten engenden Spannung durch Einengung des Bewusstseins gleichsam vorbei schleicht, beim Schmerz in der Tendenz, aus der Haut zu fahren, wie es tatsächlich dem Schmerzensschrei gelingt, aber nur symbolisch, da der Gepeinigte im Bann seines Schmerzes zurückbleibt; noch deutlicher wird die Hemmung beim Stöhnen als an der Engung erstickendem Schrei. Als Gestalten des Konfliktes im vitalen Antrieb sind Angst und Schmerz peinlich, im Gegensatz zum Schreck, bei dem die Engung aus dem Verband mit der Weitung aushakt, so dass keine Konkurrenz beider Tendenzen stattfindet; was den Schreck unangenehm macht, ist die Schwierigkeit, aus der Zerrissenheit zur integren Vitalität zurückzufinden.

Andererseits kann die Angst auch lustvoll sein. Das liegt an der Plastizität des vitalen Antriebs, in dem die beiden Tendenzen Spannung und Schwellung einander hemmen und eben dadurch anstacheln, mit der Folge, dass Übergewicht der Spannung in Übergewicht der Schwellung umschlagen kann; dadurch entstehen Mischaffekte, in denen Angst oder Schmerz die Wollust fördern. Wollust ist ein Konflikt im vitalen Antrieb am anderen Ende der Gewichtsverteilung seiner beiden konkurrierenden Tendenzen, nämlich überwiegende Schwellung in Konkurrenz mit Spannung. Dieser Konflikt ist nun aber nicht peinlich, sondern lustvoll, weil der sieghafte Durchbruch der dominanten Schwellung gerade das ist, was gesucht wird; diese Schwellung zehrt aber bei Wollust von immer noch sie hemmender und eben dadurch anfachender Spannung, wozu Angst und Schmerz, eingebaut in einen insgesamt wollüstigen Ablauf, dienlich sein können. Die Angst ist zur Dienerin der Wollust vorzüglich begabt, weil beide Regungen, hinlängliche Stärke vorausgesetzt, zu rhythmischem Wechsel des Übergewichts neigen und daher in der Konkurrenz harmonisch ineinander greifen können. Dieser Erfolg reicht vom angenehmen Gruseln bis zum thrill auf der Achterbahn und ähnlich schockierenden Karrussels auf dem Jahrmarkt sowie beim Betrachten von Horrorfilmen (z.B. Hitchcock).

Die Angst kann unvermittelt als leibliche Regung auftreten, z.B. in elementarer Herzangst (vgl. Lindner 1956), aber meistens hat sie Resonanzfunktion im Ergriffensein von Atmosphären, die Gefühle sind. Unter diesen sticht als Partner der leiblichen Angst besonders die atmosphärische Bangnis hervor, die von jener scharf unterschieden werden muss, obwohl das nicht üblich ist, so dass nicht einmal der von mir gewählte Name (oder ein anderer für sie) im Umlauf ist.[3] Bangnis ist eine diffuse, zentripetal auf den Betroffenen eindringende Atmosphäre des Bedrohlichen und Unheimlichen, die sowohl vorkommt, wenn man mit konkreten Gefahren rechnen könnte (Dunkelheit, dichter Wald, Nebel), als auch ohne sol-

3 Vgl. Schmitz, 1964–1980, Band III (1969), Teil 2: Der Gefühlsraum, S. 280–285: Die Bangnis.

che Anknüpfung, wie in der Stille des Sonntags, der Kühle der Abenddämmerung, der Verfärbung des Himmels bei aufziehendem Gewitter.

Wenn Bangnis einen Menschen mit intensiver leiblicher Angst ergreift, so dass die verschwommene Witterung des Unheimlichen ihn durch ebenso eindringliche, ausweglose Hemmung seines Angstimpulses „Weg!“ in ihren Bann zieht, entsteht Grauen als durch scharfen Kontrast besonders eindringliches Zwittergebilde aus isolierender Fixierung und atmosphärischem Zerfließen.[4] Das ist sogar dann noch möglich, wenn die Bangnis sich um einen scharf umschriebenen Gegenstand verdichtet, ohne schon zur thematisch zentrierten Furcht auszureifen. Dieser Zwischenzustand kann eintreten, weil die gerichteten, aber nicht notwendig auf einen bestimmten Gegenstand gerichteten Atmosphären des Gefühls zur Zentrierung häufig eines doppelten Zentrums bedürfen, nämlich eines Verdichtungsbereiches und eines Verankerungspunktes; die übliche Rede vom Gegenstand eines Gefühls ist äquivok, weil sie diese Unterscheidung auslässt.

Zu den Gefühlen dieser Art gehören Zorn, Scham und Furcht. Zorn ist nur möglich als Zorn auf jemand über etwas; wenn auch nur eines von beiden Zentren unbesetzt bleibt, kommt er nicht zu Stande. Entsprechendes gilt *mutatis mutandis* für die Scham. Die Furcht ist Furcht vor etwas um etwas, z.B. vor dem potentiellen Mörder um das eigene Leben (d.h. in diesem anderen Sinn vor dem Tod). Besonders deutlich ist der Unterschied bei der Freude. Es gibt Freuden ganz ohne thematisches Zentrum, aber auch Freuden an etwas (z.B. an einer schönen Landschaft), die nicht auch Freuden über etwas sind, und Freuden über etwas (z.B. über das knapp bestandene Examen), die nicht auch Freuden an etwas sind, sowie Freuden an und über etwas (z.B. des Vaters an seinen wohlgeratenen Kindern über deren gutes Geratensein). Mit „an“ wird die Freude auf den Verdichtungsbereich, mit „über“ auf den Verankerungspunkt bezogen.

Die Bangnis bleibt gegenstandslos, schärfer gesagt: thematisch ungesättigt, auch wenn sie sich um einen grauenhaften Gegenstand zusammenzieht, solange zu diesem Verdichtungsbereich der Verankerungspunkt fehlt, und so lange bleibt es beim Grauen mit seinem „schreienden“ Kontrast von diffuser, bänglicher Unheimlichkeit und fixierender Angst, die von etwas nicht loskommt. Erst wenn der Verankerungspunkt in Gestalt einer bestimmten Gefahr gefunden ist, hat sich die Zentrierung der Bangnis thematisch gesättigt, und die Bangnis geht in die glattere Furcht über, die mit der Angst als leiblicher Resonanz des Ergriffenseins von Furcht harmonisch zusammenpasst. Ich habe diesen Übergang am Grimm'schen Märchen vom Räuberbräutigam beleuchtet. Eine Braut wird von ihrem unheimlichen Bräutigam auf langer Wanderung in ein unheimliches Haus geführt, wo ihr schließlich eine Stimme zuruft, dass sie in einem Mörderhaus ist. Damit ist das Grauen zur Furcht geworden. Die Frau fürchtet sich jetzt einerseits vor Mördern, andererseits um ihr Leben oder vor dem Tod.

4 Zum Grauen a.a.O., S. 285–293.

Das Fühlen im Sinne der Ergriffenheit von Gefühlen ist immer leiblich spürbare Resonanz und besteht hauptsächlich in der Anpassung des vitalen Antriebs an die in ihn eingreifende Macht. Dafür kommt es auf die Form der Bindung von Spannung und Schwellung im vitalen Antrieb an. Die Bindung kann kompakt sein, so dass beide Tendenzen schwer gegeneinander zu verschieben sind, wie beim Schmerz; solche Bindung eignet sich wenig zur Anpassung an die ergreifende Macht. Die Bindung kann aber auch locker sein, und das auf doppelte Weise: entweder so, dass Anteile von Engung aus der Spannung, Anteile von Weitung aus der Schwellung leicht abgespalten werden können; ich spreche dann von privativer Engung bzw. Weitung. Oder so, dass die Gewichte von Spannung und Schwellung im vitalen Antrieb leicht gegeneinander verschoben werden können, so dass sich ein schwingender Rhythmus ausbilden kann. Beide Typen lockerer Bindung begünstigen die Anpassung des leiblich-affektiven Betroffenseins an das Gefühl.

Zum zweiten, schwingenden Typ gehört, wie ich schon begründet habe, die Angst. Daher ist sie in besonders reicher, vielseitig differenzierter Weise für Gefühle empfänglich und insofern „interessanter" als ihr Bruder unter den leiblichen Regungen, der Schmerz. Außer der Angst durch Bangnis als vager, unheimlicher Anmutung und der Angst durch Furcht vor einer Gefahr gibt es z.B. die Raumängste, unter denen ich reine Weiteangst, Sturzangst und Dämmerungsangst unterschieden habe[5], wozu man noch die Klaustrophobie, die Angst, auf engem Raum festgehalten zu werden, als exemplarische Veranschaulichung des gehinderten Impulses „Weg!", des Grundzuges der Angst, ergänzen könnte; weiter die Schuldangst, in der die leibliche Ergriffenheit vom Gefühl die Gestalt des Entsetzens vor drückender eigener Schuld annimmt, und schließlich die Ichangst, in der das Angstpotential der Personalität, der Form des Personseins, in reiner Form dargestellt wird.

8.4 Ichangst

Als *Ichangst* bezeichne ich die Angst, ich zu sein, ohne Rücksicht darauf, welche Gefahren dem Menschen, der ich bin, drohen mögen. Ein gutes Beispiel liefert eine von Sartre kommentierte Nachricht des Psychiaters Pierre Janet über eine Patientin:

> Eine junge Frau hatte jedes Mal, wenn ihr Mann sie allein ließ, panische Angst davor, dass sie sich ans Fenster setzen und wie eine Prostituierte die Vorübergehenden ansprechen könnte. Es gab nichts in ihrer Erziehung, ihrer Vergangenheit noch in ihrem Charakter, was zur Erklärung einer derartigen Befürchtung hätte dienen können. Uns scheint ganz einfach, dass ein unbedeutender Nebenumstand (Lektüre, Gespräch usw.) bei ihr das hervorgerufen hatte, was man einen Möglichkeitstaumel nennen könnte. Sie fand sich grenzenlos frei, und diese schwindelerregende Freiheit erschien ihr bei Gelegenheit der Geste, deren Ausführung sie ängstigte (Sartre, 1964, 40).

---

5 Schmitz, 1964–1980, Band III (1967), Teil 1: Der leibliche Raum, S. 136–166.

Das ist die Angst, die Kierkegaard mit dem Höhenschwindel vergleicht:

> Angst kann man vergleichen mit Schwindel. Der, dessen Auge es widerfährt, in eine gähnende Tiefe niederzuschauen, er wird schwindlig. (...) Solchermaßen ist die Angst der Schwindel der Freiheit, der aufsteigt, wenn (...) die Freiheit (...) niederschaut in ihre eigene Möglichkeit, und sodann die Endlichkeit packt, sich daran zu halten. In diesem Schwindel sinkt die Freiheit zusammen (Kierkegaard 1983, 60f.).

Die Deutung der Angst als Ichangst ist aus der philosophischen Ichspekulation Fichtes hervorgegangen, und diese wiederum beruht auf radikaler Objektivierung dessen, als was jemand sich selbst vorstellt, bis ihm die Frage in den Sinn kommt: Was bleibt nun von mir selbst übrig? Bezeichnend ist folgende Frage, die Fichte sich stellt: „Ich schreibe, ich habe also eine Vorstellung von meinem Schreiben, es schreiben aber auch andere neben mir. Woher weiß ich nun, dass mein Schreiben nicht das Schreiben eines andern ist?" (1978, 232[6]). Fichte registriert die Tatsache, dass da ein Johann Gottlieb Fichte schreibt, und wird darauf aufmerksam, dass in dieser Tatsache, wenn man sie als neutrale und objektive versteht, nicht schon enthalten ist, dass es sich um ihn selber handelt. Vor Fichte war man auf den Unterschied objektiver und subjektiver Tatsachen noch nicht aufmerksam geworden; die Christen hielten z.B. die Tatsachen ihrer höchstpersönlichen Gesinnung für so objektiv, dass Gott mit Verstockung oder Begnadung beliebig hineingreifen könne, wie ein Töpfer, der sein Gefäß nach Belieben schmückt oder verunziert (vgl. Paulus, Römerbrief 9, 21).

Da aber auch Fichte und seine Zeitgenossen keine Klarheit über subjektive Tatsachen gewannen, geriet der personale Bewussthaber, das so genannte Ich, in eine rätselhafte Randstellung über den objektiven als vermeintlich allen Tatsachen. Wittgenstein beleuchtet diese paradoxe Schwebelage durch ein Gleichnis:

> Wenn ich ein Buch schriebe ‚Die Welt, wie ich sie vorfand', so wäre darin auch über meinen Leib zu berichten und zu sagen, welche Glieder meinem Willen unterstehen und welche nicht, etc., dies ist nämlich eine Methode, das Subjekt zu isolieren, oder vielmehr zu zeigen, daß es in einem wichtigen Sinne kein Subjekt gibt: Von ihm allein könnte nämlich in diesem Buche *nicht* die Rede sein (1971, 90, Satz 5.631).

Dieses Subjekt hat nicht mehr die „Stellung des Menschen im Kosmos", die ihm Max Scheler im Titel eines Buches noch 1928 zutraute; es schwebt über dem, was es tatsächlich ist, wie über Möglichkeiten, die es beliebig wechseln kann, und dieses post-fichteanische Selbstbewusstsein schlägt sich einerseits in der romantischen Ironie als Anmaßung schrankenloser Wendigkeit – sich von jedem Standpunkt zurückziehen und eben deshalb jeden einnehmen zu können – nieder, andererseits in der von Sartre und Kierkegaard beschriebenen Angst als Schwindel der Freiheit, die sich in der Höhe über den eigenen Möglichkeiten nicht halten kann. Diese Ichangst findet im direkten Anschluss an Fichte krassen Ausdruck in den *Nachtwachen* des Bonaventura (1805) und im *Hesperus* Jean Pauls (1795): „Hu! Das ist ja schrecklich einsam hier im Ich, wenn ich euch zuhalte, ihr Masken, und mich selber

6 4. Abteilung, Band 2, (Wissenschaftslehre nova methodo, Vorlesung 1796/98, Kollegnachschrift).

anschauen will" (Bonaventura 1964, 93 – 10. Nachtwache). „Ich! Ich! Du Abgrund, der im Spiegel des Gedankens tief ins Dunkle zurückläuft – Ich! Du Spiegel im Spiegel – du Schauder im Schauder!" (Paul, 1960 939 – 28. Hundsposttag).

An der Ichangst der post-fichteanischen Existenzphilosophen, der Kierkegaard, Heidegger und Sartre, ist eine Illusion beteiligt, weil sie nicht davon loskamen, alle Tatsachen für objektiv zu halten, so dass der aus dem Tatsächlichen ausgewiesenen Subjektivität nur der Flirt mit dem Nichts übrig blieb. Auch nach Aufdeckung der reicheren subjektiven Tatsachen bleibt es für die Person aber bei dem Zwiespalt zwischen Objektivität und Subjektivität, worin die Ichangst siedelt. Die Person ist der Bewussthaber mit Fähigkeit zur Selbstzuschreibung. Zur Selbstzuschreibung kommt es, weil mit dem Eintreten personaler Emanzipation bei Entfaltung der Gegenwart in ihre fünf Dimensionen die zuvor, im Leben in primitiver Gegenwart, unversehrte Subjektivität aller Bedeutungen in die Neutralität bloß noch objektiver Tatsachen, untatsächlicher Sachverhalte, Programme und Probleme mehr oder weniger entgleitet. Die Selbstzuschreibung holt das Entgleitende aus Grauzonen in Subjektivität zurück, um den Bereich des Eigenen gegen das Fremde abzustecken. Dem, was da zurückgeholt wird, was der Selbstzuschreiber für sich selber hält, steht aber nicht an der Stirn geschrieben, dass er es selber ist.

Woher weiß ich – mit Fichtes Beispiel –, dass mein Schreiben nicht das Schreiben eines Anderen ist? Woher weiß ich, wenn ich meine Angelegenheiten betreibe, dass ein Individuum, dessen Angelegenheiten ich betreibe, in fünf Minuten, wenn es dann noch existiert, ich selber sein werde? Um mich dessen zu vergewissern, dass ich es selber bin, dem ich etwas zuschreibe, muss ich zur Quelle der Selbstgewissheit absteigen, und das ist das Ichmoment der primitiven Gegenwart. Aus dieser Quelle kann ich aber nicht schöpfen, *was* ich bin, denn die primitive Gegenwart ist das unbestimmte Eindeutige. Der Weg zu ihr ist die kontraktive personale Regression, zu deren Gestalten Erschütterung, Angst, Schmerz, Beklommenheit, Schreck gehören.

8.5 Angst und Personsein

Es ginge zu weit, wenn man die leibliche Angst für unentbehrlich zum Personsein hielte, denn es gibt gleichwertige Gestalten heftiger Engung wie die eben genannten. Wohl aber muss man davor warnen, alle diese Gestalten, die einander vertreten können, also z.B. die Angst mit dem Schmerz und dem Schreck und der Erschütterung bis zur Fassungslosigkeit, auslöschen zu wollen, denn ohne kontraktive personale Regression ist die Person verloren, weil sie dann keinen Anhaltspunkt für das hat, womit sie in der Selbstzuschreibung etwas Vorgefundenes identifizieren kann. Das Eintauchen in die Subjektivität als die Identität, selbst der zu sein, mit dem es diese oder jene Bewandtnis hat, ist für die Person zugleich das Eintauchen in die Unbestimmtheit der primitiven Gegenwart. Weder objektive noch für sie subjektive Tatsachen geben ihr einen festen Umriss, denn den objektiven ist nicht eingeprägt, dass sie zum Eigenen gehören, und die für jemand subjektiven Tatsachen gehen weit über das hinaus, was er selber ist, und erstrecken sich auf alles, was ihm nahe geht, was er liebt und hasst, hofft, fürchtet und beneidet. Was wir zu uns selber rechnen, ist tatsächlich weit gehend Sache der kulturellen Konvention. Die Gewissheit, dass wir es selber sind, um den es sich bei der Selbstzuschreibung handelt, passt nicht glatt zu unserer Bestimmtheit als etwas. Sie schwebt über dem Abgrund des unbestimmten Eindeutigen. Im Schwindel über diesem Abgrund siedelt die Ichangst.

Literatur

Bonaventura (1964). *Die Nachtwachen des B.* Stuttgart: Reclam.

Fichte, J.-G. (1978). J.-G.-Fichte-Gesamtausgabe der Bayerischen Akademie der Wissenschaften. Stuttgart-Bad Cannstatt: Frommann.

Kierkegaard, S. (1983). *Der Begriff Angst – Vorworte.* Düsseldorf: Diederichs.

Lindner, J. (1956). *Herz und Angst* – ungedruckte medizinische Dissertation. Heidelberg.

Paul, J. (1960). *Die unsichtbare Loge – Hesperus oder 45 Hundsposttage.* München: Hanser.

Sartre, J.P. (1964). *Die Transzendenz des Ego – Philosophische Essays 1931–1939.* Reinbek: Rowohlt.

Schmitz, H. (1964–1980). *System der Philosophie,* 10 Bände. Bonn: Bouvier.

Schmitz, H. (1990). *Der unerschöpfliche Gegenstand – Grundzüge der Philosophie.* Bonn: Bouvier.

Schmitz, H. (1992). *Leib und Gefühl* – H. Gausebeck & G. Risch (Hg.). Paderborn: Junfermann.

Schmitz, H. (1995). Gefühle in philosophischer (neophänomenologischer) Sicht. In: H.G. Petzold (Hg.), *Die Wiederentdeckung des Gefühls – Emotionen in der Psychotherapie und der menschlichen Entwicklung* (S. 47–81). Paderborn: Junfermann.

Schmitz, H. (1998). *Der Leib, der Raum und die Gefühle.* Ostfildern: Edition Tertium.

Schmitz, H. (1999). *Der Spielraum der Gegenwart.* Bonn: Bouvier.

Wittgenstein, L. (1971). *Tractatus logico-philosohicus – Logisch-philosophische Abhandlung.* Frankfurt/M.: Suhrkamp

9. „In der Welt habt ihr Angst, aber ...“ – Angst und Religion

Gerhard Marcel Martin

9.1 Ist Religionsgeschichte Angstgeschichte?

Fragt man/frau andere und sich selbst nach dem Verhältnis zwischen Religion und Angst, stellen sich zügig sehr widersprüchliche Grundbehauptungen und Perspektiven ein, religionsskeptisch und/oder konfessorisch, in affirmativer und in kritischer Absicht, gestützt auf religionsgeschichtliche Grunddaten und durchaus heterogene Theorien und auch festgemacht an eigener oder fremder unmittelbarer Erfahrung. Solche Grundbehauptungen lauten etwa: Angst schafft allererst Religion, erfindet Götter. „Primus in orbe deos fecit timor“ (Capaneus bei Statius – 1908, 661).[1] Oder, andersherum: Religion ist eine wesentliche Quelle menschlicher Angst. Priesterherrschaft setzt Angst als Macht- und Unterdrückungsmittel ein. Oder, noch pauschaler, zugleich tiefer in die Religionsgeschichte zurückgehend: Menschheitsgeschichte ist Angstgeschichte.[2] In der Religion versuchen Menschen zumeist mit ungeeigneten, die Angst noch steigernden Mitteln, diese Angst zum Ausdruck zu bringen, sie zu kanalisieren und zu lösen. Ängste werden theologisiert und projiziert in Apokalyptik und Satanismus, Ketzer- und Hexenverfolgung (vgl. Delumeau 1985).

Solche Hypothesen sind bisweilen konfessorisch christlich, oft aber auch rein philosophisch aufklärerisch mit der Behauptung verbunden, erst humanistische Antike (Juden-

---

1 vgl. Schlesier, 1988, 465; ein entsprechender Verweis findet sich auch bei Benz, 1959, 189.

2 „Die primitivsten Religionen drehen sich fraglos am intensivsten um die Angstbekämpfung“ (Pfister 1944, 119). Vgl. auch die (Re)konstruktion Paul Tillichs, „... daß am Ende der antiken Kultur die ontische Angst vorherrscht, am Ende des Mittelalters die moralische Angst und am Ende des modernen Zeitalters die geistige Angst“ (1964, 45); d.h., der „Angst des Schicksals und des Todes“ folgt die „Angst der Schuld und der Verdammung“ und dieser „die Angst der Leere und der Sinnlosigkeit“ (a. a. O., 33ff.).

tum) und Christentum hätten effektiv von archaischen Ängsten befreien können. Krass ist die religionspathologisch, -therapeutisch und -hygienisch gefasste Bilanz Oskar Pfisters:

> Die israelitische Religionsentwicklung zeigt uns (wie später die christliche) eine unaufhörliche Abfolge von Erscheinungen vorherrschender Angst- und Zwangslösung mit Vorgängen überwiegender Angst- und Zwangbildung. Auf mehr oder weniger befreiende Reformationen, die stets in einzelnen prophetischen Persönlichkeiten einsetzen, folgen sofort lang anhaltende Perioden, in denen Angst und Zwang steigernde Massenbewegungen vorherrschen." „Psychologisch und hygienisch betrachtet, besteht die weltgeschichtliche Tat Jesu darin, daß er die angst- und zwangbildende strenge Strafinstanz des Gewissens durch eine mildere und gütige Liebesinstanz ersetzt hat (Pfister 1944, 124, 180).

Aber auch die weltgeschichtlich-spekulative Gegenrechnung wird aufgemacht: Nicht nur die prähistorischen weltweiten Matriarchate, sondern auch die klassische Antike seien keineswegs angstbesetzt und angstbesessen gewesen. Menschen seien vom göttlich Überwältigenden immer auch positiv fasziniert gewesen und hätten der Angst etwas entgegenzusetzen gehabt, z.B. in der Domestizierung des Feuers.[3] Wirkliche Zeitalter der Angst seien vielmehr gerade Jahrhunderte abendländischen Mittelalters und dieser unserer Neuzeit.

Ich könnte nun die eine oder andere Grundlinie – wiewohl kritisch – aufnehmen, belegen, weiter plausibilisieren und also einen positionellen Beitrag zum Thema leisten. Sinnvoller aber scheint mir, zunächst zu fragen: Wieso kommt es zu derart verschiedenen Positionen? Müssen Thesen und Antithesen unvermittelt nebeneinander stehen bleiben, oder lassen sie sich komplex und kritisch (nicht neutralisierend harmonisieren, aber) konstruktiv in ihren Teilwahrheiten miteinander ins Gespräch bringen?

Ein entscheidender Grund für das unverträgliche Nebeneinander so konträrer Perspektiven scheint mir die Ungeklärtheit der Oberbegriffe „Religion" und „Angst" zu sein. Um welche Phänomene, um welche historischen und anthropologischen Größen geht es überhaupt? Wer mit den Groß-Größen „*die* Religion" und „*die* Angst" operiert und dann noch beide in ein Verhältnis zueinander zu setzen versucht, kann gar nicht anders als – zumeist gegen den eigenen Anspruch – lediglich Teilmengen in den Blick zu nehmen und zu kombinieren. Das endet geradezu zwangsläufig in Pauschalitäten auf der Basis einigermaßen willkürlicher Materialauswahl und subjektiver Wertung.

Damit ist auch schon der zweite Grund für das problematische Nebeneinander verschiedener Grundpositionen angeklungen: Versuchsweise objektive Erkenntnisse gibt es nicht ohne subjektive Interessen. Denken, Forschen, wissenschaftliches Arbeiten sind ohnehin nicht gewissermaßen affektneutral, sondern hintergründig – wie alle anderen Lebensvollzüge – mitbestimmt von Stimmungen, Gefühlen, Emotionen (vgl. Ciompi 1999, bes. 72, 93ff.). Die Themen „Angst" und „Religion" sind nun aber zuhöchst – jedenfalls auch – affektbesetzt; und insofern muss man bei der Bearbeitung unseres Themas doppelt und

---

3 Vgl. die Diskussion am Anfang des Essays von Benz, 1959, und Schlesier, 1988, besonders 463ff.

dreifach mit mehr oder weniger bewusstem affektivem Engagement, mit subjektiven Eintragungen, mit Projektionen in das Material rechnen.[4]

Selbst Subjekt in der psycho-biologischen Naturgeschichte und der menschlichen Religions- und Kulturgeschichte mache ich in dieser doppelten Geschichte wie in einem Spiegel meine eigenen Lebensbewegungen, Quellorte meiner Ängste (und natürlich auch andere Affekte) aus und bin – bewusst oder unbewusst –, wenn ich nicht die Geschichte der Angst (subjektiv) *absolut* setze, auf der Suche nach plausiblen und wirkungsvollen Modellen der Angstlösung. Diese subjektiv-projektive Dynamik ist nicht nur unvermeidlich, sondern zutiefst human und konstruktiv, wenn sie intersubjektiv und bewusst vollzogen wird. (Ich bin ziemlich sicher, dass im Folgenden meine subjektiven, auch religiösen Interessen, besonders am Schluss des Beitrags implizit deutlich sind; und ich ermuntere zur bewussten eigenen Subjektivität beim Lesen und bei der Reflexion.)

9.2 Zur näheren Bestimmung der Größen „Angst" und „Religion"

Um im Dialog der Wissenschaften so vor-philosophisch, vor-theologisch und so ausdifferenziert wie möglich zu beginnen, berufe ich mich auf die psycho-biologischen Ansätze von Luc Ciompi und Günter Tembrock. Der Affekt „Angst" soll – neben Wut, Trauer, Freude und Interesse – als eines von fünf Grund- oder Primärgefühlen gelten. Dabei ist ein „Affekt ... eine von inneren oder äußeren Reizen ausgelöste, ganzheitliche psychophysische Gestimmtheit von unterschiedlicher Qualität, Dauer und Bewußtseinsnähe" (Ciompi 1999, 67). „Ganzheitlich" heißt hier, dass es um ein integriertes Gesamtfeld von Wahrnehmen, Erleben, Fühlen, Denken und Verhalten/Handeln geht.

„Angst" ist „ein dynamischer Verhaltenszustand in einer objektiv gegebenen oder subjektiv angenommenen Situation, die das Individuum in seiner Unversehrtheit oder Existenz ... gefährdet, und deren Bewältigung über arttypisches Verhalten" (d.h. über „angeborenes oder erworbenes Wissen und Können") (zunächst) „nicht möglich ist" (Tembrock 2000, 168, 48). In dem Sinne ist Angst stets verbunden mit dem Verlust der Kontrolle über den Körper, das Verhalten und auch den freien Affekt- und Bewusstseinsstrom. Ein Teil der Angst besteht gerade in der affektiv-kognitiv alles bestimmenden Erfahrung, im negativen Sinne ausgesetzt und ausgeliefert zu sein (vgl. Bilz 1971[5]). Zu den neurophysiologischen

4 Sehr deutlich ließe sich dies an dem zentralen mit der Befreiung von Angst befassten Lebenswerk Eugen Drewermanns zeigen; vgl. die kritische Auseinandersetzung miz ihm bei Raguse, 1993, und auch Schneider-Flume, 1991.

5 Am Modell der ersten Kapitel des 1. Buches Mose nennt Bilz als fünf Urängste: 1. die „Disgregation" (Vertreibung), 2. das Schuld-Gedächtnis bzw. die Verdrängung der Schuld, 3. die „Nahrungsbeschaffung" als „Fluch", 4. die „gynäkologische Misère", das „mit Schmerzen Kinder gebären", 5. den Verlust „tierischer Unbekümmertheit und Sorglosigkeit".

äußeren Symptomen gehören unter anderen die Beschleunigung der Herzfrequenz, Schweißbildung, Harn- und Stuhlabgang sowie Atemnot (Tembrock 2000, 168f.).

Die die Angst hervorrufenden Gefährdungen näher zu unterscheiden verhilft zu Konkretisierungen, um nicht zu schnell auf einen allgemeinen Angstbegriff hinzusteuern oder gar von ihm auszugehen. Das heißt: Im vorliegenden Beitrag stehen religions- und existentialphilosophische (S. Kierkegaard, M. Heidegger, J.P. Sartre), theologische (O. Pfister, P. Tillich, E. Drewermann) und auch psychoanalytische (S. Freud, O. Pfister, F. Riemann) Angstkonzepte und damit auch neurotische und psychotische Angstbildungen nicht im Vordergrund von Darstellung und Diskussion. Gefährdungen können freilich in sehr verschiedenen Typengruppen zusammengefasst werden. Auf der Basis der Bemühungen von I. Eibl-Eibesfeldt und C. Sütterlin (1992), R. Bilz (1971) und Norbert Jung (1998) versuche ich eine eigene Typologie und unterscheide:

I: Gefährdungen der Existenz*grundlagen*:
- somatisch und psychisch: Angst vor Krankheit, Leiden (auch psychisch), Schmerz und Tod, einschließlich Erfrieren, Verbrennen, Getötetwerden durch Raubtiere, giftige Tiere, Epidemien;
- ökologisch: Angst vor Unglück und Umweltkatastrophen (Ertrinken, Verschüttetwerden, Verhungern, Verdursten und s.o.);
- ökonomisch: Verarmungsängste.

Die Verarmungsangst leitet direkt über/oder gehört besser schon zu:

II: Gefährdungen der *sozialen* Existenz (die immer auch verbunden sein können mit Gefährdungen der Existenzgrundlagen):
- Angst vor Verlassenwerden und vor Liebesverlust (besonders in Partnerschaft und Familie);
- Angst vor Gesichts- und Statusverlust, vor Versagen und Schuldigwerden (Versündigungsangst), Angst vor Strafe (besonders in größeren sozialen Gruppen);
- Angst vor (wirklichen und imaginierten) Fremden und Feinden.

Dass all diese konkreten Ängste verbunden sein können mit einer Grund- und Hintergrundangst, einer dominanten epochalen oder persönlichen Angstgestimmtheit, die nicht einmal einen realen Anlass haben muss, sondern imaginär und atmosphärisch genauso diffus wie dicht sein kann, bleibt gänzlich unbestritten. Religion thematisiert und bearbeitet aber eben nicht wesentlich nur diese Angst des „In-der-Welt-seins als solches" (M. Heidegger).

Das oft nicht adäquate bzw. nicht erfolgreiche reagierende Verhalten auf Angst bewegt sich zwischen Flucht- und Schutzsuche oder Aggression, kann aber auch Meidung, Ausweichen, Totstellen sein. Als religiöse Reaktionen ließen sich nennen: beten, sich bekreuzigen, segnen, schamanisieren, am Kultort Asyl suchen bzw. gewähren.

Schließlich muss ich – womit ich zum Schluss der Exposition komme – den von mir verwendeten Religionsbegriff offenlegen. Auch für meinen Ansatz „Praktischer Theologie" halte ich mich an ein von mir umstrukturiertes Suchmuster des Religionssoziologen Charles Y. Glock zur Bestimmung von verschiedenen „Dimensionen der Religiosität". Ausgangspunkt ist, dass sich eine komplexe Glaubensüberlieferung in zwei grundsätzlich verschiedenen Formen von Handlungen („Praxis") ausdrückt:

1. im religiösen Ritus („practice" als „ritual" und „devotion");
2. in der religiösen Lebensgestaltung.

Zu einer komplexen Glaubensüberlieferung gehören weiterhin:

3. subjektive religiöse Erfahrungen („experience") als weit gehend unvermittelter und unmittelbarer, im Sinne von 1. und 2. nicht ausge*handel*ter Zugang zur letzten Wirklichkeit;
4. religiöses Wissen („Knowledge").

Zum *rituellen* Handeln (1) gehören Gottesdienste bzw. Amtshandlungen mit symbolischen (und) sakramentalen Ausdrucksformen, aber auch religiöse, oft private Gebräuche der so genannten Volksfrömmigkeit (z.B. in Festzeiten). – *Religiöse Lebensgestaltung* (2) meint die ästhetische und ethische Verwirklichung des Glaubens im Alltag, z.B. in den Werken der Diakonie bzw. Sozialarbeit, aber auch im Leben in Kommunitäten und in kirchlichen Gemeinden und in ökumenischen Arbeitsprogrammen der Kirche, etwa mit den Zielen „Friede, Gerechtigkeit, Bewahrung der Schöpfung". – Zur *religiösen Erfahrung* (3) gehören Meditationsübungen und die weglosen Wege bild- und gegenstandsfreier Mystik. Zum *religiösen Wissen* (4) gehört sowohl die Kenntnis der eigenen Überlieferung in der Fülle ihrer Erscheinungen (Bibel, Frömmigkeit, Geschichte; es geht also keineswegs nur oder mit Schwergewicht um Lehrgebäude), dann aber auch deren kritische Reflexion. Hier hinein gehören kirchlicher und schulischer Unterricht, Erwachsenenbildung und die akademische Theologie.

Wichtig ist, dass diese Bereiche – (1) bis (4) – unabdingbar zusammengehören. Nur so können *einseitig* wortorientierte, handlungsorientierte oder stimmungsorientierte Praxisformen und/oder Theorieansätze überwunden werden. Religion ist eben nicht zu fassen in einer „Theologie des Wortes", kann auch nicht gleichgesetzt werden mit Ethik und Handlungsvollzug und ist auch nicht nur wesentlich bestimmt von ordinären (urbi et orbi) oder extraordinären (exorbitanten) Gefühlen und Innenwelten (vgl. Glock 1969; Stark & Glock 1970; sehr viel ausführlicher: Martin 2001). Religion ist auch – systemtheoretisch betrachtet – nicht nur für Restkontingenzen zuständig, sondern bis heute – jedenfalls fragmentarisch und bisweilen säkularisiert – ein umfassendes Lebens-, Denk- und Deutungssystem mit kultischer, pädagogischer und therapeutisch relevanter Praxis und wirkt als solche: in Gottesdienst und Seelsorge, ethischer Wertsetzung und Wertvermittlung und in der Begleitung von Lebensübergängen (Taufe, Konfirmation, Trauung, Beerdigung).

6 Die Übersetzung von Ps. 31,10 ist von Jürgen Ebach für den Deutschen Evangelischen Kirchentag 2001 in Frankfurt a. M.. Hier steht für „Angst" im Hebräischen „sar"; „sar" heißt in einer weiteren Bedeutung dieses

9.3 Leitsätze mit Erläuterungen und Materialien

9.3.1 Religion affirmiert Ängste

Religion bestätigt Angst und verstärkt sie gegebenenfalls, auch in der Ermahnung zu „Furcht" und „Ehrfurcht" im jeweiligen Sozialsystem. So wird in der neutestamentlichen Briefliteratur „Furcht" (griechisch: phobos) auch gegenüber innerweltlichen Größen (Herren, Eltern usw.), nicht nur gegenüber „Gott" oder anderen religiösen weltlichen bzw. überweltlichen Instanzen mit apostolischer Autorität gefordert. „(...) die Frau aber soll vor dem Mann Ehrfurcht haben." (Eph 5, 33) – „Ihr Sklaven, seid mit aller Furcht euren Herren untertan (...)" (1 Petr 2, 18).

Eine grundsätzliche Anmerkung zwischendurch: Als christlicher Theologe entfalte ich meine Leitsätze weit gehend an Materialien aus Judentum und Christentum, später auch aus dem Buddhismus, verweise aber öfter auch auf Forschung aus anderen Religionen. Versteht man „Religion" im Sinne Glocks, werden sich für die sozial-psychologisch ausgerichteten Aspekte, wie Religion mit Angst umgeht, parallele Belege auch aus Islam, Hinduismus und anderen Religionen leicht beibringen lassen, etwa zu Gebetsvollzügen, rituellen Handlungen, Asylpraxis, meditativen Übungswegen und Körper-,Techniken'. Religion ist eben, wo sie nicht rein negativ abgrenzend auf Gesellschaft bezogen ist, politischer und sozialer Machtfaktor, eine Wirkgröße in der Sozialisation – auch mit ihren Droh- und Kontrollmechanismen (vgl. die Zitate von Pfister weiter oben).

Freilich und eben darum ist hier ein wesentlicher Ansatzpunkt der Religionskritik. In dieser Angst-Mache ist aber bisweilen auch eine religiöse Relativierung innerweltlicher Ängste zu beobachten: „Und fürchtet euch nicht vor denen, die den Leib töten, die Seele aber nicht töten können, sondern fürchtet vielmehr den, der Leib und Seele verderben kann in der Hölle." (Mt 10, 28; demgegenüber: Pilatus hat Angst vor den *Menschen* [Joh 19, 8], ebenso Petrus [Gal 2, 12]).

9.3.2 Religion artikuliert und bearbeitet weltliche Ängste

Am Beispiel der jüdischen Psalmenliteratur ließe sich unter Aufnahme unserer Angsttypologie zeigen, dass Religion die Gefährdungen der Existenzgrundlage und der sozialen Existenz in all ihren Facetten vor Gott, vor der Gemeinde, auch vor sich selbst zum Ausdruck bringt – und dies weniger mit psychologisierender Rede von „Angst" als mit realistischen und krassen bildlichen Ausdrücken von räumlicher, sozialer, psychischer Enge, Bedrängnis, Drangsal, Not – bis hin zur Auslöschung der Existenz. „Zeig mir, Adonaj, dein Wohlwollen, mir ist ja angst, es wird matt mein Auge vor Unmut, meine Kehle, mein Leib." (Ps 31, 10; vgl. demgegenüber die Metapher, dass die Füße „ins Weite"/"auf weiten Raum" gestellt werden; Ps 31, 9).[6]

Wortes: Bedränger, Gegner, Feind; vgl. ausführlicher, auch von der Sprache und den Motiven her Seybold, 1997; vgl. auch die gerafften instruktiven Verweise zum Alten und Neuen Testament bei Schlesier, 1988, 466.

„Angst“ in all ihren Erscheinungsformen ist eben eine Grunderfahrung (und entsprechend ein immer wieder auftauchendes Primärgefühl) weltlicher Existenz: „In der Welt habt ihr Angst ...“ (Joh 16, 33). Auch das Vaterunser (Mt 6, 9–13) artikuliert eben die Grundgefährdungen und betet und bittet dagegen an um Brot, um Schuldenvergebung und um die Erlösung von bösen lebensfeindlichen Mächten.

Gegenwärtige Seelsorge als Lebensberatung arbeitet weit gehend auf diesem Feld alltäglicher Ängste und kann dabei die Sprach- und Vorstellungsangebote der religiösen Tradition einsetzen. Damals, in einem religionssoziologisch betrachtet völlig anderen Wirkungsfeld als heute, aber auch heute, hilft religiöse Sprache der Artikulation und Bearbeitung weltlicher Ängste. Dabei wird Angst nicht als pathologisch, sondern als normales Warnsignal und also als angemessen verstanden. Religion bearbeitet diese „normalen“ Ängste kognitiv und emotional, rituell und ästhetisch.[7] Dabei kann die Symbolisierung, die *Äußerung*, die Artikulation konkreter, aber auch diffuser Ängste bereits ein Schritt der Befreiung, auch der ersten Distanznahme sein. Ich rücke die Angst ins Gegenüber, ich kann sie mit einem gewissen Abstand ansehen (vgl. Martin 1984, 57ff.). Ich kommuniziere mit ihr, (ggf.) mit anderen über sie. Ich bin ihr nicht nur ausgeliefert.

Zurück in die jüdische Religionsgeschichte: Findet diese Artikulation und Kommunikation der Ängste in kultischer Praxis statt, kann die Befreiung von Ängsten auch rituell vollzogen und real bewirkt werden: Schuldfreispruch – priesterliche Erklärung der Reinheit bzw. Gesundheit – Segenszuspruch und sogar reales Asyl für jemanden, der unter Lebensbedrohung in den Tempelbezirk geflohen ist. Der religiöseste Ort – das Heiligtum – ist ein existentieller *und* zugleich ein sozialer und politischer Ort, Ort der Transzendenz *und* Ort innerweltlicher Rettung. Wer den Altar bei seinen „Hörnern“ packt, ist unantastbar, darf nicht abgeführt oder gar ermordet werden. Das Heiligtum kann äußerster Fluchtpunkt der Angst sein (vgl. Seybold 1997, 71; Failing 1998).[8]

Einen besonderen Aspekt der religiösen Artikulation und Bearbeitung weltlicher Ängste von hoher kulturgeschichtlicher Bedeutung möchte ich gesondert erwähnen, kann ihn aber hier nur streifen:

9.3.3 Religion „trainiert“ den Umgang mit Angst, sie erweitert die Toleranzgrenzen von Angst. Damit relativiert sie alltägliche weltliche Angst

In allen Erscheinungsformen von Mönchtum, besonders extrem im Eremitentum im selbstgewählten Rückzug in die Wüste, d.h., in unbewohnte, unwirtliche Gegenden,

7 Zu repräsentativen Seelsorgekonzeptionen in Bezug auf das Thema Angst vgl. Stollberg, 1991, und Winkler, 1997, 290–306 („Umgang mit Angst“); zum Einbezug der religiösen Sprach- und Vorstellungsangebote: Bukowski, 1995.

8 Zur kritischen Diskussion, ob und wie Riten Angst verbreiten und bearbeiten, vgl. positiv Laubscher, 1991; kritischer Michaels, 1997, 99ff.

setzen sich Menschen radikaler Existenzgefährdung aus: Hunger, Hitze und Kälte, wilden Tieren, freiwilliger Armut und sozialer Isolation. Sie berauben sich selbst ihres freien Bewegungsspielraums, verharren an einem zumeist sehr begrenzten engen Ort (stabilitas loci; extrem die so genannten Säulenheiligen, allen voran Simeon Stylites, gest. 459 in Syrien), kerkern sich ein, enthalten sich sexueller Triebbefriedigung. Auch in der Initiation unterwerfen sie sich in fraglosem Gehorsam Angst machenden fremden religiösen Autoritäten und setzen sich dem Bereich der Dämonen aus. Das kann – wo es nicht pathologisch selbstquälerisch, lebensfremd und lebensfeindlich ist – zu einer großen Souveränität, zu einer entgrenzenden und befreienden Angstlosigkeit führen, jedenfalls zu einer *Relativierung* der gewöhnlichen Angstdynamik.[9]

Der folgende Leitsatz bleibt auf dieser Spur; in ihm geht es aber in keinem Sinne mehr um freiwillige, sondern um weit gehend fremd bestimmte Ausweitungen der Angst.

9.3.4 Religion macht zusätzliche Angst („schafft" Angst).

Dazu drei Unterpunkte:

1. Ganz parallel zum ersten Leitsatz: Religion affirmiert nicht nur Furcht- und Angsthaltungen im weltlichen Sozialsystem, sondern auch in eigenen religiösen Lebens- und Vorstellungsbereichen. „Angst" – oft gekoppelt mit „Liebe" – gilt als religiöse Grundhaltung Gott, aber auch anderen Instanzen gegenüber, etwa im Blick auf die religiösen Lehrer, die religiöse Tradition, das „Gesetz" (Thora): „Sei nicht hochmütig, sondern fürchte dich!" (Röm 11, 20) – „(...) mühet euch (...) um euer Heil mit Furcht und Zittern" (Phil 2,12).

Dabei kann Religion die Ängste vor Gefährdung der Existenzgrundlage und der sozialen Existenz radikal potenzieren: nicht nur Tod, sondern ewige Höllenqualen stehen bevor, nicht nur Strafe, sondern „Jüngstes Gericht" mit ewiger Verdammnis (Mt 25), nicht nur innerweltliche Katastrophen, sondern apokalyptische Kataklysmen (von Daniel bis zur Offenbarung des Johannes), Weltuntergang und Vernichtung der gesamten Schöpfung (annihilatio mundi), nicht nur Liebesverlust, sondern der endgültige Entzug, die Unsichtbarkeit und Unerreichbarkeit Gottes. Das ist (weit gehend) kein Angst-‚Training' mehr, sondern ein Weg in die Verzweiflung.[10]

9 Dass größere Angsttoleranz lebensgeschichtlich gelernt und – etwa durch kontrollierte Stressbelastungen – verhaltensbiologisch bei Tieren trainiert werden kann, weil die neuronalen Netzwerke erfahrungsoffen und erfahrungsabhängig sind und in ihren Schaltungen lebenslang verändert werden können, spricht für Sinn und Bedeutung solcher (und anderer) Angst-‚Trainings' (vgl. Hüther 1997; Chiompi 1999; Tembrock 2000). Zur pathologischen Ausformung mönchischer Armuts-, Gehorsams- und Keuschheitsideale, aber auch zu ihren positiven konstruktiven Lebensmöglichkeiten vgl. Drewermann (1989, 340–654, 657–750).

10 Zur Phänomenologie und Kritik solcher religiös konstellierter apokalyptischer Ängste vgl. Martin, 1984, 11ff., 115f.; 1985.

2. Diesem Angstkomplex gegenüber ist der folgende Aspekt geradezu „harmlos", führt jedenfalls zurück in die sozialen Ängste. Solange eine Religion ein Fremdkörper, das Glaubenssystem einer Minderheit in der Gesellschaft ist und sich religiösen Praktiken der kompakten Mehrheit – etwa dem Opferdienst und dem Kaiserkult im alten Rom – verweigert, kann sie in „Bedrängnis", Verfolgung bis hin zum Tod der Zeugen (Märtyrer) führen. „In der Welt habt ihr Angst" (Joh 16, 33) weist für „Angst" das griechische Wort „thlipsis" auf, das urchristlich auch für „Verfolgung" und damit für spezifische „Bedrängnis", „Drangsal" im religiösen Lebensvollzug steht: „Ich, Johannes, euer Bruder und Mitgenosse in der Trübsal (griech.: thlipsis) und der Königsherrschaft und dem Ausharren bei Jesus ..." (Off 1, 9). Lutherisch ist dieses Wort – jedenfalls missverständlich, wenn nicht unangemessen – zumeist mit „Trübsal" übersetzt worden, was oft mehr an eine psychisch (sub)depressive Gemütslage als an reale Gefährdung für seelisches Wohl *und* leibliches Leben denken lässt.

Psychologisch und theologisch kann diskutiert werden, welche religiöse Gesamtdynamik vorliegt, wenn zugunsten der Religionsausübung und ggf. auch der Religionsausbreitung solche zusätzlichen Gefährdungen durchaus in Kauf genommen werden und augenscheinlich sogar affektiv positive Aspekte haben können: „(...) ich bin mit Trost erfüllt, ich bin überreich an Freude bei aller unserer Bedrängnis" (Paulus in 1 Kor 7, 4) – „Und ihr habt unser Beispiel und das des Herrn nachgeahmt, indem ihr unter vieler Trübsal das Wort aufnahmt mit Freude des Heiligen Geistes (...)" (1 Thess 1, 6).[11] Diese Diskussion kann im Folgenden nur indirekt und implizit geführt werden.

Im letzten Teil meines Beitrags, mit dem folgenden Punkt 3 und dem Abschnitt 3.5, begebe ich mich – für manche vielleicht endlich und von vornherein in viel größerer Ausschließlichkeit erwartet – in den Bereich (religionspsychologisch betrachtet) spezifisch *religiöser*, d.h. ganz auf Gott und Transzendenzerfahrung bezogener Ängste und spezifisch *religiöser* Angstüberwindung. Beim vorgegebenen Thema „Angst und Religion" aber ausschließlich diese Aspekte in den Vordergrund zu rücken, ist eine unzulässige Engführung und marginalisiert „Religion" in Geschichte und Gegenwart. Deshalb liegt mir auch an der Feststellung, dass meine Leitsätze nebeneinander gültig sind, sich nicht auseinander ableiten oder hierarchisch ordnen lassen. Sie haben ihren jeweiligen Einzugsbereich, ihre Plausibilität, ihren Sitz im Leben und im Denken.

3. Außerordentliche religiöse Erfahrungen können ihrerseits radikal ängstigen. Dazu gehören z.B. Gottes-, Boten- und Lichterscheinungen, Auditionen und Visionen, wie sie spontan epiphanieartig mitten in und dann quer zum Raum-Zeit-Kontinuum, aber auch während des religiösen Ritus und während anderer, z.B. meditativer Praktiken auftreten. Gewöhnliche Welt verliert ihre vermeintliche Endgültigkeit und Selbstverständlichkeit. Die üblichen Ich-Grenzen werden gesprengt. Eine andere, weitere, oft fremde Welt bricht

11 Vgl. auch die paulinischen sog. „Peristasen"-Kataloge; dazu Bornkamm, 1993, 24, 97f., 169, 177.

mit großer Eindringlichkeit und Unabweisbarkeit *ihrer* Realität ein. Das macht Angst. Nicht umsonst taucht die Formel „fürchte dich nicht" (griech.: me phobou) in den jüdischen und christlichen Schriften mit großer Regelmäßigkeit auf – schon bei Heilungswundern, wie viel mehr bei Engel-, Gottes- und Christuserscheinungen, etwa beim gewaltigen Fischzug des Petrus (Mk 5, 36), bei der Verwandlung der Gestalt Jesu in Licht (Mt 17, 7) und den Ostererscheinungen des Christus (Mt 28, 5.10), schließlich bei den Visionen des Johannes auf Patmos (Off 1, 17 – vgl. Coenen et al. 1979, 417). Wo diese Angst beschwichtigt wird, d.h. nicht allein vorherrschend ist, kann sie mit „Angstlust" (Balint, 1956: „thrill")[12], mit positiv gestimmter Erwartungsangst verbunden sein; vgl. etwa aus den Auferstehungserzählungen: „Und sie gingen eilends von der Gruft hinweg mit Furcht und großer Freude ..." (Mt 28, 8; anders Mk 16, 8).

Rudolf Otto hat als wesentliche „Momente" der numinosen Erfahrung (der Erfahrung des „Heiligen") das „tremendum" *und* das „fascinans", also das Beängstigende *und* das unausweichlich Anziehende im „*seligen* Schauer" herausgestellt (vgl. 1979, 102, 82, vgl. 85, 89).[13] Hinzu kommen bei ihm das Kreaturgefühl, das „Ungeheure" und das „augustum", das „sanctum als numinoser Wert". Wobei Otto konstruiert, dass „auf höherer Stufe ... das Grandiose oder das *Erhabene* an die Stelle des Fürchterlichen (tritt)", dass es also religionsgeschichtlich durchaus Entwicklungen in Angstprofilen geben kann.

9.3.5 Religion überwindet Angst

„In der Welt (griech.: kosmos) habt ihr Angst; aber seid getrost, ich habe die Welt überwunden" (Joh 16, 33). Welchen Realitätsgrad hat dieser Satz? Wohin kommt man, wenn man diesen „kosmos", diesen umfassenden Welt- und Lebenszusammenhang sieghaft überschreitet und überwindet? Auskünfte, die die Religion dazu gibt, bleiben lange im Bereich von Ortsvorstellungen. Es geht gewissermaßen um Gegenwelten zu dieser Welt. Nicht nur Elia und Jesus fahren auf in den „Himmel". Die Apokalypse des Johannes endet mit der Schau des Herabkommens eines „neuen Jerusalem, von Gott her aus dem Himmel" (Off 21, 2). „Ein neuer Himmel und eine neue Erde" (Off 21,1) sind die umfassendste Gegenwelt, die sich biblisch vorstellen lässt. Entsprechend gibt es im Buddhismus Vorstellungen der reinen Buddhaländer als neue andere Welten.

Im jüdisch christlichen Kontext ist einer der letzten Fluchtpunkte, noch aus unerträglicher Qual, der Ort des Paradieses. Als solcher taucht er auch in einer Grundszene der Passionsgeschichte auf. Ein mit und neben Jesus Gekreuzigter bittet darum, dass er seiner gedenke,

12 Hinweis auf dieses Phänomen unter Verwendung des Terminus „Angstlust" schon bei Pfister, 1944, 14 (vgl. auch 26, 58, 64).

13 wobei schon Kierkegaard, 1983, von Angst als einer „*sympathetischen Antipathie*" und einer „*antipathetischen Sympathie*" sprach.

wenn er mit seiner Königsherrschaft komme, und Jesus antwortet: „Wahrlich ich sage dir, heute wirst du mit mir im Paradiese sein“ (Lk 23, 42f).

Ich wage die Verallgemeinerung: Religion kennt und vermittelt in letzter Ausweglosigkeit gegenüber allem „hier“ und allem „dort“ ein allerletztes anderes „dort“, ein „alibi“, als einen dimensional anderen Ort. Im apokryphen, 1946 wieder gefundenen Thomas-Evangelium heißt es im Logion 68: „Ihr seid selig, wenn sie euch hassen und euch verfolgen, und sie werden keinen Platz finden an dem Ort, an dem sie euch verfolgen“ (vgl. Martin, 1998). Das heißt doch, dass es eine Zone von Leben gibt, in die Hass und Lebensbedrohung nicht hineindringen können, in der sie ihre destruktive Macht verlieren – eine Zone, erreichbar für den und die in höchster Not, unerreichbar aber für die Folterer und Verfolger.

Wege aus der Angst gehen dabei oft mitten durch sie hindurch. In dem buddhistischen Gleichnis von den zwei Flüssen und dem weißen Pfad von Zendo Daishi (Shan-Tao, 613–681; vgl. Shinran [1997])[14] geht der Reisende voller Schrecken und Verzweiflung auf riskantester Spur zwischen Wasser und Feuer, zwischen der Macht der Begier und der Macht des Hasses westwärts hindurch ins „reine Land“, in die Klarheit, die Freiheit, die Angstlosigkeit.

Freilich gibt es auch andere Vorstellungen von der Bewegung aus der einen angstvollen in die andere angstfreie Welt. Strukturell wohl parallel zu den schon erwähnten Vorstellungen von Entrückung gibt es im Jodo Shinshu Buddhismus das japanische Verb „ōchō“; „ō“ heißt „seitwärts“/“quer“, und „chō“ heißt „überspringen, transzendieren, darüber hinausgehen“. Wenn mich nicht alles täuscht, hat dieses „ōchō“ etwas zu tun mit dem, wovon in der Grenzsituation der zwei Männer am Kreuz in unserer eigenen Tradition die Rede ist: dass man nämlich nicht (nur) über große Entwicklungswege im Leib oder im Geist, sondern plötzlich, heute noch, unmittelbar, quer, seitwärts aus der größten Not dieser Welt in eine Welt geraten kann, in der Barmherzigkeit, Friede und Leben gelten – ein Leben, das so jenseits unserer unendlichen Konflikte *zwischen* Leben und Tod ist, dass manche dieses qualitativ andere Leben, gewissermaßen als neues anderes Wort, mit fünf großen Buchstaben schreiben: LEBEN. „Ōchō“, so schreibt ein Kommentar, heißt: „Auf einmal über die zeitlich-räumliche Beschränkung der Samsara-Welt hinaus zur (...) wahren Welt der Wahrheit gelangen“ (Shinran 199, 102).

Genauso naiv wie religionskritisch gefragt: Gibt es diese Orte überhaupt? Was ist ihr ontologischer Status? Ist die Rede von ihnen nur die hilflose Artikulation eines Wunsches? Religionspsychologisch und ideologiekritisch sind hier gewiss skeptische Rückfragen angebracht. Andererseits gibt es Zeugnisse quer durch die Terror- und Märtyrergeschichte der letzten Jahrtausende, dass Menschen in der äußersten Qual hindurch gefunden haben und

14 Anregungen zum Thema „Angst in buddhistischer Sicht“ verdanke ich Herrn Prof. Takeshi Kaku von der Otani Universität Kyoto.

hindurch gefunden worden sind zu einem letzten Alibi, in Lichtwelten, in Bereiche grenzenloser Barmherzigkeit und Liebe. Lebens- und todesgeschichtlich, phänomenologisch ist es also durchaus nicht fahrlässig oder unsachgemäß, einen Text über „Angst und Religion" mit diesem Aspekt, dass Religion dabei hilft, Angst zu überwinden, zu beenden. Gnostische und mystische Gedanken- und Übungswege führen allemal aus den Ambivalenzen und dem Leid in der Welt der Schöpfung heraus in die Welt göttlichen Lichtes, in den Bereich der göttlichen ungeschaffenen Energien, in eine Wirklichkeit *vor* der Schöpfung, in der selbst Gott nicht mehr so Gott ist, wie er Gott im Gegenüber zur Kreatur ist. Buddhistische Meditationsstufen führen ihrerseits über die Stationen eines „angenehmen Körpergefühls" (1), der „Freude" (2), der „Zufriedenheit" (3) und des „Friedens" bzw. der „Ruhe" (4) in die „Unendlichkeit des Raumes" (5), in die „Unendlichkeit des Bewußtseins" (6) hin zur „Grundlage des Nichts", der „Leere" (7) und zur „Weder-Wahrnehmung-noch-Nichtwahrnehmung" (8). In diesen letzten „vier formlosen Vertiefungen" gerät der Meditierende in eine Welt weit jenseits *aller* Affekte und damit natürlich auch aller Ängste (vgl. Khema 1992, bes. 155ff.).

Diese Meditationserfahrungen aus allen Ich- und Kosmos-Bezügen heraus haben große Evidenz, lassen sich aber in Raum und Zeit nicht absolut setzen, durchdringen vielmehr die Alltagserfahrung – in Entwicklungen des späteren (Mahayana-) Buddhismus soweit, dass es eine nachträgliche Identität von Samsara und Nirvana gibt. Womit wir dank dieser radikalen Perspektive, die Endlichkeit und Unendlichkeit verbindet, unserem viel dimensionalen Religionsbegriff ganz entsprechend, zurückgefunden haben in *diese* Welt und in die Bedeutung religiös vermittelter Freiheit von Angst in der persönlichen und politischen Alltagspraxis des Lebens. Noch in den Perspektiven eines letzten Alibis der Angstfreiheit tradiert, chiffriert und trainiert Religion eine Angstlosigkeit, die Relevanz hat in Raum und Zeit, etwa in den Praktiken des gewaltfreien Widerstandes.

In dem inzwischen ins Evangelische Gesangbuch (1994) auf- und eingerückte Lied aus der US-amerikanischen Befreiungsbewegung: „We shall overcome" heißt es in der dritten Strophe: „We are not afraid (...)". Spätestens hier und sehr profan kann deutlich werden, dass religiös vermittelte Angstfreiheit nicht nur eine Beschwörung und/oder ein Wunsch, sondern auch psychisch und psychosozial wirksame Realität sein kann, nicht nur Programm und Erwartung, sondern – und sei es anfängliche, erschütterbare – Erfahrung. Es ist schon psychologisch, wie viel mehr spirituell nachvollziehbar, dass der, der keine Angst mehr hat vor dem Verlust des Ich und des eigenen Lebens, der meint, der Tod könne ihm nichts mehr anhaben, fähig wird zu großen Risiken des Lebenseinsatzes. Wer nicht mehr davon überzeugt ist, dass der Tod das letzte Wort haben wird, für den relativieren sich Drohungen aller Art, der wird frei zu lieben und sogar frei zu sterben. Paulus im Römerbrief: „Denn ich bin (...) gewiß, daß weder Tod noch Leben, weder Engel noch Gewalten, weder Gegenwärtiges noch Zukünftiges noch Kräfte, weder Hohes noch Tiefes, noch irgendein anderes Geschöpf uns zu scheiden vermag von der Liebe Gottes, die in Christus Jesus ist, unserem Herrn" (Röm 8,38f).

Spätestens seit dem 11. September 2001, der Realisierung *unübersehbarer* apokalyptischer Schrecken und destruktiver Energien, bleibt freilich selbst hier die innerweltliche *Ambivalenz* aller religiös vermittelten Angstüberwindung. Wer vor dem Verlust des Lebens und vor dem Tod keine Angst mehr hat, der ist zu allem fähig, nicht nur zu grenzenloser Barmherzigkeit, sondern auch zu mörderischem Fanatismus. Das heißt, nicht nur die realen atomaren und ökologischen Krisen müssen mit begründeter und bewusster Angst wahrgenommen werden, sondern auch die, die – wie auch immer – Angst überwunden haben, können andere in Angst und Schrecken versetzen und ins Verderben mit hineinziehen. Und darum schließe ich diesen Text mit dem pointierten, oft zitierten Satz von Günther Anders:

> *„Habe keine Angst vor der Angst, habe Mut zur Angst.*
> *Auch den Mut, Angst zu machen.*
> *Ängstige deinen Nachbarn wie dich selbst."*[15]

Literatur

Anders, G. (1981). *Die atomare Bedrohung* (3. erw. Auflage von ders.: Endzeit und Zeitenende – Gedanken über die atomare Situation, 1972). München: Beck.

Balint, M. (1956). *Angstlust und Regression.* Stuttgart: Klett.

Benz, E. (1959). *Die Angst in der Religion.* In G. Benedetti (Hg.), *Die Angst* (S. 189–221). Zürich et al.: Rascher.

Bilz, R. (1971). *Paläoanthropologie – Der neue Mensch in der Sicht einer Verhaltensforschung,* 1. Band. Frankfurt/M.: Suhrkamp.

Bornkamm, G. (1993). *Paulus.* Stuttgart: Kohlhammer.

Bukowski, P. (1995). *Die Bibel ins Gespräch bringen – Erwägungen zu einer Grundfrage der Seelsorge.* Neukirchen-Vluyn: Neukirchener.

Ciompi, L. (1999). *Die emotionalen Grundlagen des Denkens – Entwurf einer fraktalen Affektlogik.* Göttingen: Vandenhoeck & Ruprecht.

Coenen, L, Bayreuther, E. & Bietenhard, H. (1979). *Theologisches Begriffslexikon zum Neuen Testament.* Studienausgabe Bd. I. Wuppertal: Brockhaus.

Delumeau, J. (1985). *Angst im Abendland – Die Geschichte kollektiver Ängste im Europa des 14.-18. Jahrhunderts,* Bd. 1 und 2. Reinbek: Rowohlt.

Drewermann, E. (1989). *Kleriker – Psychogramm eines Ideals.* Olten: Walter.

Eibel-Eibesfeldt, I. & Sütterlin, C. (1992). *Im Banne der Angst – Zur Natur- und Kunstgeschichte menschlicher Abwehrsymbolik.* München: Piper.

Evangelische Kirche von Kurhessen-Waldeck (Hg.) (1994). *Evangelisches Gesangbuch.* Kassel: Evangelische Kirche von Kurhessen-Waldeck.

Failing, W.-E. (1998). Die eingeräumte Welt und die Transzendenzen Gottes. In W.-E. Failing & H.-G. Heimbrock (Hg.), *Gelebte Religion wahrnehmen. Lebenswelt – Alltagskultur – Religionspraxis* (S. 91–122). Stuttgart: Kohlhammer.

Glock, C.Y. (1969). Über die Dimensionen der Religiosität. In J. Matthes (Hg.), *Kirche und Gesellschaft.* Einführung in die Religionssoziologie II (S. 150–168). Reinbek: Rowohlt.

Hüther, G. (1997). *Biologie der Angst – Wie aus Streß Gefühle werden.* Göttingen: Vandenhoeck & Ruprecht.

15 Vgl. Anders, 1981, 98. Nach Abschluss des Manuskripts ist erschienen Körtner, 2001.

Jung, N. (1998). *Angst als biopsychosoziales Phänomen und therapeutisches Anliegen.* Vortragsmanuskript zum 23. Potsdamer Psychotherapie-Symposion am 19./20.06.1998.

Khema, A. (1992). *Meditation ohne Geheimnis.* Zürich: Theseus.

Kierkegaard, S. (1983). *Der Begriff Angst – Vorworte.* Düsseldorf: Diederichs.

Körtner, U.H.J. (Hg.) (2001). *Angst – Theologische Zugänge zu einem ambivalenten Thema.* Neukirchen-Vluyn: Neukirchener.

Laubscher, M. (1991). Angst und ihre Überwindung in Initiationsriten. In: H. v. Stietencron & V. Günther (Hg.), *Angst und Religion* (S. 78–100). Düsseldorf: Patmos.

Martin, G.M. (1984). *Weltuntergang – Gefahr und Sinn apokalyptischer Visionen.* Stuttgart: Kreuz.

Martin, G.M. (1985). Vorstellungen zur Apokalypse – Kulturkritische, tiefenpsychologische und theologische Reflexion. In P.M. Pflüger & W. Giegerich (Hg.), *Apokalyptische Ängste und psychosoziale Wirklichkeit,* (S. 103–122). Fellbach-Oeffingen: Bonz.

Martin, G.M. (1998). *Das Thomas-Evangelium – Ein spiritueller Kommentar.* Stuttgart: Radius.

Martin, G.M. (2001). Theologische Existenz, praktisch-theologisch. In G. Lämmlin & S. Scholpp (Hg.), *Praktische Theologie der Gegenwart in Selbstdarstellungen* (S. 148–161). Tübingen: Francke.

Michaels, A. (1997). Religionen und der neurobiologische Primat der Angst. In F. Stolz (Hg.), *Homo naturaliter religiosus – Gehört Religion notwendig zum Mensch-Sein?* (S. 91–163). Bern: Lang.

Otto, R. (1979). *Das Heilige – Über das Irrationale in der Idee des Göttlichen und sein Verhältnis zum Rationalen.* München: Beck.

Pfister, O. (1944). *Das Christentum und die Angst.* Zürich: Artemis.

Raguse H. (1993). *Psychoanalyse und biblische Interpretation – Eine Auseinandersetzung mit Eugen Drewermanns Auslegung der Johannes-Apokalypse.* Stuttgart.: Kohlhammer.

Schlesier, R. (1988). Angst. In H. Cancik (Hg.), *Handbuch religionswissenschaftlicher Grundbegriffe,* Bd. I (S. 455–471). Stuttgart: Kohlhammer.

Schneider-Flume, G. (1991). Angst und Glaube. *Zeitschrift für Theologie und Kirche 88,* 478-495.

Seybold, K. (1997). In der Angst noch Hoffnung! Drei persönliche Zeugnisse aus den Psalmen. In J. Fischer & E. Jenni (Hg.), *Angst und Hoffnung – Grunderfahrungen des Menschen im Horizont von Religion und Theologie* (59-79). Stuttgart: Kohlhammer.

Shinran (1997). The True Teaching, Practice, and Realization of the Pure Land Way. In D. Hirota (Ed.), *The Collected Works of Shinran,* Vol. 1 (S. 89–91). Kyoto: Jodo Shinshu Hongwanji-ha.

Shinran (1999). *Yuishinshō-Mon'i – Erläuterungen zu Yuishinshō. Zum III. Rudolf Otto Symposion in Marburg.* Kyoto: Otani Universität.

Stark, R. & Glock, C.Y. (1970). *American Piety – The Nature of Religious Commitment.* Berkeley: University of California Press.

Statius, P.P. (1908). (lat. Dichter, 1. Jhd. n. Christus): *Thebais.* Lipsiae: Teubner.

Stollberg, D. (1991). Vom Umgang mit der Angst in der Seelsorge. *Praktische Theologie 80,* 352–362.

Tembrock, G. (2000). *Angst – Naturgeschichte eines psychobiologischen Phänomens.* Darmstadt: Wissenschaftliche Buchgesellschaft.

Tillich, P. (1964). *Der Mut zum Sein.* Stuttgart: Steingrüben.

Winkler, K. (1997). *Seelsorge.* Berlin: de Gruyter.

10. Die Angst vor der Zukunft und die Zukunft der Angst

Jürgen Kriz

10.1 Einleitung

„Angst" und „Zukunft" bezeichnen zwei Bereiche menschlicher Lebenswelt, die eng miteinander verflochten sind. Während viele emotionale Befindlichkeiten, die hier und jetzt erlebt werden, sich auch auf Situationen im Hier und Jetzt beziehen – wie Lust, Ekel, Liebe, Scham, Schrecken, Freude – sind andere mehr auf das Dort und Dann gerichtet: Wie Trauer wesentlich mit Bildern verbunden ist, deren Dort und Dann in der objektiven Vergangenheit liegen, so geht das Dort und Dann der Angst in hohem Maße mit Imaginationen einher, die auf die Zukunft gerichtet sind. Dies mag etwas dadurch relativiert und eingeschränkt werden, dass mit „Furcht", „Panik" und mehr noch mit „Schreck" Erleben thematisiert wird, dessen Auslöser und Gegenstände im Hier und Jetzt liegen, und dass diese Begriffe nur sehr künstlich, mühsam und letztlich unscharf gegenüber „Angst" abgegrenzt werden können. Dennoch trifft sicher für den größten Teil der Ängste, die wir bei uns und anderen feststellen können, die obige Aussage über die Zukunftgerichtetheit zu – und um *diese* Phänomene soll es im Folgenden gehen.

Unser Argumentationsgang wird dabei in drei wesentlichen Schritten vorangehen: Zunächst soll kurz unter einer allgemeinen gesellschaftlichen Perspektive ein aktueller Aspekt der „Angst vor der Zukunft" als bedeutsamer Ausgangspunkt dienen. Im folgenden Schritt, der den Kern dieses Beitrags ausmacht, wird dann aber gezeigt, wie (auch) dieser allgemeine, aktuelle und gesellschaftliche Aspekt eng verwoben ist mit der psychologischen Perspektive spezifischer menschlicher Angst-Bewältigungs-Programme und ihrem zunehmenden Versagen in einer globalisierten Welt. Letztlich wird auf der Basis der erarbeiteten Aspekte das Thema dann nochmals aus gesellschaftlicher Perspektive reflektiert und dabei die „Zukunft der Angst" zumindest imaginativ skizziert.

10.2 Die Aktualität der Zukunftsangst

Als der Kongress zum Thema „Angst" geplant wurde, für den ich eine frühere Fassung des vorliegenden Textes verfasste, hat sich wohl niemand die Ereignisse des 11. September 2001 ausmalen können (vgl. Einführung der Herausgeber in diesem Buch) – weder die Terroranschläge auf das World Trade Center und das Pentagon in New York bzw. in Washington mit rund 3.000 Toten, noch das Entsetzen darüber, das vor allem in der „Ersten Welt" und seinen Medien herrschte. Doch in jenen Kongresstagen war die Angst vor der Zukunft zum Hauptthema dieser Medien, und verbunden damit auch in den Gesprächen der Menschen (zumindest in der „Ersten Welt") geworden: Angst vor ähnlichen Terroranschlägen, vor Anthrax, vor einem Krieg, der sich wie ein Flächenbrand ausweiten und in eine tödliche Auseinandersetzung zwischen unterschiedlichen Glaubenssystemen münden könnte.

Während ich diesen Text nun in seine Buchfassung bringe – drei Monate später –, ist der hysterische Anteil dieser öffentlichen Angstdiskussion abgeebbt. Ein Krieg in Afghanistan hat die Basis (allerdings nur eine) dieses speziellen Terrorunternehmens zerschlagen, Anthrax und Befürchtungen ähnlicher Anschläge sind in den Medien den üblichen Tagesthemen zwischen Wirtschaft und Politik, *Sex and Crime*, gewichen, auch wenn weiterhin betont wird, dass „nach dem 11. September" „nichts mehr so ist wie früher". Es ist hier nicht der Ort genauer zu analysieren, was zu diesem Aufschrei der „Ersten Welt" geführt hat. Die Anzahl der Toten ist es sicher nicht – sterben doch pro Tag allein zwischen 20.000 und 100.000 Kinder an Hunger, wurden z.B. während des Völkermordes in Ruanda 1994 rund eine Million Frauen, Männer und Kinder ermordet, oder sterben doch 5.000 Menschen jede Woche in den Autos der „Ersten Welt", ohne dass davon viel Aufheben gemacht wird.

Es dürfte wohl eher die Tatsache sein, dass sich deutlich gezeigt hat, wie leicht die Mauern, mit denen die „Erste Welt" ihren Wohlstand gegenüber der „Dritten Welt" verteidigt – Mauern aus riesigen Waffenarsenalen, Armeen und Polizeiaufgeboten, High-Tech, Logistik und ausgeklügelten Kontrollsystemen, Geheimdiensten, Verwaltungsapparaten und Spezialwissen – durch ein paar Fanatiker mit Teppichmessern zum Einsturz gebracht werden können. Wir haben unsere Verwundbarkeit, gerade wegen High-Tech etc., demonstriert bekommen und sind aus dem Traum jäh erwacht, der uns eine Sicherheit vorgaukelte, die allein durch Kontrolle zu gewährleisten sei. Und wir ahnen vielleicht, dass nun an vielen Orten und aus vielen Wurzeln ähnliche Terrororganisationen und –akte hervorsprießen können, wenn wir immer nur „mehr desselben" tun, d.h. uns gegen die Gewalt, die aus Ungerechtigkeit, Ungleichverteilung, Hunger, Not, Ausbeutung, Folter und Unterdrückung entsteht, mit noch perfekteren Sicherheitssystemen zu schützen versuchen, statt eben diese Quellen selbst zu bekämpfen.

Wie sich noch zeigen wird, ist diese Fehlentwicklung keineswegs zufällig und hängt unmittelbar mit der hier gewählten Thematik zusammen. Gleichwohl ist der Anschlag auf das

World Trade Center zu aktuell und könnte daher zu punktuell gesehen werden. Wir wollen daher zumindest wenige allgemeinere Aspekte als Ausgangsbasis nehmen (in die sich der aktuelle Terroranschlag allerdings nahtlos einfügen lässt):

Am Beginn des 21. Jahrhunderts scheinen mir nämlich viele ideologische Auseinandersetzungen schärfer und die Ungleichheiten größer geworden zu sein. In vielen Bereichen des menschlichen Lebens sind inner- und zwischengesellschaftliche Strömungen, die insgesamt als Antworten der globalen Frage verstanden werden können: „Wie wollen und können wir in Zukunft leben?“, divergenter und kontrastreicher geworden.

- *Wirtschaftlich* ist das so genannte Nord-Süd-Gefälle bzw. die Entwicklungs-Schere zwischen der Armut in der so genannten „Dritten Welt“ und dem Reichtum der Industrienationen trotz aller Bekundungen und Konferenzen nicht nur nicht beseitigt worden; vielmehr wurde der Unterschied zwischen den reichen und den armen Nationen deutlich vergrößert.

- *National*, in Deutschland, jagte im letzten Jahrzehnt (zumindest bis Sommer 2000) eine wirtschaftliche Erfolgsmeldung die andere: Der Aktienindex schritt von Rekord zu Rekord, die Unternehmensgewinne waren in der Zeit nach dem 2. Weltkrieg noch nie so hoch – gleichzeitig aber wurde die Arbeitslosigkeit ebenfalls auf einem Höchststand gehalten. Dies übte starken Druck auf Gewerkschaften und andere Organisationen aus, sich mit überaus bescheidenen Steigerungen oder gar Einbußen des Reallohnes zufrieden zu geben. Der Fehlentwicklung, dass die von allen gemeinsam erwirtschafteten Gewinne in wenige private Taschen fließen, während soziale Ressourcen – besonders im Bildungs-, Gesundheits- und Fürsorgebereich – aus „Geldmangel“ abgebaut werden, ist durch diesen Druck wenig entgegenzusetzen.

- *Politisch* erleben wir, wie trotz der Globalisierung an vielen Stellen neue Nationalismen aufkeimen. Fundamentalismen, Fremdenfeindlichkeit und Ausgrenzungen stehen auch in Europa den Beteuerungen von Einheit und Gleichheit gegenüber.

- *Allgemeingesellschaftlich* steht einer zunehmenden Komplexität und Vernetzung sozialer und ökonomischer Prozesse – z.B. durch Welt umspannende Massenmedien, Internet, Internationalisierung und Fusionierung von Konzernen – das Angebot einfacher „Lösungen“ und „Antworten“ durch religiöse, politische, wirtschaftliche oder wissenschaftliche „Gurus“ gegenüber, mit denen diese Komplexität zwar oft völlig unzureichend, aber plakativ-massenmedial wirksam und populistisch erfolgreich reduziert wird.

- Und auch *wissenschaftlich* erlebe ich als jemand, der aufgrund seiner Biographie als „Kliniker“ mit Naturwissenschaftlern im Gespräch geblieben ist, paradoxe Strömungen: Während in den exakten Naturwissenschaften die Vorstellung von einer objektiven, beobachter-unabhängigen Beschreibung des Untersuchungsgegenstandes als überwunden gilt, systemtheoretische Konzepte – mit Nobelpreisen ausgezeichnet – die prinzipiellen Grenzen von Berechenbarkeit und Voraussagbarkeit deutlich aufgezeigt haben, Phänomene wie Emergenz und Phasenübergänge die Rückführung auf verursachende Wirkfaktoren (im klassischen Verständnis) ad absurdum geführt haben (vgl. Kriz 1992; 1999), wird in der Klinischen Psychologie und Psychotherapie lauthals ein entgegen gesetzter Trend proklamiert: nämlich die Rückführung komplex vernetzter Prozesse auf wenige Wirkfaktoren und auf einfache Ursache-Wirkung-Modelle sowie die Herleitung weit reichender Prognosen und Handlungsanleitungen aus diagnostisch klar definierten Anfangszuständen. Gegenwärtig hat sich sogar ein kleine, aber mit faktisch unkontrollierbarer Macht ausgestattete Gruppe dahin verstiegen, mit dem Argument von „Wissenschaftlichkeit", statt für eine ständige Erweiterung von Denk-Handlungs- und Forschungsmöglichkeiten einzutreten, sich geradezu antiwissenschaftlich zu verhalten: nämlich bestehende Möglichkeiten drastisch zu reduzieren, berufspolitisch kurzfristig entstandene Einseitigkeiten möglichst zu zementieren und faktisch Forschungsverbote zu errichten.

All dies kann auch jenseits der aktuellen Terroraktionen Angst vor der weiteren Zukunft machen. Und in der Tat sind hierin Rahmenbedingungen für vielerlei Ängste und andere psychische Beeinträchtigungen zu sehen.

Im Folgenden wird nun versucht zu zeigen, dass diese Entwicklung weder zufällig noch ausschließlich gesellschaftlich bedingt ist, sondern im Zusammenhang steht mit einem zunehmend als missglückt anzusehenden Angstbewältigungsprogramm. Es geht dabei um die Angst vor dem „Chaos" – oder synonym: vor der unfassbaren Komplexität und deren Unvorhersagbarkeit (vgl. Kriz 1997).

10.3 Angstbewältigung als Chaos-Vermeidung

Chaos ist seit langem auch ein Begriff in der Psychopathologie und -therapie: Von C.G. Jung bis zur modernen phänomenologischen Diskussion über Schizophrenie finden wir die Bedrohung menschlichen Erlebens durch chaotische Zufälligkeit thematisiert. Viele Kliniker beschreiben die namenlose Angst, die den Menschen packt, wenn er sich dem Chaos, dem Unvorherseh- und Unvorhersagbaren, ausgeliefert erlebt. Es ist daher verständlich, wenn der Mensch gegebenenfalls noch seine letzten Kräfte mobilisiert, um sich drohender Strukturlosigkeit entgegenzustemmen – wie viele Fallgeschichten zeigen. Er versucht dann notfalls, dem Chaos zumindest einen Rest von Ordnung abzuringen. So wird z.B. die Spaltung der Objektbeziehungen in „gut" und „böse" bei Borderline-Störungen als „urtümlicher Versuch des Menschen, seine widersprüchlichen Erfahrungen innerlich abzubilden und gleichzeitig zu ordnen, dem Chaos eine Struktur zu geben" (Rohde-Dachser 1986, 136) gedeutet.

Ordnung muss somit dem Chaos erst mühsam abgerungen werden. Geht man der Frage nach, wie dies geschieht – und was ggf. der Preis für diese Ordnung ist – so verweist ein erster Antwortschritt auf die Phylogenese: Das Programm des Lebens beinhaltet nämlich, der unendlichen Komplexität einer einmalig ablaufenden Welt-Evolution, dem Chaos, dadurch Ordnung abzuringen, dass Regelmäßigkeiten ge- und erfunden werden. Mit dieser gleich noch näher auszuführenden These befinde ich mich in guter Gesellschaft mit Forschern wie Friedrich Cramer, langjähriger Direktor am Göttinger Max-Planck-Institut für experimentelle Medizin: Er spricht bei Prozessen des Lebens, wie der Proteinbiosynthese bis hinauf zu komplexen biologischen Vorgängen, ja, sogar bis hin zu den kognitiven Schöpfungen wie Kunst und Ästhetik, von „Chaosvermeidungsstrategien", und er betont: „Ordnung, Formenbildung, Schöpferkraft sind das Resultat einer inhärenten Chaosvermeidung, im Kosmos wie auch im Leben des Einzelnen" (Cramer, 1988, 268).

Die (Er-)findung von Regelmäßigkeit beruht im Wesentlichen darauf, dass der eben angedeutete, unendlich komplexe Prozess extrem reduziert wird, indem nur wenige Variablen herausgefiltert werden. Wenn z.B. Leben „niederster" Form den Welt-Prozess nur auf die Variable „Licht" reduziert, dann entstehen durch die Tatsache, dass „Licht" an- und nach einiger Zeit wieder ausgeht, so etwas wie die Kategorien „Morgen" und „Abend" und damit die Basis für eine Regelmäßigkeit. Genau betrachtet war kein „Morgen" in der Geschichte dieses Universums einem anderen völlig gleich, kein „Abend" war mit einem anderen wirklich identisch. Indem aber die Unvergleichbarkeit der Morgende auf „Wiedererscheinen von Licht" reduziert wird, sind hinsichtlich dieses Aspektes eben alle Morgende einander gleich (man spricht daher von phänomenologischen Äquivalenzklassen).

Diese Art der Welt-Erkenntnis durch Reduktion ist offenbar so grundlegend und wichtig für das Leben überhaupt, dass es schon in einfachster Form nicht nur diese (fiktive und abstrahierte) Abfolge von Morgenden und Abenden evolutionär konstituiert hat, sondern auch viele weitere Regelmäßigkeiten – z.B. Ebbe/Flut, Frühling/Sommer/Herbst/Winter usw. Der Vorteil, in einem einmaligen Prozess die Abfolge von Kategorien und somit Regelhaftigkeit auszumachen, liegt darin, dass dabei zugleich Voraussagbarkeit und Planbarkeit ermöglicht und somit Unsicherheit im Umgang mit der Welt verringert wird.

Auch beim Menschen gibt es längst vor jeder Begrifflichkeit und Sprache evolutionäre Programme zur Chaosvermeidung durch Reduktion. So hat z.B. die Gestaltpsychologie herausgearbeitet, wie stark unsere Erfahrung der Welt bereits auf unterster Wahrnehmungsebene aktiv organisiert ist, indem Reize zu Gestalten strukturiert werden: Punkte auf dem Papier werden „automatisch" zu Mustern und Bildern geordnet, eine Abfolge von Tönen wird, wenn irgend möglich, als eine „Melodie" wahrgenommen, und die Einzelteile (Punkte oder Töne) erhalten innerhalb dieser Ordnungen oft eine neue und spezifische Bedeutung – z.B. ergibt sich so das Phänomen „Leitton" einer Melodie. Auch zur Erfindung von komplexeren Ordnungsstrukturen gibt es Befunde in zahlreichen Varianten. So können z.B. bewegte geometrische Figuren unter bestimmten Bedingungen den zwingenden Eindruck von typischen „sozialen Beziehungen" bzw. „kausalen Verursachungen" hervorrufen.

Beim Menschen ist allerdings bedeutsam, dass er die evolutionär-biologisch erworbene Erkenntnis von Regeln individuell bzw. sozial überformen und zudem völlig neue Regelbereiche erfinden kann. Diese dienen besonders der individuellen Anpassung an die persönlichen Lebensverhältnisse im engeren Sinne.

Denken wir an die eingangs erwähnten klinischen Beschreibungen, so ist diese Etablierung von Ordnung offenbar not-wendig: denn sie wendet die unfass-bare Not, der wir im Erlebenschaos ausgeliefert wären. Psychotische Einbrüche, Angstträume, usw. lassen uns als nur leichte Vorstufen erahnen, wie eine Welt ohne jede kognitive Ordnung für uns wäre. Daher sollten wir die positive Seite der Ordnung durchaus würdigen: Die Reduktion eines komplexen, einmaligen Prozesses in regelhaft wiederkehrende Klassen von Phänomenen strukturiert das Chaos, ermöglicht Prognosen, reduziert damit die Unsicherheit und schafft so Verlässlichkeit. Und diese verlässliche Ordnung begleitet uns von den ersten Lebenstagen an.

Ein typisches Beispiel für diese kombinierte Vermittlung von Ordnung und Vertrauen sind die in aller Welt gesungenen Schlaflieder. Sie sind der Inbegriff von Regelmäßigkeit und weisen üblicherweise einfache, wiederkehrende Tonfolgen auf. Besungen wird der aufgehende Mond, die Sterne, das kommende Erscheinen der Sonne – also das offenbar Wiederkehrende und Prognostizierbare. Kinder hören beim Einschlafen zudem gern jene Lieder, die sie ohnehin schon oft gehört haben – aber wehe, man bringt eine Veränderung hinein! Nicht das Neue ist zur Beruhigung gefragt, sondern das, was immer und immer wiederkehrt. Dass genau genommen jeder Gesang eine Welt-Uraufführung ist – einmalig, ganz genau so noch nie da gewesen und nie wiederkehrend, wie jeder Abend und jeder Morgen und wie alles, was unser Leben angeht – genau dieser Aspekt spielt keine Rolle. Sondern das Gemeinsame, das Gleiche, eben das Vertraute, wird abstrahiert. Alles ist dann so sicher, so vertraut, dass man schon gar nicht mehr so genau hinhören muss und wie das Kind sanft einschlummern kann.

Doch diese Etablierung von Vertrautem und Gewohnten kann in anderen Situationen etwas höchst Gefährliches haben: Wenn man dort die gesprochenen Worte und die Situation nur nach dem längst Vertrauten und Bekannten absucht und innerlich oder äußerlich reagiert mit: „Ach – das kenne ich ja schon!“, wenn man beim dritten Wort bereits abschaltet, den eigenen Gedanken nachhängt und gar nicht mehr auf das Neue hört, dann ist oft Ärger vorprogrammiert. Wer kennt nicht den vorwurfsvollen Ausruf: „Mensch! Du hörst mir ja gar nicht zu!“ oder: „Du hörst mir gar nicht richtig zu!“ Und damit zeigt sich die andere Seite der Ordnungs-Medaille: Die Reduktion zu allzu Vertrautem verschließt uns nämlich gleichzeitig den Blick auf die Einmaligkeit der Lebensprozesse. Und im Gegensatz zur Situation, in der im Schlaflied das Vertraute beschworen wird, legen unsere Partner und andere Menschen in vielen Situationen Wert darauf, dass ihre Worte den Charakter von „Welt-Uraufführungen“ haben. Wenn wir uns darauf nicht einlassen, dann findet statt einer Begegnung ein Austausch von Floskeln, ein Abspulen eingefrorener Rituale statt.

Unser Gegenüber fühlt sich dann zu Recht nicht als er selbst wahrgenommen, sondern als geradezu beliebig austauschbares Objekt missbraucht, das nur unsere eigenen Schemata in Gang setzt.

Dass aber wohl jeder solche Situationen kennt, zeigt, wie wirksam dieser Mechanismus ist, der uns die Erfahrungswelt vor allem nach Regelmäßigkeiten absuchen lässt. In der Tat ist derselbe Vorgang, der Ordnung und Sicherheit schafft – nämlich die Reduktion auf vertraute Kategorien -, gleichzeitig der Totengräber für Kreativität und Veränderung. Und hier kann nun auch die unnötige, die Zwangs-Ordnung, beginnen. Dies soll nochmals an der Kategorie „Morgen“ verdeutlicht werden.

Wenn jemand sagt: „Ich bin diese Woche jeden Morgen um sieben Uhr aufgestanden, habe mit meiner Frau gefrühstückt“ usw., hält er sich dabei nicht nur an die gesellschaftliche Zergliederung der Zeit in „Tage“ und „Stunden“ (mit einer a-biologischen Genauigkeit bzw. „Pünktlichkeit“). Vielmehr vernachlässigt er die vielen sinnlichen Aspekte, die jeden Morgen in seiner Einmaligkeit erfahrbar machen.

Natürlich benötigt man vor allem im Alltag sprachliche Reduktionen und Kategorien wie „Morgen“, um sich schnell zu verständigen. Wesentlich ist aber die Frage, ob mehr als eben nur kategorielle „Morgende“ wahrgenommen und erlebt werden. Oder ob zumindest – bei größerer Ruhe – mehr und Anderes erlebt werden kann. Dies gilt leider für viele unserer Patienten in nur eingeschränktem Maße. Sofern aber die sinnliche Vielfalt und Komplexität auch erlebensmäßig auf Kategorien wie „jeden Morgen“ kurz nach sieben „gefrühstückt“ reduziert wird, sollte es uns nicht wundern, wenn die Welt sowohl sinn(en)loser erscheint, als auch „jeden Abend“ immer „derselbe Streit“ um immer „dieselben Probleme“ entsteht. Derselbe Reduktionsvorgang zu (zu) wenigen und zu (zu) starren Kategorien greift dabei dann auch bei der Strukturierung der sozialen Welt. „Immer dieselbe Leier“ mit dem Partner, den Kindern etc. kann nun ablaufen – das tägliche Brot der Familientherapeuten.

Als Therapeuten finden wir diese Verarmung im Erleben bei nicht wenigen Menschen, die uns gegenüber sitzen. Allerdings: Wer könnte schon von sich behaupten, ihm ginge dies nicht zumindest ansatzweise ähnlich?

Die Möglichkeiten, der „Welt“ zu begegnen, lassen sich somit zwischen zwei Polen einordnen: Auf der einen Seite, im Extrem, finden wir das Chaotische, Unvorhersagbare, Hochkomplexe. Und je mehr wir uns auf die Einmaligkeit von Prozessen einlassen, desto weniger haben wir Kategorien zur Hand und können Prognosen aufgrund der „Regelmäßigkeiten“ anstellen; und desto eher sind wir damit der Angst vor Unberechenbarkeit und Kontrolllosigkeit ausgeliefert. Aber desto weniger reduziert ist auch unsere Erfahrung, die nun eher die Wahrnehmung von Neuem, Überraschendem und Kreativem zulässt.

Auf der anderen Seite, im Extrem, finden wir die reduktionistische Ordnung. Und je mehr wir auf dieser anderen Seite kategorisieren und Regelmäßigkeiten (er-)finden, desto planbarer, prognostizierbarer und damit sicherer wird unsere Welterfahrung; doch desto starrer, langweiliger, reduzierter und gleichförmiger erscheinen uns die so behandelten „Dinge".

Die Einordnung im Spannungsfeld zwischen diesen beiden Polen „Chaos" und „Ordnung" findet je nach Persönlichkeit, aber auch nach momentaner Befindlichkeit statt: So dürften sich Phasen, in denen mehr Regelmäßigkeit, Vorhersagbarkeit und Vertrautheit im Zentrum des Bedürfnisses stehen, mit solchen abwechseln, in denen mehr Unvorhersagbarkeit, Abenteuer und Kreativität und die damit verbundene Unsicherheit besser ausgehalten werden kann und das Gefühl von etwas Neuem, von einer Art Aufbruchstimmung, vermittelt.

10.4 Die gesellschaftliche Komponente des Angstbewältigungsprogramms

Allerdings findet der Mensch seinen jeweiligen Standort zwischen diesen Polen nicht nur allein. Vielmehr haben dabei die Sinndeutungen und Interaktionsstrukturen der Gesellschaft einen wesentlichen Einfluss. Und es ist bekannt, dass speziell der abendländischen Kultur eine besonders starke Tendenz zur Ordnung, zur Reduktion und zur Verdinglichung von Prozessen nachgesagt wird. Auch dies ist primär im Lichte der Angstreduktion zu verstehen, die ein starkes Motiv für die Entwicklung der abendländischen Wissenschaft und deren Anwendungen – und damit wiederum zentrale Basis der gesamten Gesellschaftsentwicklung der letzten vier Jahrhunderte – war.

So hat z.B. Maslow ein Kapitel seiner „Psychologie der Wissenschaft" mit dem Titel: „Die Pathologie der Erkenntnis: Angstmildernde Mechanismen der Erkenntnis" (1977, S. 45) überschrieben, in einem anderen eine Liste von 21 „krankhaften", „primär angstbedingten" Formen im Bedürfnis, „Erkenntnisse zu gewinnen, zu wissen und zu verstehen" (a.a.O., S. 49ff.), zusammengestellt. Ein weiteres Kapitel lässt er mit den zusammenfassenden Sätzen beginnen: „Wissenschaft kann demnach der Abwehr dienen. Sie kann primär eine Sicherheits-Philosophie sein, ein Absicherungssystem, ein kompliziertes Mittel, Angst zu vermeiden (...)" (a.a.O., S. 57). Bedenkt man die grundlegende Weltsicht der „Väter" der modernen abendländischen Wissenschaft, Francis Bacon, Rene Descartes und Isaac Newton, so werden auch hier die gleichen Motive erkennbar:

Bacon propagierte die experimentelle Methode mit Bildern wie: „die Natur auf die Folter zu spannen, bis sie ihre Geheimnisse preisgibt", „sie auf ihren Irrwegen mit Hunden hetzen" und sie „sich gefügig und zur Sklavin machen" (zitiert nach Capra 1983, S. 54). Diese Formulierungen zeugen nicht gerade von Souveränität, geschweige denn von einer achtungsvollen, dialogischen Haltung in der Beziehung zur Mitwelt. Und auch die Hexenprozesse, aus denen diese Metaphern stammen (Bacon war u.a. Generalstaatsanwalt von König James I.), können eher als Versuche von Angstabwehr der mächtigen Männer verstanden werden: Angst vor dem Weiblichen, dem Archaischen, dem für sie Fremden, und Angst vor dem Verlust an Kontrolle.

Descartes Unterscheidung von res cogitans und res extensa (salopp gesagt: zwischen geistiger und materieller Welt) führte dazu, dass z.B. in seinen Schulen die lebenden Organismen nicht nur mit Maschinen verglichen, sondern letztlich als nichts anderes als Maschinen behandelt wurden. So berichtete z.B. Nicolas Fontaine um 1700 von der cartesianischen Schule von Port-Royal, dass man dort Tiere an ihren vier Pfoten auf Bretter nagelte und sie dann bei lebendigem Leibe sezierte. Ihre Schmerzensschreie wurden von den Forschern nicht nur als „Lärm von Federn in Uhrwerken" gedeutet, sondern, schlimmer noch, man machte sich auch noch über jene lustig, die „unwissenschaftlich" den Tieren Schmerzen unterstellten.

Bedenkt man, dass für menschliche Säuglinge und Kleinkinder Gefühlsansteckung und anthropomorphisierende Identifikation eher typisch sind (d.h. diese bei Schmerzensschreien, Weinen etc. mit gleichen Gefühlen reagieren), so muss den erwachsenen Wissenschaftlern eine bemerkenswerte Ausblendung und Abwehr gelungen sein. Dies erinnert in fataler Weise an die Rechtfertigung des Haltens und Misshandelns von Sklaven durch „fromme" Amerikaner, nach der „Neger" eben keine „richtigen Menschen" wären und das „Liebe Deinen Nächsten" der Bibel natürlich nicht für sie gemeint sei. Es erinnert ebenso an die Ermordung von Millionen Juden in deutschen Konzentrationslagern durch, so die Beschreibungen, teilweise „liebevolle Familienväter", oder an die Ausblendungen und Abwehrmechanismen bei den heutigen Folterern in aller Welt. Dass Deutsche und Japaner im 2. Weltkrieg an KZ-Häftlingen bzw. Kriegsgefangenen grausamste Menschen-Experimente zur „medizinischen Forschung" unternahmen, schließt den Bogen zur Wissenschaft wieder – auch wenn diese Extreme keineswegs als typisch für „die Wissenschaft" hingestellt werden sollen.

Isaac Newton letztlich, der als Leitfigur abendländischer Wissenschaft gilt, betonte insbesondere die Bedeutung mathematischer Abstraktion und kategorialer Verallgemeinerung. Der Einzelfall hat in dieser Sichtweise nur als Beispiel für etwas Allgemeines Wert. Beispiele sind, wie schon Maslow hervorhebt, anonym, entbehrlich, nicht einzigartig, nicht unantastbar, sie haben keine eigenen, nur ihnen allein zukommenden Namen. Zu „Beispielen" wird daher ganz gewiss keine dialogische Beziehung hergestellt. Gleichzeitig dienen solche kategorialen Verallgemeinerungen als Basis für Regelmäßigkeiten und damit auch für Prognose und Kontrolle, und helfen somit wesentlich, die Angst vor dem stets Neuen, Unberechenbaren, zu vermindern.

Die Angst des Menschen vor dem Unvorhersagbaren, dem Komplexen, der Natur – und allgemein: der Zukunft – wurde somit durch ein Bewältigungsprogramm zu mindern versucht, das uns zunehmend als missglückt erscheint: Reduktion, Abstraktion (auch von den natürlichen Lebensvorgängen und Empfindungen) und vor allem Kontrolle. Diese Tendenz, das natürliche Sicherheitsbedürfnis des Menschen allein und einseitig über die Kontrolle von Ordnung zu befriedigen, zeigt sich vor allem in den menschlichen Beziehungen – im Umgang mit sich selbst, mit den anderen Mitmenschen und mit der Welt insgesamt. Entsprechend findet man selbst in der Psychotherapie weit mehr Programme zur Förderung von Selbstkontrolle (bzw. -management) als von Selbstvertrauen. Und „Kontrollverlust" wird eher als Störung thematisiert und gefürchtet als Vertrauensverlust.

Mit dieser Haltung und allein mit diesem Angstbewältigungsprogramm werden wir aber die Entwicklungen, die uns Angst machen, nicht zum Besseren verändern können. Die abendländische Karte, Sicherheit über immer mehr Technologie und Kontrolle zu erreichen, ist ausgereizt. Wie sich zeigte, sind die World Trade Towers nach dem Attentat nicht trotz, sondern gerade wegen ihrer so perfekten Konstruktion so rasch zusammengebrochen (die statisch geniale Stahlkonstruktion war eben unter den Bedingungen extremer Hitze besonders anfällig). Ein paar Fanatiker mit Teppichmessern können nicht nur die Symbole der Wirtschaftsmacht der „Ersten Welt" zum Einsturz bringen, sondern auch eines der bestgeschützten Gebäude wie das Pentagon. Die Unglücke mit Hochgeschwindigkeitszügen, Katastrophenserien gerade bei hervorstechenden Ingenieurleistungen im Tunnelbau, Pannen in Atomreaktoren etc. – all dies zeigt, dass absolute Sicherheit eben unmöglich ist, sondern mit dem Vorantreiben der Entwicklung in immer waghalsigere Bereiche das Risiko zunehmend größerer Katastrophen wächst, trotz der Beteuerungen, letztlich alles unter Kontrolle zu haben. Der Preis für diese Entwicklung – steigende Bedrohung der „Ersten Welt" aufgrund der sich zunehmend öffnenden Schere zwischen Reich und Arm sowie zwischen Ressourcenverschwendung und Unterentwicklung, die Zerstörung der eigenen Lebensgrundlagen durch Missachtung ökologischer Kreisläufe (auch hier glaubt man, die sich abzeichnenden Entwicklungen wie Klimakatastrophe, Ozonloch, Wüstenausbreitung, saurer Regen, Abfall-Lawine, Atommüll, letztlich kontrollieren zu können) – wird zunehmend höher.

10.5 Zur Zukunft der Angst

Welche Zukunft die Angst hat, d.h. welchen Stellenwert die Angst in der zukünftigen Entwicklung einnehmen wird, ist bedeutsam davon abhängig, ob, wie und wie schnell es gelingen wird, diese inadäquaten Angstbewältigungsprogramme zu überwinden. Weisheitslehren unterschiedlicher Kulturen und Epochen stimmen mit den Prinzipien humanistischer Psychotherapien sowie mit moderner interdisziplinärer Systemtheorie darin überein, dass nur vor dem Hintergrund holistischer Betrachtungsweisen, nur unter Berücksichtung der vielfältigen Vernetzungen und im Einklang mit natürlichen Entwicklungstendenzen ethisch verantwortliches wie letztlich effektives Handeln möglich ist. Hingegen führt der Weg, *gegen* ganzheitliche Dynamiken Partikularinteressen mit aller Macht durchzusetzen, trotz aller erforderlichen und aufgewendeten Kontrolle letztlich weder zur erwünschten Sicherheit noch zur effektiven Nutzung der Möglichkeiten und Ressourcen.

Die Ängste der Menschen sind daher berechtigt. Und statt auch diese vor allem nur kontrollieren zu wollen, sollten sie als Ressource verstanden werden, als wichtiger Indikator für Fehlentwicklungen und als Wegweiser für Aufbrüche zu mehr Lebensnähe. Möglicherweise werden bei einer stärkeren Besinnung auf die natürlichen Lebensbedingungen und -prozesse der Menschen die Ängste zunächst noch zunehmen. Denn was uns Therapeuten begegnet, sind nicht nur die Ängste, die überwertig zum Ausdruck gebracht werden, sondern vor allem und zunehmend auch jene Ängste, die nicht gezeigt, ja nicht einmal gespürt werden, aber in Form von „funktionellen körperlichen Störungen", in unverstandenen Handlungen und Beeinträchtigungen und dergleichen den Menschen zu schaffen machen.

So wenig Zweifel besteht, dass bei massiven akuten Angstgefühlen und entsprechenden Beeinträchtigungen therapeutische Interventionen die Reduktion der Angst zum Ziel haben müssen, so zweifelhaft sind andererseits Bestrebungen, grundsätzlich möglichst alle Ängste „weg" zu kontrollieren.

Zu wenig würde bei solchen Einseitigkeiten bedacht, was explizit mit der zweiten Hälfte des Kongressmottos bzw. Buchtitels angesprochen wurde, nämlich Angst nicht nur als Störung, sondern auch als Ressource zu begreifen. Dies wird sicherlich unterstützt durch Bewertungen der Angst z.B. von Fritz Perls als „Möglichkeit zur Kreativität" (1980, 134) oder von Horst-Eberhard Richter als „Farbe des Lebens" (2000, 75) oder auch durch Willi Butollo mit seinem Buchtitel-Plädoyer „Angst ist eine Kraft" (2000). Man muss sich nur als Vision die demnächst vielleicht genmanipulierten, perfekt kontrollierten und daher völlig angstfreien Menschen vorstellen: *Dies* wäre m.E. eine Vision, die Angst macht! Nicht nur, dass solche Menschen an die heute schon abgerichteten und mühsam trainierten „Elitekämpfer" vieler Armeen erinnern, die weit gehend problemlos auf Befehl im Nahkampf, ggf. gar ohne selbst unmittelbar angegriffen zu sein, andere Menschen „abstechen" können. Sondern ohne jede Angst erschiene mir das Leben weniger lebenswert, weil es dann nichts mehr gäbe, um das man Angst haben müsste, d.h. vieles hätte nicht mehr den Wert und die Bedeutung, die dem Leben eben die „Farbe" gibt, um nochmals Richter zu zitieren. Auch wenn eine solche Gleich-Gültigkeit, vielleicht positiver betrachtet, Einzelnen nach langer Übung und Weltabkehr in meditativer Versenkung gelingen mag: Auch diese sind der üblichen Alltagswelt entrückt und ihr Weg ist sicher nicht Muster für große Bevölkerungskreise (und dies haben die Apologeten der perfekten Angstkontrolle übrigens auch gar nicht im Sinn).

Eine positive Zukunft der Angst könnte somit darin bestehen, dass dieser ihr Stellenwert als Indikator für Veränderungen eingeräumt wird, sie vielleicht sogar als Wegweiser verstanden wird, aus eingefahrenen, verkrusteten, überregelten Wegen auszubrechen und Schritte zu mehr Lebensnähe, Komplexität aber damit auch weniger Vorhersagbarkeit und Kontrolle zu wagen. Hier sind gerade jene Therapieformen als Begleiter gefragt, die im derzeitigen Machtpoker – gottlob nur innerhalb der Nationalgrenzen Deutschlands! – als „unwissenschaftlich" diffamiert werden, weil z.B. ihre überaus reichhaltige Forschung und der von vielen hoch bewerte Input in die scientific community und deren Diskurse zu wenig auf kontrollierten, reduktionistischen Designs beruhen.

Die therapeutische, pädagogische und ideengeschichtliche Pluralität in unserer Kultur, die das Miteinander der Menschen (und das Verhältnis des Menschen zu sich selbst) widerspiegeln, würden aber m.E. bedeutsam verarmen, wenn ganzheitliche, humanistische und systemische psychologische Positionen, von äußeren oder inneren Kräften getrieben, wesentliche Abstriche verzeichnen müssten. Es gibt hier durchaus Besorgnis erregende Tendenzen, und es bedarf schon des Aufrufs zur Zivilcourage, sich vom Zeitgeist nicht im Strom der Effektivität so mitreißen zu lassen, dass die Förderung von Wachstumsmöglichkeiten zugunsten von Trainings, die Entwicklung von Selbstvertrauen zugunsten von Selbstkontrolle und Selbstmanagement, der Verstehensprozess und die Re-Integration von angstvoll ausgeblendeten sinnlichen Erfahrungen zugunsten von Störungsbewältigung und Angstmanagement einseitig aus dem Blickfeld therapeutischer Möglichkeiten rücken. Es ist bedenkenswert, ob zu der Tatsache, dass einem Menschen in seinem Leben etwas wirklich wichtig ist, bzw. ob zu dem Wunsch nach einem intensiven Erleben und Spüren „der Welt" nicht auch Gefühle von Angst und Trauer notwendig dazugehören. Es ist daher zu fragen, ob mit einem zu rigorosen Angst-, Gefühls- und Verhaltensmanagement nicht zwangsläufig auch die Verflachung des (Er-)Lebens einhergeht – und ob dies alle Menschen so wollen, auch wenn sie dann vielleicht viel effektiver funktionieren.

Die Angst vor der Zukunft darf daher nicht darin münden, eine Zukunft ohne jede Angst mit den Mitteln immer perfekterer Kontrolle zu konzipieren. Abgesehen davon, dass Angst*freiheit* allzu oft mit möglichst perfekter Angst*abwehr* verwechselt wird, bliebe zu fragen, auf welche Weise der Ressourcen-Aspekt der Angst erhalten bleiben könnte.

Literatur

Butollo, W. (2000): *Die Angst ist eine Kraft.* Weinheim: Beltz.

Capra, F. (1983). *Wendezeit – Bausteine für ein neues Weltbild.* Bern et al.: Scherz.

Cramer, F. (1988). *Chaos und Ordnung – Die komplexe Struktur des Lebendigen.* Stuttgart: DVA.

Kriz, J. (1992). *Chaos und Struktur.* Weinheim: Quintessenz.

Kriz, J. (1997). *Chaos, Angst und Ordnung – Wie wir unsere Lebenswelt gestalten.* Göttingen: Vandenhoeck & Ruprecht.

Kriz, J. (1999) *Systemtheorie für Psychotherapeuten, Psychologen und Mediziner – Eine Einführung.* Wien: UTB/Facultas.

Maslow, A.H. (1977): *Die Psychologie der Wissenschaft.* München: Goldmann.

Perls, F.S. (1980). *Gestalt, Wachstum, Integration – Aufsätze, Vorträge, Therapiesitzungen* – H.G. Petzold (Hg.). Paderborn: Junfermann.

Richter, H.-E. (2000). Angst ist eine Farbe unseres Lebens. *Capital 15*, 74–75.

Rohde-Dachser, C. (1986). *Das Borderline-Syndrom.* Bern et al.: Huber.

Die Autoren und Herausgeber

Dr. rer. nat. Dipl.-Psych. **Eni Becker**, geb. 1965, Hochschulassistentin an der TU Dresden, Psychologische Psychotherapeutin, Ausbilderin in Verhaltenstherapie, Schwerpunkt: Behandlung von Angststörungen; Forschungsschwerpunkte: Kognitive Prozesse bei Angst und Depression, Epidemiologie psychischer Störungen.
Korrespondenzadresse: Dr. Eni S. Becker, TU Dresden, Klinische Psychologie und Psychotherapie, 01062 Dresden; Tel: 0351–463-36990; Fax: 0351–463-36984; mail: <ebecker@rcs.urz.tu-dresden.de>.

Dipl.-Psych. **Ulrike Beckmann**, geb. 1955; Truppenpsychologin am Zentrum für Innere Führung der Bundeswehr in Koblenz, Dozentin für Sozialpsychologie, Gestalttherapeutin.
Korrespondenzadresse: <Ulrike.Beckmann@t-online.de>

Prof. Dr. **Willi Butollo**, geb. 1944, seit 1974 Professor für Klinische Psychologie und Psychotherapie, LMU München, seit 1997 Honorarprofessor an der Universität Sarajewo; Ausbildungen in Verhaltenstherapie, Körperpsychotherapie und Gestalttherapie; Arbeitsschwerpunkte: Angst- und Panikstörungen, Traumapsychologie und -psychotherapie.
Korrespondenzadresse: butollo@psy.uni-muenchen.de

Dr. **Hans Peter Dreitzel**, geb. 1935, ist Professor Emeritus für Soziologie und Gestalttherapeut in freier Praxis. Er arbeitet seit zwanzig Jahren in der Aus- und Fortbildung von GestalttherapeutInnen.
Korrespondenzadresse: GR – 37009 Trikeri / Volos, GREECE

Dipl. Psych. **Thomas Ellwart**, geb. 1974, wissenschaftlicher Mitarbeiter an der TU Dresden, Forschungsschwerpunkte: Kognitive Prozesse bei Angst und Depression.
Korrespondenzadresse: Dr. Eni S. Becker, TU Dresden, Klinische Psychologie und Psychotherapie, 01062 Dresden; Tel: 0351–463-36990; Fax: 0351–463-36984; mail: <ebecker@rcs.urz.tu-dresden.de>.

Dr. med. **Jürgen Klingelhöfer**, geb. 1947, Facharzt für Psychotherapeutische Medizin, Psychiatrie, Neurologie, Rehabilitationswesen. Lehrtherapeut und Supervisor, BLÄK Bayern und Moreno-Institut Überlingen, Ärztlicher Direktor der Klinik für Psychosomatische Medizin II in Bad Grönenbach.
Korrespondenzadresse: Dr. med. Jürgen Klingelhöfer, Ärztlicher Direktor, Sebastian-Kneipp-Allee 3a/5, 87730 Bad Grönenbach; Tel. 08334–981132; mail: <mestel@kliniken-groenenbach.de>

Dipl.-Psych. **Ingrid Ingeborg Koop**, geb. 1954, ist niedergelassene Psychotherapeutin und Mitarbeiterin bei REFUGIO Bremen, Behandlungszentrum für traumatisierte Flüchtlinge und Folterüberlebende. Auslandstätigkeit u. a. in Nicaragua, Kroatien, Peru. Ausbilderin für Integrative Gestalt- und Bewegungstherapie, Notfallpsychologie und Traumatherapie, u.a. am Fritz-Perls-Institut und an der Deutschen Psychologenakademie.
Korrespondenzadresse: Heidelberger Str. 13, 28203 Bremen

Prof. Dr. **Jürgen Kriz**, geb. 1944, Professur „Psychotherapie und klinische Psychologie", Universität Osnabrück. Psychotherapeut und u.a. Ausbilder für klientzentrierte Psychotherapie (GwG). Mitherausgeber von „Gestalt-Theory" und „System Familie", wissenschaftlicher Beirat von „Psychotherapeut", „Integrative Therapie" und „Existenzanalyse". 15 Bücher und ca. 150 Beiträge.
Korrespondenzadresse: Universität, FB 8; 49069 Osnabrück; mail: <juergen.kriz@uni-osnabrueck.de>

Prof. Dr. **Gerhard Marcel Martin**, Universitätsprediger, geb. 1942, Bibliodramatiker, elf eigene Buchpublikationen, z.T. mit englischer, koreanischer, japanischer Übersetzung. Arbeits- und Interessenschwerpunkte: mehrdimensionale Hermeneutik religiöser Texte, Apokalyptik, Spiritualität, Thomas-Evangelium, Dialog: Theologie-Tiefenpsychologie-Ästhetik.
Korrespondenzadresse: Lahntor 3, 35032 Marburg; mail: <marting@mailer.uni-marburg.de>

Dipl.-Psych., Dipl.-Betriebswirt **Rolf Merten**, geb. 1952. Psychologischer Psychotherapeut, Gestalttherapeut. Geschäftsführer Inselhaus Kinder- und Jugendhilfe in Eurasburg bei München. Organisator der *Münchner Gestalttage* und anderer Kongresse.
Korrespondenzadresse: Inselhaus Kinder- u. Jugendhilfe, Dörte-Sambraus-Weg 1, 82547 Eurasburg; Tel. 08179–93160; Fax 08179–931633; mail <inselhaus@t-online.de>

Dr. biol. hum. Dipl.-Psych. **Robert Mestel,** geb. 1963, Psychologischer Psychotherapeut (kognitive Verhaltenstherapie), Promotion 2001 an der Universität Ulm (Prof. Kächele) über Stabilität und Spezifität von Bindungsmustern bei selbstunsicheren und Borderline-Patientinnen. Seit 1992 tätig an beiden Kliniken für Psychosomatische Medizin in Bad Grönenbach. Arbeitsschwerpunkte: Evaluationsforschung, Bindungsforschung, Qualitätssicherung, Psychodiagnostik, psychologische Tests, verhaltenstherapeutische Behandlung von Angst- und Zwangspatienten.
Korrespondenzadresse: Dipl.-Psych. Dr. Robert Mestel, Sebastian-Kneipp-Allee 3a/5, 87730 Bad Grönenbach; Tel. 08334–981132; mail: <mestel@kliniken-groenenbach.de>

Dr. rer. nat. Dipl.Psych. **Mike Rinck**, geb. 1960, Oberassistent an der Professur für Allgemeine Psychologie der TU Dresden. Forschung: Kognitionspsychologie mit den Schwerpunkten Textverstehen, Verzerrungen kognitiver Prozesse bei emotionalen Störungen, Raumkognition, Alltagsgedächtnis, graphische Kommunikation.
Korrespondenzadresse: Dr. Eni S. Becker, TU Dresden, Klinische Psychologie und Psychotherapie, 01062 Dresden; Tel: 0351–463-36990; Fax: 0351–463-36984; mail: <ebecker@rcs.urz.tu-dresden.de>.

Prof. Dr. phil. **Hermann Schmitz**, geb. 1928, von 1971 bis 1993 Direktor des Philosophischen Seminars der Universität Kiel, 1993 emeritiert, Begründer der Neuen Phänomenologie, Autor von 33 Büchern zur systematischen Philosophie, zur Geschichte der Philosophie (antike Philosophie, Philosophie seit Kant) und zu anderen philosophisch relevanten geschichtlichen Themen (Goethes Altersdenken im problemgeschichtlichen Zusammenhang; Adolf Hitler in der Geschichte) und von 74 Aufsätzen.

Dipl.-Psych. **Frank-M. Staemmler**, geb. 1951, Co-Leiter des *Zentrum für* Gestalttherapie, Würzburg. Arbeitet dort als Psychotherapeut, Ausbilder und Supervisor. Autor zahlreicher Artikel und Bücher zu gestalttherapeutischen Themen. Herausgeber des *International Gestalt Journal.*
Korrespondenzadresse: Zentrum für Gestalttherapie, Kardinal-Döpfner-Platz 1, 97070 Würzburg; Tel. 0931–58000; Fax 0931–3538560; mail <z.f.g@t-online.de>

Dipl.-Soz. Päd. (FH) **Margit Waterloo-Köhler**, geb. 1956, Gesprächs- und Focusingtherapie (IGF, HPG); Mitarbeiterin der Münchner Angst-Hilfe und Selbsthilfe MASH, Selbsthilfeorganisation mit Kontakt- und Beratungsstelle für Menschen mit Angststörungen.
Korrespondenzadresse: c/o DASH, Bayernstr. 77a Rgb., 80335 München; Tel. 089–54403777; Fax 089–54403776; mail: <margit.waterloo-koehler@freenet.de>

Personenregister

A

Anders, G. 36, 164
Arrindell, W.A. 85
Asmundson, G.J. 71

B

Bacon, F. 173
Bakermans, K.M.J. 82
Balint, M. 161
Barlow, D.H. 64, 71, 75
Barnard, P.J. 64, 68
Bartholomew, K. 116
Beck, A.T. 63f, 68, 71, 116
Becker, E. S. 63, 65, 70f, 74f
Beckmann, U. 37, 116
Benz, E. 152f
Bilz, R. 154f
Bittner, G. 55
Bock, W. 97
Bornkamm, G. 160
Bosch, H. 22
Bower, G.H. 66ff, 71, 75
Bowlby, J. 82
Bradley, B.P. 66, 75
Brüder Grimm 147
Bukowski, P. 158
Butollo, W. 80, 83, 86f, 112, 176
Byrne, A. 71

C, D

Capra, F. 173
Ciompi, L. 153f
Clausewitz, C. 44
Cloitre, M. 75
Coenen, L. 161
Cohen, P.R. 67
Cohn, R. 131
Cramer, F. 170
Daishi, Z. 162
de Ruiter, C. 82
Delumeau, J. 152
Dember, W. 63
Derogatis, L.R. 103
Descartes, R. 173f
Dreitzel, H.-P. 17
Drewermann, E. 155, 159
Durkheim, E. 22

E

Ebach, J. 156
Eher, R. 85
Ehlers, A. 64, 66, 68, 71, 116, 121
Eibl-Eibesfeldt, I. 155
Elia 161
Elias, N. 24, 26f
Ellis, A. 63f
Ellwart, T. 63
Emery, G. 68
Emmelkamp, P.M. 85
Engfer, A. 83
Erdheim, M. 55
Esser, G. 83
Eysenck, M.W. 64, 71, 75

F

Failing, W.-E. 158
Fehm, L. 111
Fichte, J.-G. 149f
Foa, E.B. 66
Fonagy, P. 82
Fontaine, N. 174
Franke, G.H. 116
French, C.C. 75
Freud, S. 39, 56, 155

G

Garfield, S.L. 80
Gavranidou, M. 83
Gerhold, M. 83
Gilligan, S.G. 67
Glock, C.Y. 156f
Glossner, A. 116
Goethe, J.W. 11, 25
Goodman, P. 24, 29, 31
Grawe, K. 112
Griffin, D. 116
Grossmann, K.E. 84

H

Harris, T. 47
Hartmann, A. 116
Hautzinger, M. 116
Heidegger, M. 10, 116, 150, 155
Heller, A. 9

Herzog, T. 116
Heuft, G. 116
Hibbert, G.A. 66
Hicklin, A. 10
Hirst, W. 68
Höfling, S. 87
Hoffmann, S.O. 112, 120
Hope, D.A. 66
Horowitz, L.M. 116
Hüther, G. 159

I, J
Jacobi, F. 9
James I. 173
Janet, P. 148
Jesus 153, 160ff, 163
Johannes 161
Johnson, M.K. 68
Jung, C.G. 169
Jung, N. 155

K
Kagan, I. 83
Kaku, T. 162
Khema, A. 163
Kierkegaard, S. 18, 40, 149f, 155, 161
Klingelhöfer, J. 110
Klose, M. 63
Koop, I.I. 52, 57
Kopf-Mehnert, C. 116
Körtner, U.H.J. 164
Kriebel, R. 116
Kriz, J. 166, 169

L
Laubscher, M. 158
Laucht, M. 82f
Lazarus, R.S. 64
Leon, A.C. 11
Lewin, I. 39
Liebowitz, M.R. 75
Lifton, R. J. 28
Lindner, J. 146
Lüer, G. 68

M, N
MacLeod, C. 70, 75
Mahoney, M.J. 63f
Maragkos, M. 80
Margraf, J. 9, 11, 64f, 71, 113, 116, 121
Martin, G. M. 152, 156, 158f
Maslow, A.H. 173f
Mathews, A. 70f, 75
Matzat, J. 123, 125
McLaughlin, K. 75
McLeod, J. 85
McNally, R.J. 66, 75
Meichenbaum, D. 64
Mestel, R. 110, 114, 116
Michaels, A. 158
Mittelstaedt, L. 87
Moeller, M. L. 126
Mogg, K. 66, 75
Multhaup, K.S. 68
Newton, I. 173f

O, P
Otto, R. 161
Pauls, J. 149f
Paulus 149, 160, 163
Perls, F. 9, 18, 24, 29f, 33, 40, 48, 92, 176
Petrus 157, 161
Petzold, H. 53, 55, 80
Pfister, O. 152f, 155, 157, 161
Prochaska, J.O. 80

R
Radomisli, D. 10
Raguse, H. 154
Rahm, D. 55
Reinecker, H. 85
Richards, A. 75
Richter, H.-E. 10, 41, 176
Riemann, F. 155
Rinck, M. 63, 70ff, 74
Rofé, Y. 39
Rohde-Dachser, C. 169
Rommelspacher, B. 52f, 56

S
Sartre, J. P. 10, 148ff, 155
Scheler, M. 149
Schepank, H. 116
Schick, G. 128
Schlesier, R. 152f, 157
Schmitz, H. 56f, 139ff, 145f, 148
Schneider, S. 11, 113
Schneider-Flume, G. 154

Schulte, D. 87
Schulze, G. 10
Senf, W. 116
Seybold, K. 157f
Shan-Tao 162
Shinran 162
Signer-Brandau, D. 57
Sokrates 139
Stadelmann, J. 44, 46
Staemmler, F.-M. 10, 97
Stark, R. 123, 132, 134f, 156
Statius, P.P. 152
Stollberg, D. 158
Stylites, S. 159
Sütterlin, C. 155

T, V
Teasdale, J.D. 64, 68
Tembrock, G. 154f, 159
Tillich, P. 155, 155
Tscheulin, D. 116
van Ijzendoorn, M.H. 82
von Heymann, F. 116
Votsmeier, A. 112

W, Z
Warren, S. 82
Waterloo-Köhler, M. 123
Wells, A. 71
Wentzel, A. 80
Wilkes, J. 11
Williams, J.M.G. 70, 73ff
Winkler, K. 158
Wittchen, H.-U. 11, 64
Wittgenstein, L. 149
Wolfe, B.E. 80
Zielke, M. 116
Zucker, D. 66

Sachwortregister

11. September 2001 12, 17, 19, 164, 167

A

Afghanistan 12, 167
Aggression 30, 46, 54, 56, 58, 86, 93, 100, 147, 155, 162
Aggressivität 24f
Albigenser 23
Alkohol 11
Amnesty International 27
Angstabwehr 31ff
Angstlust 10, 47, 146, 161
Angststörung 10f, 64, 70f, 74ff, 80ff, 83ff, 86, 88ff, 91, 93ff, 97, 103, 110ff, 114f, 121, 123, 127ff, 130f, 133f
Anonyme Alkoholiker 125
Anpassung 9
Anthrax 19
Anthropologie 10, 52, 110, 140
Antidepressiva 112
Apokalypse 22, 29
Arbeitslosigkeit 11, 21
Asyl 53, 59, 155, 157f
Atem 19, 34, 49, 100, 103, 113, 143, 155
Ätiologie 64, 71, 81, 83f, 86
Atmosphäre 52, 139, 141, 143f, 146f
Aufklärung 20
Aufmerksamkeit 64ff, 67, 69f, 72, 75, 94f, 98, 131

B

Belastungsfaktor 38
Belastungsstörung, postraumatische 74
Bindungsforschung 81f
Borderline 115
Borderline-Störung 110, 169
Buddhismus 157, 161ff
Bundesministerium für Verteidigung 39

C, D

Chaos 169ff, 172f
Christentum 22, 36, 153, 157, 161
CNN 21
Coaching 48
Coping 42, 110
Demokratie, parlamentarische 41
Depression 11, 17, 64, 68ff, 76, 110, 114f, 142, 160
Desorientierung 18ff, 57
DPA 11
Dritte Welt 21, 27
DSM-III-R 82

E

Elendsgesellschaft 20
Emanzipation, personale 143
Emotion 33, 50, 52, 54, 57, 63f, 66f, 69, 76, 85ff, 90f, 95f, 98f, 100, 102f, 139, 141, 143f, 146ff, 153f, 158, 166, 174, 177
Empowerment 127, 129, 134
Engung 55f, 140, 146, 148, 150, 157
Entwicklungspsychologie 24, 81, 83ff, 90
Epidemie 29
Erlebnis-Gesellschaft 10
Essstörungen 110

F

Familientherapie 172
Faschismus 20, 26f
fight or flight 10
Flüchtlinge 52, 57ff
Folter 21, 57, 59, 162, 173f
Franziskaner 23
Fundamentalismus 20, 28, 35f, 168

G

Gedächtnis 66, 69f, 73ff
Gesellschaft 17
Gestalt 55
Gestalttherapie 9, 11, 18, 29, 31, 34, 90, 97, 103, 107, 112
Gewalt 19f, 25, 31, 36, 57, 167
Greenpeace 27

H

Herz-Kreislauf-Erkrankungen 11
Hexenverfolgung 23
Hinduismus 35, 157
Höhenangst 11, 22

I, J

Ichangst 148ff, 151
Idealisierung 55f, 58, 98
Identifikation mit dem Aggressor 58
Identifikation 174
Identität 55, 57, 140, 150

Identitätskrise 57
Identitätsverlust 21
Industriegesellschaft 20
Inquisition 23
Integrative Therapie 55, 80f, 87ff, 90, 97, 99, 101f, 121
Introjektion 139
Islam 20, 22, 27f, 33, 35f, 56, 157
Judentum 35, 152, 157, 161

K
KFOR 46
Kognition 49, 52, 57, 63, 66, 68ff, 75f, 84, 86, 88, 92, 96, 98f, 113, 154, 158, 170f
Komorbidität 11, 112
Konfluenz 89f
Konfrontationstherapie 11
Kontaktprozesse 89, 92
Kosovo-Krieg 37, 39, 42, 45, 47
Krankheit 21
Kreativität 9, 34, 44, 172f, 176
Krieg 18, 21, 23, 25f, 28, 29ff, 33, 44, 57, 167, 174
Kriegsangst 19
Kriegskinder 18

L
Lebensstandards 21
Leib 57, 99, 139ff, 143ff, 146ff, 150, 154, 160, 162
Lernen am Modell 132
LMU München 80

M
Märtyrer 22
Maske 54
Max-Planck-Institut 170
Medikamente 11
Menschenrechte 40
Moderne 19, 26, 28, 32, 34f, 58
Münchener AngstHilfe und –Selbsthilfe MASH 127
Mystik 156, 163

N
Nachsorge 133
Narzissmus 17
NATO 40, 42
Neonazis 20

O, P
OPD Arbeitskreis 116
Organismus 18, 33, 38
Panik 80
Panikstörung 10, 64, 74, 86, 95, 107, 112ff
Partnerbeziehung 85ff, 88, 91ff, 94f, 97, 100, 103, 171
Persönlichkeitsstörung 11, 110, 112
Philosophie 11, 63, 149f, 173
Postmoderne 29, 35
Prävention 133
Projektion 18, 56, 152, 154
Psychoanalyse 126
Psychodrama 112
Psychodynamische Therapie 112, 115, 120f
Psychologie 11, 63, 68, 76
Psychopathologie 81ff, 84
Psychosomatische Erkrankungen 125
Psychotherapie 11, 31, 34, 63, 110, 114, 129, 133f, 139, 169, 175f
Psychotherapie, stationäre 121
PTBS 110, 112
PTSD (posttraumatische Belastungsstörung) 49, 116

R
RAF 26
Reformation 23
Regression, personale 143, 150
Religionswissenschaften 11
Ressource 9, 12, 17, 35, 37, 58, 69, 80, 124, 131, 133ff, 168, 175ff

S
Scham 24, 33, 47, 57, 166
Schemata 68, 86, 172
Schematheorien 66
Schlaflieder 171
Schwellung 145, 148
Selbsthilfe 123ff, 126ff, 130, 132
Selbstsicherheitstraining 111
Selbstwert 40, 42, 44, 113
Selbstwertgefühl 124
September 33
Sexualität 24, 26, 30, 56
social worlds 53
Sozialisation 24ff, 35, 157
Soziologen 27
Soziologie 11, 17, 22
Spannung 145, 148
SPD 41

Spiritualität 22, 28
state-dependent memory 67
Stress 38f, 46ff, 49, 87, 98, 159
Stressbewältigung 48
Stressforschung 38, 49
Stressmanagement 39, 44, 49f
Stressprävention 39
Stressreduktion 43
Sucht 31ff, 111, 129, 133
Suchterkrankungen 11
Suizid 21f, 29, 31
Supervision 129
Symptom 9

T
Technik 26, 28, 30
Temperament 82f
Terror 19ff, 23, 26f, 33, 162, 167ff
Themenzentrierte Interaktion 131
Theologie 156
Todesangst 21
Trauma 17f, 57f, 84, 99

U, V
Übertragung 18
Unsicherheit, kultivierte 10
Verantwortung 41f, 48, 91, 94, 98, 102, 124, 126f, 129, 131f, 134, 175
Verdrängung 17, 28
Verhaltenstherapie 76, 80, 88, 111, 113f, 121
Verkehrsunfall 21
Verleugnung 85
Vermeidung 35, 43, 66, 86, 88f, 95, 98ff, 111, 113, 131f, 155, 169f, 173
Völkerrecht 40

W-Z
Weitung 57, 140, 146, 148, 157
WHO 11
World Trade Center 18, 167f, 175
Wut 19
Zisterzienser 23
Zivilcourage 177
Zivilisation 20, 24ff, 27f, 31f, 35
Zwanghaftigkeit 31
Zwangsstörung 115